図解入門
How-nual
Visual Guide Book

最新 Artificial Intelligence

AI技術が
よ～くわかる本

生成AIの登場で社会が変わった

神崎　洋治 著

秀和システム

本書は「図解入門 最新 人工知能がよ〜くわかる本」を底本として、最新の内容を追加し「図解入門 最新 AI技術がよ〜くわかる本」として改訂した書籍です。

●注意
(1) 本書は著者が独自に調査した結果を出版したものです。
(2) 本書は内容について万全を期して作成いたしましたが、万一、ご不審な点や誤り、記載漏れなどお気付きの点がありましたら、出版元まで書面にてご連絡ください。
(3) 本書の内容に関して運用した結果の影響については、上記(2)項にかかわらず責任を負いかねます。あらかじめご了承ください。
(4) 本書の全部または一部について、出版元から文書による承諾を得ずに複製することは禁じられています。
(5) 本書に記載されているホームページのアドレスなどは、予告なく変更されることがあります。
(6) 商標
本書に記載されている会社名、商品名などは一般に各社の商標または登録商標です。

はじめに

　人間と同じ知能を持つコンピュータ、いわゆる「人工知能 (AI)」はまだ実現していません。これは「汎用人工知能」と呼ばれ、脳科学や神経科学、電子工学など多方面から研究が進められていますが、その実現にはまだ時間がかかると考えられています。

　一方で、新聞やニュースでは「AI技術の導入」という言葉を頻繁に目にします。それはなぜでしょうか？　汎用人工知能の実現には、さまざまな個別の能力をコンピュータ上で発展させ、高精度にしていく必要があります。たとえば、人と会話する、言葉を理解する、画像や物を認識する、情報を検索・分析する、推論を行う、といった能力です。これらはすでに、製造業、物流、小売、金融、農業、漁業、教育、経営など、多様な分野で実用化され、ビジネスにも活用されています。こうした技術が研鑽されて将来、統合されることで、最終的に汎用人工知能の誕生へとつながっていくのです。

　現在のAI進化の鍵となったのが、「機械学習」や、人間の脳の構造を模倣した「ニューラルネットワーク」、そして「ディープラーニング」です。本書を手に取った方なら、これらの言葉を一度は耳にしたことがあるでしょう。

　さらに、2020年代に入り、「生成AI」の登場によってAIの能力は急速に向上しました。今では「AIを使いこなすことが社会人の必須スキル」との意見も出るほど、AIはパソコンやスマートフォンのように身近な存在になっています。

　AIを活用するためには、「AIとは何か」「何ができて、何ができないのか」を理解することが重要です。本書では、その点を重視し、ディープラーニングを起点としたAIの進化、生成AIの最新動向、そして社会での活用事例までを初級向け、体系的にまとめました。

　では、人工知能やニューラルネットワークの基礎から、生成AIの最前線まで、順を追って解説していきましょう。

2025年

神崎　洋治

図解入門

最新**AI技術**がよ〜くわかる本

CONTENTS

はじめに ……………………………………………………………… 3

第1章 AI関連技術の最前線〜過去から未来までの系譜

1-1　AIの何がすごい？どんな風に社会を変える？…………… 10

1-2　目を持ったコンピュータ …………………………………… 15

1-3　意図を理解して会話する生成AI ………………………… 18

1-4　Microsoft Office（365）に
生成AI「Copilot」を加えるとどう変わる？……………… 23

1-5　人口減少・少子高齢化、社会課題とAI ………………… 27

1-6　ICTの最新技術を人間の身体に例えると ……………… 32

1-7　AIとは何か？ ………………………………………………… 34

1-8　AIの開発、機械学習・AIモデル作成・推論…………… 36

1-9　強いAIと弱いAI、AGIとSGI …………………………… 41

1-10　トヨタが開発したバスケAIロボ ………………………… 45

1-11　囲碁の勝負で人間を破った人工知能「アルファ碁」…… 49

1-12　予想以上に早く進化を遂げた囲碁用AI ……………… 51

1-13　エキスパートシステム……………………………………… 54

1-14　「IBM Deep Blue」と人間の頭脳戦………………… 56

1-15　ディープラーニングの導入 ……………………………… 58

1-16　AlphaGoが強力な囲碁AIになるまで ………………… 60

1-17　人工知能ブームとGoogleの猫 ………………………… 63

CONTENTS

1-18	画像認識コンテスト「ILSVRC」で ディープラーニングが圧勝	66
1-19	「機械学習」の研究者がノーベル物理学賞を受賞	68
1-20	DeepMindとゲーム用自律学習型汎用AI	69
1-21	パターンマッチングと識別AI	72
1-22	「骨格検知AI（骨格推定AI）」 ― 姿勢を読み取るAI	75
1-23	AI業界の覇者「NVIDIA」	79
1-24	チューリングテスト	87
コラム	中国語の部屋	90
1-25	シンギュラリティ（技術的特異点）	91
1-26	トランジスタが人間の脳を超えるとき	94
1-27	知識と知恵の違い、そして知能へ	98
1-28	脳細胞が次世代コンピュータになる ― ソフトバンクと東京大学が研究	101

第2章 生成AIの登場で社会が変わる

2-1	「トランスフォーマーモデル」が世界を変えた	108
2-2	生成AIの特徴と種類	111
2-3	大規模言語モデル（LLM）	114
コラム	「GoogleのAI独占」を阻んだOpenAI	117
2-4	OpenAIの「GPT」と「ChatGPT」	118
2-5	Google vs OpenAI（Microsoft） ― LLMの覇権を巡る争い	121
2-6	AI関連株の価格が急落 ― DeepSeekショック	125
2-7	幻を見るAI ― ハルシネーション	128
2-8	大規模言語モデルとRAG	130
2-9	続々と登場する日本語LLM	134

5

2-10	表の意図を理解するAI………………………………… 149

2-11 LLMを最大限に活用
— プロンプトエンジニアリング……………………… 152

2-12 テキスト文字からイラストや絵を描く
— 画像生成AI………………………………………… 156

コラム AIの悪用　ディープフェイク問題 ……………………… 160

第3章 AI技術のビジネス活用

3-1 人間と自然に会話するコンピュータ…………………… 162

3-2 工場を丸ごとデジタルツインで構築
— メルセデス/BMW………………………………… 166

3-3 見えない電波をデジタルツインで可視化
— エリクソン………………………………………… 169

3-4 大阪・関西万博に向けて多言語で観光案内するロボット
— NTTとugo………………………………………… 172

3-5 注目を集める人型ロボット—ヒューマノイド………… 175

3-6 NVIDIAが「ヒューマノイド」の開発を支援 ………… 183

3-7 メーカーが異なるロボット同士が日本語で
コミュニケーション—ユカイ工学 …………………… 188

コラム プログラマーとAIが協働 ………………………… 192

3-8 自動巡回ロボットと生成AI活用のメリット
（警備/製造業/プラント）— ugo ……………… 193

3-9 コールセンターのオペレータ支援……………………… 196

3-10 演じているのはどこにも実在しないタレント
— バーチャルヒューマン事例　伊藤園……………… 200

コラム 宮崎銀行もAIタレントを起用…………………… 202

3-11 レジェンドを生成AIでデジタルヒューマン化
— AI美空ひばり …………………………………… 203

CONTENTS

3-12	実在のタレントをAIでデジタル再現
	― バーチャル若大将 …………………………… 206
3-13	本物そっくりなAIボイスと倫理問題 …………… 209
コラム	トークボイス解禁にあたって梶裕貴さん　コメント…… 212
3-14	受付に生成AI導入のユースケース ……………… 213
3-15	次世代「AIエージェント」の開発に大手企業が注力…… 221
コラム	AIエージェントの活用事例……………………… 223
3-16	働き方改革、社員全員にパーソナルAIエージェント
	― アクセンチュア ……………………………… 224
コラム	個人のスキルを反映した相棒「AIバディ」 …………… 229
3-17	ファッション業界での生成AI活用事例 ………… 230
3-18	世界トップの高性能な生体認証
	（声／指紋／顔／虹彩etc）　― NEC……………… 239
3-19	増える無人AI決済店舗、そのしくみとメリット ……… 247
3-20	人間拡張コンソーシアム設立
	― ドコモ・ソニー・トヨタ・ホンダなど………… 252
3-21	日本中にAIグリッドを構築「AI-RAN」構想
	― NVIDIAとソフトバンク……………………… 255

第4章　超入門かんたん解説AI関連技術と専門用語

4-1	学習することで判断できるようになるAI …………… 262
4-2	機械学習と特徴量…………………………………… 266
4-3	ニューラルネットワークと分類問題 ………………… 271
4-4	ニューラルネットワークのしくみ ………………… 277
4-5	ディープラーニング（深層学習）………………… 282
4-6	教師あり学習と教師なし学習 …………………… 285
4-7	強化学習…………………………………………… 292

コラム	AlphaGoと強化学習	296
4-8	バックプロパゲーション（誤差逆伝播法）	297
4-9	ニューラルネットワークをもっと深く知る	298
4-10	人の動きや行動から学ぶ「模倣学習」	304
4-11	転移学習	307
4-12	GAN（敵対的生成ネットワーク）	309
4-13	トランスフォーマーモデル	311
4-14	説明できるAI「XAI」	313
4-15	AIが人間のように論理的な推論を行う「リーズニング」	315
コラム	ゼロショット学習（Zero-shot Learning）	317
4-16	テストタイムスケーリング／テストタイムオーギュメンテーション	318

索引 ……………………………………………………………… 319

AI関連技術の最前線〜
過去から未来までの系譜

　人工知能（AI）は突然、注目される存在になりました。しかし、そこには研究者たちの長年に渡る成功と挫折があり、失敗を経て、現在のAIに昇華し、実用的なものとして、人々を驚かせるたくさんの成果をあげるようになりました。この章では、まず前半では最新の生成AIを含めて現在のAIとはどのようなものなのか、どんなことができて何が評価されているのかを解説します。皆さんお馴染みのMicrosoft Office（365）では生成AIが利用できますが、それによってどう変わるかの例を紹介すると解りやすいですよね。

　AIの概要を理解できたところで、後半はAIに関する知っておくべき社会的な出来事と、AIの進化に触れつつ、専門用語をわかりやすく解説していきます。

図解入門
How-nual

1-1

AIの何がすごい？
どんな風に社会を変える？

最近は、人工知能（AI）についての記事を目にしない日はありません。それだけ実用が進み、私達にとって身近な存在であり、誰にとっても気になる存在になってきたと言えるでしょう。では、人工知能とは何でしょうか？ 今までのコンピュータと比較してなにがどう凄いのでしょうか。まずはそこから説明をはじめましょう。

▶▶ 人工知能（AI）とはなにか？

人工知能（AI）が大きな話題になっています。AIはいったいどのようなもので、何ができるのでしょうか。

AIは「Artificial Intelligence」の略称です。学習することによって判別や判断、推測や予測ができるコンピュータ技術です。「Artificial」は「人工的な」という日本語訳の他に、「模造の」「偽りの」という訳もあります。これは今のAIが、（良い意味で）あくまで似せて作られている模倣した知能であることを暗示しているとも言えるでしょう。

西暦2010年くらいまで、家電製品や電子機器の一部の広告で「人間のように知的な振る舞いをする機能」に「人工知能機能」などと呼称するケースが見られました。AIとは何かという問い対して実は、共通した定義は存在しません。そもそも「知能」自体の定義がなされていないので「人工知能」も定義できない、という意見もあります。

本書では少し明確に定義するために、人間の脳の働きを模した方法でデータを処理する技術「ニューラルネットワーク」を活用したものだけを「人工知能（AI）」と呼びます。コンピュータに関連する多くのAI研究者や開発者、著者のような報道関係者の間でも、「ニューラルネットワーク」を使用しているかどうかは、現在のAI技術を語る上でとても重要と考えられているからです。

ニューラル（neural）とは「神経系の」という意味で、「ニューラルネットワーク」は「神経ネットワーク」ということになります。コンピュータ上で神経系のネットワーク（主に脳に模した）を構築したものが「ニューラルネットワーク」です。そのためイラストやア

イコンでも、AIは人間の脳に模したものが多いのです。AIに関連するニュースや講座などでもよく耳にする「機械学習」や「ディープラーニング」「生成AI」もすべて「ニューラルネットワーク」技術のひとつです。それぞれの用語は本書で解説していきます。

▶▶ AIが活用されている分野や用途

　まずは、AIはどのような分野で活用されるようになったか、を一例ですが箇条書きにしてみましょう。詳細は、本書で解説していきます。

●画像や映像の認識
・写真に何が写っているかを識別する

> 例：犬の画像と猫の画像を識別して分類する
> 　　レントゲン写真から病気の部位を識別する
> 　　有害な虫か無害な虫かを判別する
> 　　写真に写っている人の性別や年齢、服装など属性を識別して記録する

・映像に何が写っているかを識別する

> 例：監視カメラ映像で人が写り込んだら（立ち入り禁止区域に入ったら）通知する
> 　　監視カメラ映像で暴力・転倒・万引き・イタズラなどを識別したら通知する
> 　　映画やドラマの映像に何（誰）が写っているかを識別して記録する
> 　　自動運転で周囲の道路・車・自転車・人・標識・信号などを認識する
> 　　圃場（田んぼや畑）で農薬が必要な箇所を判別する（ドローン）

・生体認証（顔・指紋・声・虹彩など）や顔認識（セキュリティや個人の特定）

> 例：スマートフォンのロック解除
> 　　入退室管理（オフィス / 研究施設 / 従業員の勤怠管理）
> 　　入場ゲートの本人確認（テーマパーク / コンサート / イベント / 施設）
> 　　パスポート等の本人確認（空港の自動入国審査 / ホテルの施設利用）
> 　　銀行・ATMでの本人確認
> 　　スーパーやコンビニの決済

1-1 AIの何がすごい？どんな風に社会を変える？

●データ分析・解析・予測
・ビッグデータの分析と分類
・データのパターン認識と予測

> 例：売上データ分析と予測
>
>   天候や曜日などと顧客行動の相関関係の分析
>
>   売れ筋製品の分析、トレンドの解析・予測

・異常の検知

> 例：機械の故障の予知
>
>   システムやネットワークの異常の検知
>
>   企業の社員の不正の検知
>
>   人と人との相性分析・マッチング

●自然言語処理
・質疑応答システム（チャットボット）の言語・意図の理解
・長文の要約・サマリーの作成
・多言語翻訳
・文章（議事録・報告書・小説、メールの返信文書など）の作成

●音声認識・音声合成
・音声アシスタント（質疑応答システム：チャットボット）
・会議や講演など、会話の文字起こし
・ロボットとの会話（ユーザーの発話を理解／システムの返信をロボットが発話）

●クリエイティブ分野
・画像・映像の生成（イラスト・写真の生成、動画の生成）
・デザインの立案（ロゴや製品パッケージ、製品のラベル、工業デザイン等）
・作曲・編曲
・文章の自動生成（広告コピー・ポエム・小説・観光案内など）

1-1 AIの何がすごい？どんな風に社会を変える？

●教育や学習の支援

・個別学習（個別に学力レベルの判断し、最適な学習方法を提案）

・自動採点（AIが採点、論文の理解と評価など）

●医療・介護・ヘルスケア

・診断支援（セカンドオピニオン、CTやMRI画像の解析・異常の検出）

・創薬・新薬の開発

●販売やマーケティング

・パーソナライズや購買データを解析してユーザーに最適な商品を推薦・提案

・需要予測（AIが売上データを分析し、トレンドや販売量を予測）

これらは、AIが可能な能力や業務のほんの一例です。ビジネス分野では、製造、物流、小売、金融、マーケティング、医療・介護、福祉、交通、建設など、多くの分野において、AIが活用されています。

▶▶ AIが得意な仕事

AIが従来から得意としている作業は「画像・映像・音声の識別」と「データ分析と予測」です。その両方を組み合わせると活用の幅が大きく拡がります。

例えば、従来のコンピュータはデータを計算すること、グラフ化することが得意で、分析業務はその数値やグラフを見て人間がおこなうものでした。AIが導入されてからは、多くの分析業務をAIがおこなえるようになっています。時には人間が処理できないほどのビッグデータを、多くの角度から検証して、相関関係を導き出すこともできます。

「画像・映像・音声の識別」と「データ分析と予測」を組み合わせる例としては、機械の故障予知があります。例えば、工場で稼働している機械が故障する前触れとして、振動や異音などの発生があげられます。過去に故障した時の前兆となる振動や異音をAIが学習していれば、実際にそれらの音や振動を検知した際、故障を予測して通知することができます。

2020年代に入って、「生成AI」（ジェネレーティブAI）が登場します（次項で詳しく解説します）。「生成AI」によって、AIができることが大きく拡大しました。

第1章　AI関連技術の最前線～過去から未来までの系譜

1-1　AIの何がすごい？どんな風に社会を変える？

　例えば、創造性やオリジナリティが求められる仕事は「AIには困難な仕事」として真っ先にあげられていましたが、生成AIは高い精度でイラストや写真、ロゴ、デザインなどを生成することができます。ある程度のレベルまでなら小説や詩を作り、作曲することもできるようになりました。

　また以前は、「人間の感情や意図、微妙なニュアンスを正確に理解し、共感を伴う対応」は難しいとされていましたが、大規模言語モデルの登場によって、ある程度の対人スキルが必要な仕事についてもカバーできる範囲が年々高まっています。

▶▶ 大切なのは人とAIとの協働

　今後、人間が考えるべきことは、AIが得意なところはAIにやってもらい、AIが不得意なところは人がおこなう、AIと人との協働が大切になってきます。AIができる範囲はまだまだ狭くて一部分でしかなく、人が最も優れている点は「汎用性」（はんようせい）、すなわち、多くの用途に対応できる性質やその能力です。

　例えば、私達はパソコンやスマートフォンが、自分たちにとって便利なツールであることを理解しています。また、表計算ソフトの「Microsoft Excel」の能力は、人間が手書きと電卓で作業する能力を超えていることも理解しています。

　AIとの付き合い方も原則として同じです。AIは私達にとってツールであり、用途によっては人の能力を超えている部分もあります。要は上手に、便利に使いこなすことが重要、ということにおいては変わりがないのです。

　パソコンやスマートフォンのアプリについて詳しい人ほど上手に使いこなしているように、AIのことを知って理解すれば、もっと上手に付き合っていくことができるようになるでしょう。

1-2

目を持ったコンピュータ

「AIの登場によってコンピュータに何ができるようになったのか？」。AIの代表的な特徴のひとつが「コンピュータが目を持った」ということです。具体的に言うと「画像や映像を解析し、理解できるようになった」ことです。まずはここから理解していきましょう。

▶▶ 一次監視員はAIに任せる

AIを導入したコンピュータは「目を持つ」と表現されます。人間や多くの昼行性の生物は目で見た視界の情報から、周囲の状況を判断する能力が備わっています。テレビやYouTube動画、セキュリティカメラなどの映像や画像を見て、概ね何が起きたかを理解することができます。「画像（映像）認識」「画像識別」「状況判断」といった、画像や映像の内容を認識して解析する能力です。AIが登場する前まで、コンピュータにとってその能力は得意とは言えませんでした。しかし、AIが登場したことで、それが可能になったのです。

例えば、セキュリティカメラの映像から「立入禁止の場所に人や野生の生物が侵入した」とか、「泥酔した人が駅のホームで黄色い線をまたいでフラフラと歩いている」などを判断し、警備員や駅員に発報（通知）できるようになりました。今までは複数台のセキュリティカメラの映像をたくさんのテレビ画面に同時に写して、その画面をずっとにらんで監視するスタッフを配置する必要がありました（アクションやスパイ映画でもよく見られるシーンですね）。しかし、AIを導入することでスタッフの代わりに日常的な映像の監視はAIが行い、異常事態が発生したとAIが判断した時に、現場に近いスタッフにAIが自動で伝えることで、迅速に急行できる体制に変更することができるようになりました。

▶▶ 自動運転でも「目」は最重要

運転するとき、人は周囲を確認し、細心の注意をはらいながら運転します。その時、目で見える視界や音、振動などの情報によって危険を判断しています。「自動運転」もAIが発達しないと実現できません。AIが人に代わって、周囲の状況を見て、危険がないか、歩行者や他の車両、障害物と接触するおそれがないかを認識し、安全性を判断することで実現しています（この時、自動運転では一般的にカメラだけでなくセンサーや他の情報

第1章 AI関連技術の最前線〜過去から未来までの系譜

15

1-2 目を持ったコンピュータ

も活用しています）。これもまた、AIが「目」を持ったことで実現していることのひとつです。

● AIセキュリティカメラで異常を検知して通報

　カメラ映像から、不審者の侵入、喧嘩や暴力行為、落書きなど異常行動、転倒など急病人の検知などを認識すると、AIがスタッフに即座に通知します。

AIセキュリティカメラで異常を検知して通報

侵入者を検知してスタッフに通知

喧嘩や暴力を確認したら通知

転倒している人を検知したら通知

通知はメールやパトランプなど　　　　落書きや破損行為など

通知はスマートフォンのショートメッセージやメールで。パトランプやサイレンで通知も可。

一般の通行人は通知せず、イタズラ書きなど、違和感のある行動を検知したら通知

出典：株式会社アジラ（YouTube「AI警備システム「AI Security asilla」紹介」より　https://www.youtube.com/watch?v=eAyXYGRcmOo）

16

1-2 目を持ったコンピュータ

●自動運転でも映像認識は最重要な技術

　公道を走る自動運転の重要な技術は、信号機や標識、車線、周囲の車両や歩行者などを正確に認識して安全に走ることです。これもAIが「目」を持った進化の証です。敷地内での自動搬送ロボットにも活用されています。

自動運転でも映像認識は最重要な技術

人が運転して走り、自動運転用のデータを収集します。

カメラ映像から信号や標識をAIに覚えさせ、LiDAR(ライダー)と呼ばれるレーザーセンサーで周囲の地形、自分がいる位置も正確に理解します。

トレーニングを重ねて、AIは自動車は走るべき車道を理解します

周囲の自動車、歩行者、自転車などを理解し、検知できるようになります

出典：NVIDIA (YouTube「NVIDIA AI Tools for Autonomous Vehicle Developers」より　https://www.youtube.com/watch?v=LLSuUBObttE)

1-3

意図を理解して会話する生成AI

　人工知能のレベルは「生成AI」の登場によって飛躍的に向上しました。「生成AI」を英語では「Generative AI」(ジェネレーティブAI) と呼びます。与えた文字や情報を基に、適切な回答 (文章) やコンテンツ (画像や映像、音楽など)、プログラムコードなどを自動的に生成するAI技術のことです。

▶▶ 質問者の文脈を理解する生成AI

　「生成」とは「ものができること」、生成AIとは「AIが何かを創り出すこと」「何かを創り出すAI」です。今までのパソコンやスマートフォンを含むコンピュータはいわば、ヒトが何かを創ることを支援するツールとして活用されてきました。文字や文章、表、プレゼン資料、メール、画像や映像編集等、パソコンやスマートフォンのアプリやサービスは、人間が指示したとおりに動くツールでした。

　ところが「生成AI」はユーザーが「こんなものを作って」と言葉で指示すると、求められたものをゼロから創作 (生成) することができます。

　生成AIの分野で最も有名な「ChatGPT」(チャットGPT) を例にすると、次のような回答を生成します。この回答は「大規模言語モデル」と呼ばれる生成AIが文章を生成し、「ChatGPT」を通して回答しているものです (しくみは後述していきます)。

　冒頭でユーザーが質問した意図を理解し、知りたい回答をまずは簡潔に述べた後、箇条書きを交えて解りやすく説明している点に注目してください。

1-3 意図を理解して会話する生成AI

AIの解答例1

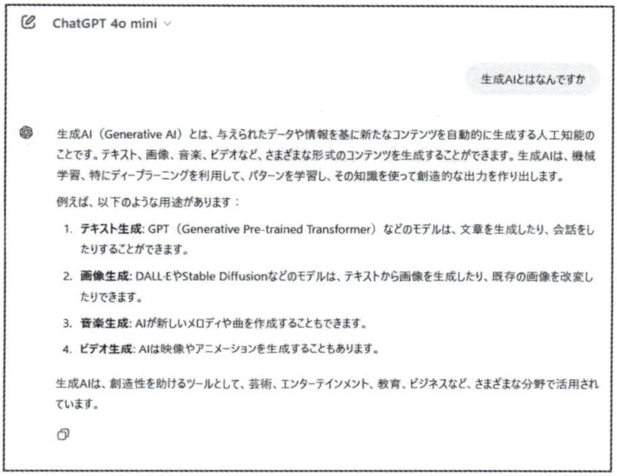

「生成AIとはなんですか？」に対する回答例（ChatGPT）

　とても上手に回答がまとまっていますが、この例だと今までの実技応答のチャット（会話）アプリと同じ、もしくは少し進化しただけのように感じるかもしれません。ところが、今までコンピュータが苦手と言われていた、人の感情や気持ちに寄り添った回答も「ChatGPT」はすることができます。

AIの解答例2

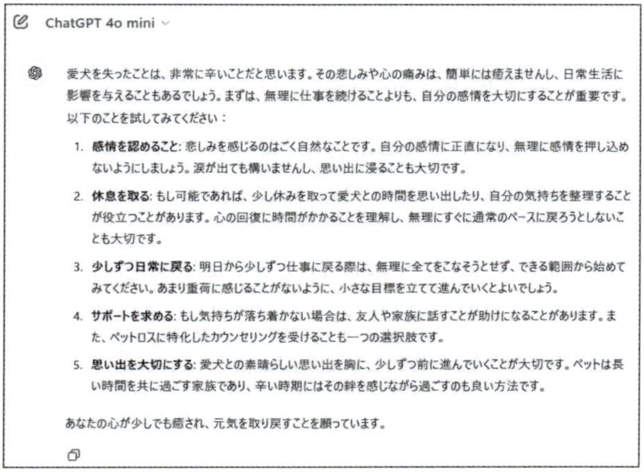

「愛犬が亡くなってしまい悲しくて仕事が手につきません。僕は明日からどうしたらよいでしょうか」に対する回答例
（ChatGPT）

第1章　AI関連技術の最前線〜過去から未来までの系譜

愛犬を亡くした質問者の感情に寄り添いながら、質問者にとって助けになる方法を箇条書きにしてアドバイスしています。このように、質問に対して回答やアドバイスをくれるシステムを「AIエージェント」や「AIチャットボット」と呼びます。

従来のチャットやエージェントアプリだと、「愛犬が亡くなってしまった」という入力欄の文章を受けて、ペットの死亡に関連する書籍やグッズ、火葬に関する情報、あるいはペットショップのウェブページを知らせてきて、期待はずれの回答にガッカリした経験がある人も多いでしょう。

しかし、生成AIの登場によって、そのような対応のレベルを超えた、まるで友達や家族、先生のように相談できるエージェントへとステップアップしたのです。

もちろん、コンピュータには感情はありません。本当の意味で人の感情を理解することもできません。生成AIは膨大な質問と回答のビッグデータから学習し、質問の文脈を理解することで、質問者の意図も理解し、その意図に対して最適な回答をしています。その結果、質問者が欲しいと思っていた情報に近い回答が得られています。

▶▶ 絵を描く生成AI

生成AIは「画像や映像、音楽などを自動的に生成するAI技術」と前述しました。「いったいどうやって?」と疑問に思う読者も多いことでしょう。絵を描いてもらうために特別な知識は必要ありません。絵が上手な友人に頼む時のように、AIに言葉で伝えればいいのです。先ほどの「ChatGPT」を例に解説します。

「ChatGPT」に対して、「宇宙服を着て火星に降り立った猫のイラストを描いてください」と入力します。すると、「ChatGPT」はそれに応えて下のようなイラストを出力しました。

1-3 意図を理解して会話する生成AI

AIの画像生成

「宇宙服を着て火星に降り立った猫のイラストを描いてください」

　さらに「この猫に日本の旗を持たせて、ユニコーンを連れたイラストに変更してください」と入力します。従来のチャットアプリでは、一問一答が基本で、前の質問は継続できないことが多かったのですが、「ChatGPT」のように生成AIは、前の質問に次の質問を継続しておこなうことも可能となっています。

AIの画像修正

「この猫に日本の旗を持たせて、ユニコーンを連れたイラストに変更してください」

1-3 意図を理解して会話する生成AI

AIの画像調整

「もう少しイラストをシリアスなテーストで。」

継続して深掘りしていくのは、描画だけでなく、会話でも同様です。そのため、納得がいくまで、「ChatGPT」と対話のキャッチボールをしながら突き詰めていくことができます。

1-4

Microsoft Office（365）に生成AI「Copilot」を加えるとどう変わる？

生成AIを活用すると今までとはどのように違ったことが可能になるのでしょうか。たくさんのユーザーがいる「Microsoft Office」や「Microsoft365」を例に、WordやOutlook、Teamsでは、生成AIによってどんな機能が実現されているのかを具体的に見ていきましょう。

▶▶ Microsoft Office（365）やブラウザに生成AIアシスタント「Copilot」追加

　米Microsoftは2023年9月、オフィスソフトウェアスイートで知られている「Microsoft Office」や「Microsoft365」において、生成AIアシスタント機能「Microsoft Copilot」（コパイロット）を追加すると発表しました。また、ほぼ同時期にWindows 10やWindows 11に標準のウェブブラウザ「Microsoft Edge」や、インターネット検索エンジンの「Bing」にも生成AI機能「Copilot」を追加しました。

　米Microsoftは、「ChatGPT」などで一躍有名になった米OpenAIに大型出資しているため、OpenAIの生成AIや大規模言語モデルの技術をいち早く自社製品や自社サービスに搭載することができたのです。

生成AIアシスタント「Copilot」のロゴマーク

ウェブブラウザ「Edge」や検索エンジン「Bing」「Microsoft Office」などにいち早く搭載された生成AIアシスタント「Copilot」のロゴマーク。

1-4　Microsoft Office（365）に生成AI「Copilot」を加えるとどう変わる？

「Copilot」による回答

ウェブブラウザ「Microsoft Edge」の「Copilot」。検索窓に「Microsoft Copilotとは何ですか」と入力すると、AIエージェント「Copilot」による回答が表示されます。画面最上部に「Copilot」のロゴマークが見えます。このロゴをクリックすると、「Copilot」との会話ページにジャンプします。

▶▶ Microsoft Office（365）の「Copilot」でできること（一部）

　多くの人が使っている「Microsoft Office」や「Microsoft365」では、生成AIアシスタント機能「Microsoft Copilot」はどのような用途で活用できるのでしょうか。先行で使用したアクセンチュアの日本法人が作成したCopilot試用版のレポートを例に、全機能のごく一部ではありますが、具体的な機能を紹介します。

● Teams

　「Microsoft Teams」はMicrosoftのビジネス向けチャットツールです。最も代表的な機能はビデオ会議です（Zoomを使っている人はそのMicrosoft版だと思うとイメージしやすいと思います）。ビデオ会議のほか、通話やファイル共有など多彩な機能があります。

　「Copilot」は、Teamsでおこなったビデオ会議の要点（サマリー）をまとめることができます。会議で決定した事項をまとめ、次のアクションアイテムを確認することができます。

　また、多言語翻訳も可能です。例えば、英語でのビデオ会議中に「Aさんのコメントを日本語に翻訳してください」と自分のパソコンの画面で入力することで、Aさんの発言を日本語で確認することができます。

● Outlook

Microsoft Outlookはメールソフト（メーラー）です。メールの送受信だけでなく、連絡先リストとの連携、予定表やタスクの管理などと連携することができます。

「Copilot」を使うと、相手からの長文メールを要約して表示、特定のメールに返信する文章のドラフトを作らせる、自分が書いたメールのトーン（スタイル）を揃えて、指定した文字数に短縮する、などが可能です。

また、多言語翻訳も可能で、英語で届いたメールを日本語で要約したり、日本語で書いた返信を英語に翻訳したり、そもそも英語での返信を作らせる、などができます。

● Word

Microsoft Wordは、文書の作成や編集等を行うソフトです。

「Copilot」を使うと、大まかなアウトラインを指定して、そこから初稿の文章を作成させることができます。また、長文のWordファイルを要約させたり、文章作成中に語句の意味を聞いたり、提案書や企画書のドラフトを書かせたりなど可能です。

多言語翻訳も可能で、英語で書かれた長文の文書を日本語で要約させることもできます。

● PowerPoint

Microsoft PowerPointはプレゼンテーション作成ツールです。文字や画像、グラフなどを組み合わせ、デザインを反映させながら、プレゼンテーション用や配布用のスライドを作ることができます。

「Copilot」を使うと、テーマと概要等を指定して、プレゼンテーション用スライドを作成することができます。また、フォントの統一なども可能です。

多言語翻訳も可能で、作成したスライドを多言語に翻訳する機能などがあります。

● Excel

Microsoft Excelは表計算ソフトで、表だけでなく、グラフやチャートを作成することができます。また、マクロ機能を使って、簡易的なプログラミングをおこなうことで表の中で自動的に演算機能を実行させることもできます。

「Copilot」を使うと、表計算データについて、自然言語で質問して回答を得ること等ができます。試用版のときはプロンプト（指示を入力するテキスト）が日本語に対応してい

1-4 Microsoft Office（365）に生成AI「Copilot」を加えるとどう変わる？

ませんでしたが（下表）、現在ではプロンプトに日本語を使用することができ、さまざまなタスクの実行を日本語で指示することができます。例えば、データの分析、グラフの作成、数式の設定などの操作もできます。

Copilot試用版のレポート

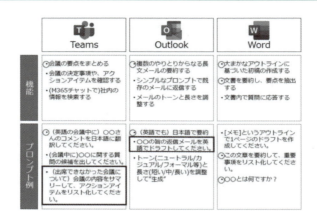

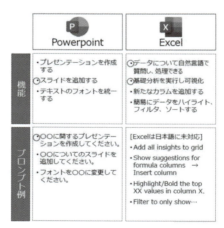

出典：アクセンチュア

1-5

人口減少・少子高齢化、社会課題とAI

「AIに仕事が奪われる」という未来を懸念する声が上がる中、それでもAIの進化は社会全般から期待されています。それは日本が深刻な「人口減少」と「少子高齢化」という社会課題を抱えていて、労働者がやがて大幅に不足することがわかっているからです。政府や経済団体はこれを深刻に捉えて、ICT（後述）の発展によって自動化や効率化を進めたい考えです。

▶▶ 深刻な労働人口不足に悩む日本経済

日本の総人口は2023年10月1日時点で1億2,435万人で、65歳以上の人口は3,623万人、65歳以上の高齢化率は29.1％となっています。2031年に1億2,000万人を下回り、2056年には1億人を割って9,965万人となると推計されています。総人口が減少し、65歳以上が増加することで高齢化率は上昇、2037年には33.3％に達し、国民の3人に1人が65歳以上となると見込まれています（内閣府「令和6年版高齢社会白書」より）。

高齢者の割合が増えるということは、社会の労働力が減ることも意味しています。身近なところでは「2024年問題」など、働き方改革法案によりドライバーの労働時間に上限が課されることでトラックや物流網で労働力不足が既に大きな課題として浮き彫りになっていますが、今後は更に問題は大きくなると予測されます。

▶▶ ICTとは

ICTとは「Information and Communication Technology」の略で、情報通信技術と訳されています。意味は、情報処理とコミュニケーション、通信技術などの総称で、以前は「IT（Information Technology）」と呼ばれていました。

具体的にはスマートフォンやタブレットを含むコンピュータ、インターネットや光通信、クラウド、4Gや5Gなどのモバイル通信、ロボット、AI、IoT（Internet of Things）、自動運転、それらに関連するソフトウェアなど、いわゆる最新デジタル技術全般を表現したものと理解すると良いでしょう。

1-5　人口減少・少子高齢化、社会課題とAI

　そして、ICTの中でも、モバイル通信、ロボット、IoT、自動運転など、先進技術に共通して活用され始めているのが「AI」です。モバイル通信ではセキュリティや通信の効率化、ロボットでは基本動作とトレーニングに判断や会話、IoTではビッグデータの解析と予測、自動運転では走行ルートや周囲の確認と適切な判断など、AIの進化が要となっています。

▶▶ 「デジタルトランスフォーメーション（DX）」とソサエティ5.0

　数年前から「デジタルトランスフォーメーション」や「ソサエティ5.0」をいう言葉を聞くようになりました。これらは最新のデジタル（ICT）技術である、AIやIoT、ロボティクス、デジタルツインなどを活用して業務の効率化や自動化をはかり、ビジネスを変革していこうというものです。

　「デジタルトランスフォーメーション」（Digital Transformation）は、経済産業省が2018年に推進を提唱した概念で「DX」と略します。デジタル技術やビッグデータを活用して業務を効率化・自動化しようというものです。

　日本の課題は人口減少と少子高齢化によって、働き手が大幅に不足し、仕事の効率化や働き方改革、自動化などを積極的に行なっていかないと、ビジネスが成り立たない分野がたくさん出てくると予想されています。既に人手不足や、後継者がいないために廃業している企業、工場、農家などもたくさん出てきています。

　また、若い人が仕事に就きづらい分野の仕事では、過酷な肉体労働を軽減したり、業務を効率化して労働時間を少なくしたりするなどの変革が必要です。

　例えば、農業や建設業などの現場では、腰や膝に負担のかかる作業を軽減する施策が望まれています。また、何度も繰り返して見回りする巡回業務、高所などの危険な場所を目視で確認する作業などの自動化なども期待されています。

　腰や膝に負担のかかる作業の例では、重い荷物の運搬を自動搬送車やロボットで代替できる可能性があります。大規模工場やプラントでは、定期的に巡回してメーター（計器類）を確認したり、ガス漏れ等をチェックするなどの確認作業がありますが、これを自動巡回ロボットで点検作業を行う変革が進められています。

　更に樹の上や電線、鉄塔や橋梁などの高所の確認作業にはドローンが利用されるようになってきました。デジタル技術による業務の改革にはそのようなことが例としてあげられます。

1-5 人口減少・少子高齢化、社会課題とAI

デジタル技術による業務の改革①

　　農業　　　　食物

　　農作業の自動化・最適な配送

　　食料の増産・ロスの削減

デジタル技術による業務の改革②

　産業・働き方　　人手不足

　最適なバリューチェーン・自動生産

持続可能な産業化の推進・人手不足解消

1-5　人口減少・少子高齢化、社会課題とAI

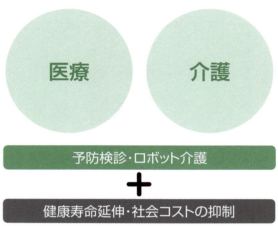

「デジタルトランスフォーメーション (DX)」の例。

　本質的な話として「DX」にもう少し詳しく触れておきます。「DX」は経産省が2018年に提唱した概念、と前述しましたが、経産省が考案したわけではありません。日本では、「デジタルトランスフォーメーション (DX) を推進するためのガイドライン」を2018年に経済産業省が発信したことで広く知られるようになりましたが、元はスウェーデンのウメオ大学、エリック・ストルターマン教授が2004年に提唱したものです。

　「DX」の本質は「デジタルツイン」と「コネクテッド」だと解釈する人もいます。

　「デジタルツイン」(Digital Twin) は、現実世界で収集したデータをもとに仮想空間を生成し、環境や設備、建物などを現実世界と同じように再現する技術、またはその仮想空間そのものをさします。「メタバース」を知っている人は、それを思い浮かべると良いかもしれませんが、「デジタルツイン」はAIのシミュレーションに非常に大きな効果を発揮します。

　「コネクテッド」(Connected) は「接続された」「繋がっている」「連携している」を意味し、コネクテッド家電はインターネットに接続されている家電、コネクテッドカーはインターネットに接続されているクルマ、またはクルマ同士が無線で繋がっている等を意味しています。どちらも非常に重要なキーワードです。

　「Society 5.0」(ソサエティ5.0) は、「日本が目指すべき未来社会の姿」として、DX

より少し早い2016年に閣議決定された「第5期科学技術基本計画」において、内閣府が提唱した概念です。先進技術やICTを活用して、少子高齢化や地方の過疎化対策、快適で活力に満ちた質の高い生活などの実現を目指しています。

5.0とは、人類の社会の歴史を振り返った上で、新しい社会を目指す意味が込められています。

Society 1.0　狩猟社会
Society 2.0　農耕社会
Society 3.0　工業社会
Society 4.0　情報社会

Society 4.0「情報社会」では大きく利便性が向上しましたが、「知識や情報の共有・連携が不十分」「情報の探索や分析作業の負担が大きい」「地域の過疎や少子高齢化の課題が増大」「年齢や障害などによる制約が多い」などの課題に対して、ICTで対策しようと呼びかけ、後の「デジタルトランスフォーメーション活用の提唱」に繋がっていきます。

首相官邸が平成29年6月に発信した動画「未来投資戦略2017 －Society 5.0の実現に向けた改革－」において、当時の総理大臣、安倍晋三氏は次のように語っています。

「IoTで繋がったセンサーで集められたデータが大量に蓄積され、ビッグデータとなり人工知能が解析し、新たな知恵が生まれる。この先には無限に拡がる世界が現れます。

例えば難病の解明。患者さんたちを長期に見守り、データが蓄積されることで、発症の原因や重病化の仕組みが見えてくる。その先に治療の糸口が見つかることが期待されます。

私たちが足を踏み入れようとしている新しい社会を「ソサエティ5.0」と呼んでいます。4度目の産業革命がもたらす、5つ目の社会、「ソサエティ5.0」です。人口が減ってもイノベーションによって成長できるのだという第1号の証拠になることを日本は目指しています」

1-6

ICTの最新技術を人間の
身体に例えると

　AIの進化のスピードが社会にとって驚異的である理由には、いろいろなICT技術が同時に進化していることがあげられます。AIはIoTやビッグデータがなくては進化できませんし、それを物理的に活用するためには、アプリケーションだけでなく、時にはロボットやアバター、自動運転車など物理的な身体が必要な場合もあります。

▶▶ ICTの最新技術を人間に例える

　AI、IoT、ビッグデータ、ロボットやドローン、自動運転車などはお互いが進化していく上で実は密接に関わっています。それは人のカラダや営みに例えると解りやすいと思います。人のカラダや営みも、多くの機能が連携して成り立っていて、ICTはそれと同様に多くの機能が一気に進化して、急速な成長を実現しているのです。

　人には身体があり、頭で考えて動きます。その時、視覚や聴覚、あるいは暑い・寒い、熱い・冷たい、ザラザラ・ツルツル・デコボコなど、触覚によって周囲やモノの状況を把握し、環境に合わせて最適な判断や行動をしています。

　時には失敗もして、その経験を次に活かし、外部から知識を得て、次は失敗しないようにつとめます。それを繰り返し、応用しながら子どもから大人に成長し、思慮深い人に成長していきます。

　現在、注目されているICT技術は、これら多くの要素が高度に融合することで急速に進化しています。頭脳はAIを得たコンピュータです。「AI」が最適な判断をするためには多くのデータが必要です。視覚や聴覚、触覚の役割をするのが「IoT」(Internet of Things)です。IoTはカメラ (視覚)、マイク (聴覚)、センサー類を使って多くのデータを収集します。これらが「ビッグデータ」です。過去のデータを素にAIは学習し (AI学習：機械学習)、現在のデータから次の行動をAIが判断します (AI推論)。

　できるだけ多く、様々な種類のデータを収集した方が、AIの判断は最適なものに近付き、人には気が付かない傾向や判断を導き出す可能性が高まります。そのため「ビッグ

1-6 ICTの最新技術を人間の身体に例えると

データを制したものが次の時代を制する」と言う人もいます。

もしも、AIを活用する用途に物理的な身体が必要なら、「ロボット」「ドローン」「自動運転バス」、遠隔操縦の「分身ロボット」など物理的な身体とAIを組み合わせます。ロボットには、家庭でも普及し始めている「掃除ロボット」、レストランで活用が進む「配膳ロボット」、工場や施設内でモノを運ぶ「自動搬送ロボット」等があります。メタバースなどデジタル世界での身体はアバターなどの例が挙げられます。

人は目で見た光景から瞬時に判断して次の行動に繋げます。スポーツ選手の反射神経は研ぎ澄まされたものですし、例えば自動車の運転やゲームでも日常的にその能力を使っています。その情報は身体を流れる生体信号によって動作が促されていますが、その情報伝達速度はとても速くないといけません。ICT技術では、光通信や5Gなどの高速通信が担っています。特にモバイル通信では、より高速に、より反応速度が高い、安定した通信環境が求められ、5Gや次世代の6Gなどが期待されています。

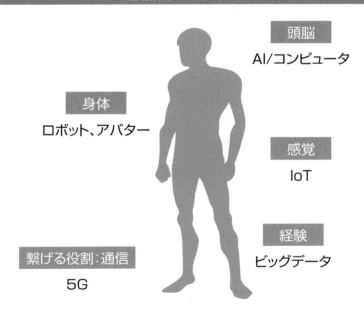

ICTの最新技術を人間に例えると‥

頭脳 AI/コンピュータ
身体 ロボット、アバター
感覚 IoT
経験 ビッグデータ
繋げる役割：通信 5G

1-7

AIとは何か？

「AI」は広義ではソフトウェアの一種として開発・活用されています。ただ、従来からあるパソコン用やスマホ用のソフトウェアとは異なります。「学習」や「予測（推論）」「意思決定」等、従来のソフトウェアが不得手とされている機能が実現できます。開発のやり方もずいぶん異なります。

▶▶ AIもソフトウェアの一種、従来のアプリケーションと連携

「ソフトウェア」は、パソコンのプログラムやスマートフォンのアプリ等でお馴染みです。例えば、ワープロソフトや表計算ソフトなどの「オフィス」ソフト、データベースを利用したアプリケーション、ウェブ（インターネット）で使用するアプリケーション、ゲーム、音楽や映像を再生するプレイヤーなど、様々なソフトウェアがあります。そして、従来のソフトウェアは、ソフトウェア技師（プログラマー）が設計したルールに従って、プログラムコードを記述してソフトウェアを開発します。できあがったプログラムはそのルールの通りに実行され、そこに曖昧さはありません。臨機応変もありません。

一方「AI」は、人間の脳のしくみを参考にして開発されたニューラルネットワーク技術が使われています。特徴的なのは、「学習」によって「予測（推論）」ができ、その結果として、AI自ら学習する能力や、「判断」や「分類」「意思決定」する能力を備える「AIモデル」を開発します。

そのため、パソコンやスマートフォン、ロボットのAIソフトウェアは、基本的には従来と同じく「アプリケーション（プログラム）」で記述し、「判断」や「分類」「意思決定」が必要な際に「AI（AIモデル）と連携」して動作することによって、今までコンピュータにはできなかったことが実現できるようになるのです。

従来のプログラムと「AIモデル」の分担はどのようにおこなわれるのでしょうか。

工場やプラントでは、一日に何回か一定のルートを巡回して、機器の測定メーターを確認して異常がないか点検する業務があります。その業務をイヌ型の四足歩行AIロボットが代行するユースケースが増えています。

それをひとつの例にとると、AIロボットは原則としてプログラムによって起動し、ど

の走行ルートは巡回するか、スタッフから指示されます。AIロボットはその指示に従って歩行を開始しますが、正確に歩くためには、自分（AIロボット）がルートマップ上の今どこにいるのかを正確に把握し、周辺の安全を確認、障害物や人を認識すれば一旦停止し、安全を確保した上で移動します。このルートマップ通りに安全に移動する、という部分を「AIモデル」が担当します。

やがて、AIロボットは計測メータの前にやってきます。到着するとAIロボットのプログラムはメータの数値を画像で取得します。次にAIモデルの画像認識機能を活用して、メータの数値やゲージの針を読みます。プログラムは取得した数値をAIロボットのメモリに保存したり、通信でサーバに送ってログ（記録）として残します。その作業が終わったら、元のステーションに戻りますが、再びAIモデルの力を借りて移動します。

従来のプログラムとAIモデルを併用する

プログラム	AIモデル
電源ON→基本ソフト(OS)の読み込み 走行ルートの読み込み	マップと周囲の状況を照合 障害物や人の確認 (カメラやセンサー)
走行開始	バランスをとって 転倒しないように歩行 周囲の状況確認 (カメラやセンサー)
測定メータの前に到着 読取った数値をサーバに記録	メータの数値、 ゲージを読取(カメラ) 空気(有毒物質)の 分析(センサー)
元の場所に戻る	バランスをとって歩行 周囲の状況確認 (カメラとセンサー)

四足歩行ロボット

従来のプログラムとAIモデルを併用することで、コンピュータ（ロボット）ができる範囲が大きく拡大します。

1-8

AIの開発、機械学習・
AIモデル作成・推論

AIの開発は従来のプログラムの開発とは異なります。では、どのようにおこなわれるのでしょうか。まずは概要を解説します。主なフェーズとして、機械学習。AIモデル作成、推論に分けられます。

▶▶ AIを開発する手順（例）

従来のプログラムは、プログラマーがパソコンに向かってプログラム言語によってコード等を記述して開発しています。エンジニアがコンピュータに理解できる言語を用いて、作業の手順をプログラミングするのです。一方で、AIの開発は大きく異なります。

比較的簡単なプログラムの記述は必要ですが、要となるのは「機械学習」によって「AIモデル」を生成し、「AI推論」を行えるようにすることです。

「AIモデル」は「機械学習モデル」と呼ぶ場合もあります。

ヒトに置き換えると、高校受験や大学受験をするとき、受験勉強（AIでは機械学習）して知識を増やし、合格するために必要な知識（AIではAIモデル）を準備した上で、テストを受ける（AIではAI推論）ような手順です。

行動スキルが伴うものであれば、自動車教習にも手順は似ています。教習所で運転の実地研修を繰り返し（機械学習）、卒業に値する知識とスキル（AIモデル）を身につけた上で、卒業検定を受ける（AI推論）、または免許をもらって運転する（AI推論）という手順です。

1-8 AIの開発、機械学習・AIモデル作成・推論

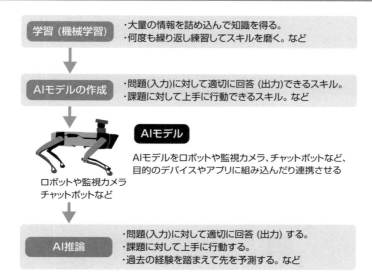

　AI開発は「学習（機械学習）」「AIモデルの作成と組込」「AI推論」の手順でおこないます。「推論」は日常生活ではほとんど使わない単語だと思いますが、AIが判別したり、分類したり、予測したり、「AIモデル」が学習した経験から導き出した出力結果全般を「AI推論」と呼びます。

▶▶「機械学習」フェーズ（AIの訓練）

　AIの機械学習は、大量のデータを読み込ませることで（専門用語では"AIにデータを喰わせる"と表現することもあります）、データの中のあるパターン（特徴量）をみつけることができるようになります。

　例えば、「犬かどうかを見分けるAI」を開発するとしましょう。皆さんなら「犬かどうかの見分け方」を言葉でどう説明しますか？　言葉で説明するのはすごく難しいですよね。「見ていれば解るようになるよ」と言いたくなるはずです。プログラムコードで定義している従来のプログラムでは、言葉で説明できないことをプログラミングすることはできないのです。そして「見ていれば解るようになるよ」がAIの特質です。

　まずは、大量の「犬」の画像をシステムに入力する（解析させる）ことで、AIは犬のパ

1-8 AIの開発、機械学習・AIモデル作成・推論

ターンをみつけて犬の特徴を理解します（これを「機械学習」と呼びます）。AIは学習によって「犬のパターンを理解したアルゴリズム（手法）」を形成します。「機械学習」には膨大な演算が必要となるので、通常は高速なコンピュータが使われます。

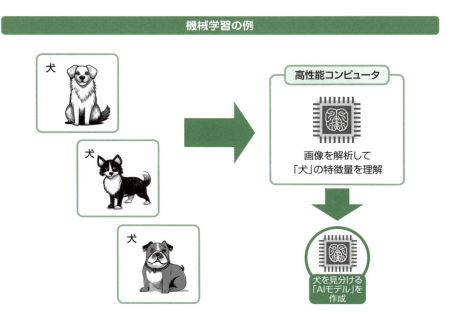

大量の「犬」の画像を「AIモデル開発ツール」に入力して学習させます。「AIモデル開発ツール」は画像を細かく解析して、「犬」の特徴量を抽出して学びます。高精度で判別ができるようになったら「犬を見分けるAIモデル」を生成します。

小さな子どもが「あ、ワンワン」と指さして、お母さんが「あれはニャンニャンでしょ」と教える光景を公園などで見かけるように、経験（データ）が少ない子どもの場合は、犬を猫やタヌキなど他の動物と間違うことがあります。AIも同じです。私達は普段から身近に見ている犬と猫を間違えることはほとんどありませんが、見慣れないアナグマやハクビシンなどを他の動物と間違えることはままあります。間違えるのはデータ量（経験）が少ないためです。アナグマやハクビシンの専門家がそれぞれを見間違うことありません。このようにAIの高度な知識には大量のデータが必要です。「AI時代はデータをたくさん持っている企業が有利」というのはそのためです。

「AIモデルの作成」フェーズ（AIの完成）

　開発ツールが、犬のパターンを理解すると、そのアルゴリズム（例：犬の特徴を理解したアルゴリズム）から犬を見分ける「AIモデル」を生成します。この「AIモデル」は、犬の画像を見せる（入力する）と「これは犬です」と判定し、猫やタヌキの画像を見せると「これは犬ではありません」と判定して返します。これがAIが写真を解析して判定する「AIモデル」です。

「AI推論」フェーズ（AIの実践）

　開発した「AIモデル」を実践に投入し、判定させる段階が「AI推論」です。

　「機械学習」と「AIモデルの生成」にはスーパーコンピュータなど高性能なコンピュータが適していますが、生成した「AIモデル」活用するのには高性能はコンピュータは必ずしも必要ではありません（AI推論の複雑さにもよりますが）。ノートパソコン程度の処理能力でも実行できるものがあります。また、内容によってはスマートフォンやタブレット等でも実行できるものもあります。

　開発した「AIモデル」をチャットボットやロボット、スマホアプリ等に組み込んで連携すれば、AIの実装準備完了です。

　例えば、カメラ付きのロボットに犬を判別する「AIモデル」を組み込みます。ロボットの目の前に犬の写真を見せると、カメラを通して画像を「AIモデル」が解析して「これは犬です」と判定します。

AI推論の例

これは何？

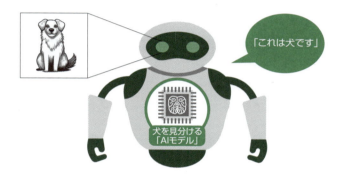

作成した「犬を見分けるAIモデル」をロボットの頭脳に組み込んだAI推論の例。犬の写真を見せると画像を解析して「これは犬です」と判定します。

　チャットボットやLINEなどの文字対話システムと「AIモデル」を連携させると、ユーザーが文字入力欄に犬の画像を入力すると、「AIモデル」が画像を解析して、文字対話システムが「これは犬ですね。あなたのペットですか？」と返したりできるようになります。

1-9

強いAIと弱いAI、AGIとSGI

「AI」には「強いAI」と「弱いAI」があります。これから人工知能や、人工知能のビジネス利用について勉強する人にとって、この違いはとても重要です。カリフォルニア大学バークレー校のジョン・サール教授が提唱しました。

▶▶ 強いAIと弱いAI

一般社団法人人工知能学会の公式サイトでは、「What's AI」の冒頭で「人工知能は『まるで人間のようにふるまう機械』を想像しますが、これは正しいとも間違っているともいえます。人工知能の研究には二つの立場があって、一つは人間の知能そのものをもつ機械を作ろうとする立場、もう一つは人間が知能を使ってすることを機械にさせようとする立場」と表現しています。

▶▶ 「強い」とは「汎用的」の意味

ニュースや記事などで「人工知能と聞いて何を思い浮かべるか」という設問をよく目にします。近未来を描いた映画やコミックでは人工知能がしばしば登場します。映画「2001年宇宙の旅」で宇宙船に搭載されていたコンピュータ「HAL（ハル）9000」でしょうか。それともターミネーターに登場する「T-1000」や「スカイネット」でしょうか。いずれにしても欧米の映画では人工知能によって人間社会が脅かされるというテーマのものがあり、人工知能を危険視する意見が多いと思います。人間に脅威を及ぼすこれらのAIはいわゆる「強いAI」に該当します。

強いというのは「汎用的な知能」を意味しています。人間がいろいろな場面や状況に応じて知能や経験を使って対応できるように、コンピュータが様々な分野や状況において「人間と同様に振る舞える知能」を持ったものが「強いAI」に分類されますが、それほどの賢く汎用的なAIはまだ出現していません。

強いAIは「人工汎用知能」や「AGI」（Artificial General Intelligence）と呼ばれ、会話やニュース等で「AI」ではなくあえて「AGI」と呼称している場合はこれを指しています。日本語では「汎用型AI」と呼ばれています。

多くの人工知能研究者は「AGIの実現」を目指しているものの、実現にはまだまだほど

1-9 強いAIと弱いAI、AGIとSGI

遠く、コンピュータで実現するために、いろいろな能力の計算モデル化を試行錯誤している段階です。ただ、その結果、コンピュータが可能な「ある特定の作業」に限って、知的に振る舞っているように見えるようなったに過ぎません（それでも従来のコンピュータと比較すれば、社会を揺るがすほどの画期的なことなのです）。

では、「AGI」はいつ誕生するのでしょうか。今のところ、その時期は明言できませんが、多くの研究者は10〜20年はかかるだろうとしていますし、人間と同等のAIは生まれない、と語る人もいます。

▶▶ 弱い「特化型AI」

最近、ニュースや報道で話題になり、ビジネスに導入されたり、実用化がはじまっているのは「弱いAI」です。「弱い」というとダメな印象を受けるかも知れませんが、決してそうではありません。そのため、日本では弱いAIというより、「特化型AI」と言う言葉が多く使われています。今、話題になっている「生成AI」も特化型AIとして活用されています。

「人工知能の導入」「AIの実用化」というニュースの見出しを見ると、仕事を完璧にこなすコンピュータが導入されたように錯覚してしまいますが、画像を認識したり、何かを予測したり、限定的な分野で判断や推測できる特化型AIが導入された、と受け止めるべきです。研究者からみれば特化型AIも、やがて強いAIを実現するための基礎技術（要素技術）の実用化を積み重ねていき、その技術が将来集まり、AGIとして結集すると受け止めている人が多いのです。

例えば、画像認識処理にディープラーニングの技術を使うと、「人工知能で画像を高い確率で認識できる」という表現が使われますが、ディープラーニング自体は人工知能ではなく、画像認識を高精度におこなうための要素技術のひとつです（技術のしくみは後述します）。人間はとても優れた能力をたくさん持っていて、それ故にいろいろなことを「汎用的」にこなすことができます。

例えば、モノを見て認識・識別する、音を聞き分ける、質問を聞いて過去の知識と照合して適切な返事を返す、バランスをとって歩く・走るなど人間が日常的におこなっている能力を分解すればキリがありません。これら例としてあげたひとつひとつの能力（知能）がいわば「弱いAI（特化型AI）」です。無数の「弱いAI」を合わせ、人間と同等の、汎用

的な能力を司る人工知能が登場した場合、「強いAI（汎用型AI）」が実現したことになるのです。

　次の図は、普通のコンピュータソフトウェアよりは人の脳に近く、学習や推論、認識などを行うのが「弱いAI」、それが集積されてコンピュータ上で人と同等の知能を再現するのが「強いAI」であり（研究目標）、それは人間の脳に極めて近いことを示しています。

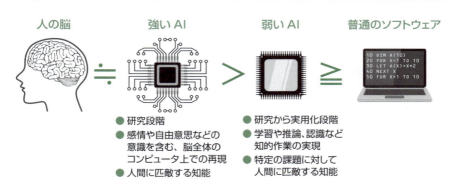

出典　総務省『平成26年版情報通信白書に掲載している調査』から
「ICT先端技術に関する調査研究」（株式会社KDDI総研作成）に基づいて作図

▶▶ 実用化が進む「特化型AI」

　とは言え、生成AIを含めて、ディープラーニングの能力は評価され、成果を上げています。しかも、人工知能関連技術に対して、多くの研究機関や企業が資金をかけ、競って取り組みを始めると、技術は一気に大きく進歩しました。

　これら人工知能関連技術は既に実用的な領域に入っています。例えば、1990年代のチェス専用に開発されたIBMのディープ・ブルーの基礎技術（後述「1-14.「IBM Deep Blue」と人間の頭脳戦」で詳しく述べます）。Google DeepMindの「AlphaGo」で話題になったディープラーニング（後述「1-11.囲碁の勝負で人間を破った人工知能「アルファ碁」」で詳しく述べます）。iPhoneの「Siri」、Androidの「Googleアシスタント（Gemini）」、Amazonの「Alexa」など、AIエージェントもリリースされ、AIを搭載した自動運転バスも既に公道を走っています（レベル4:特定の条件下でシステムが主体と

1-9　強いAIと弱いAI、AGIとSGI

なって車を操縦する自動運転（運転士が不要））。ビジネス分野では「弱いAI」や「AI関連技術」が急速に拡がりを見せていて、さらに「生成AI」や「大規模言語モデル」の登場によって、AIは言葉の意図を読み、創造性を持つなど、性能が格段に向上したのです。

ちなみにAGI、汎用型人工知能の実現にはほど遠いと解説しましたが、生成AIによって一気に近付いたことも知っておきたいところです。

人工知能関連技術		
生成 AI	大規模言語モデル	情報検索
ヒューマンインターフェース	音声認識	データマイニング
画像認識	ニューラルネットワーク	ロボット
感性処理	自然言語理解	マルチ・エージェント
推論・予測・分析	探索	プランニング
知識表現	機械学習	遺伝アルゴリズム

▶▶ AGIを超えるSGI

最近、人工知能関連のニュースなどで「SGI」というワードも目にするようになりました。「SGI」は (Superintelligent General Intelligence) の略で、人間の知能を大きく超えた超知能を持つAIのことです。人間の知能に匹敵する人工知能「AGI」を超え、あらゆる分野で人間を超えた知識、判断、問題解決が可能なAIです。

「AGI」すらまだ道筋が見えないのに、「AGI」を超えた「SGI」の実現性を持ち出すのは、ずいぶんと気が早いというか、煽りすぎのような気がします。

1-10 トヨタが開発したバスケAIロボ

　2017年からトヨタが開発してきたAIバスケットボールロボット「CUE」（キュー）が、Bリーグのバスケットボールチーム「アルバルク東京」に所属しています。高精度なAIが搭載され、フリースローを連続で決めたり、超ロングスローを決めるギネス世界記録を達成しています。AIをロボットに活用した例として紹介します。

▶▶ AIバスケロボ「CUE」とは

　2024年9月、Bリーグのバスケットボールチーム「アルバルク東京」に所属する背番号96番のAIバスケロボ「CUE6」（キュー シックス）が愛知県長久手市の豊田中央研究所内のアクタスという施設で、ギネス世界記録「ヒューマノイドロボットによるバスケットボールシュート最長距離（Farthest basketball shot by a humanoid robot）」を達成しました。要するにAIバスケットボールロボットによる、超ロングスローでのシュート成功の記録です。距離はなんと24.55m。

「CUE6」が2度目のギネス世界記録を達成

出典：アルバルク東京

45

1-10 トヨタが開発したバスケAIロボ

> この距離のフリースローを見事に決めた

出典:アルバルク東京

　AIバスケロボ「CUE」はトヨタが開発していて、その6代目が「CUE6」です。「CUE」シリーズのギネス世界記録達成は実は2回目。

　2017年にトヨタ自動車内の自主活動で初代「CUE」の開発がスタートしました。2019年5月に、「CUE3」が1つ目のギネス世界記録「ヒューマノイドロボットによる連続バスケットボールフリースロー最多数（アシスト有り）」を達成しました。ミスなくひたすらシュートを入れ続けないといけないという厳しいもの。そして、「CUE3」が連続してフロースローを決めた回数は2020回。しかも、「CUE3」は2020回目で失敗した訳ではなく、東京オリンピック・パラリンピックの開催予定だった2020年にあやかって「2020回」投球すると予め決めて挑んだのです。「CUE3」はその全投球を成功させてチャレンジを終了しました。すなわち、何回まで成功を続けられたかはわかりません。

　その記録の動画は、アルバルク東京の公式YouTubeチャンネルで見ることができます（2025年1月時点）。

1-10 トヨタが開発したバスケAIロボ

バスケットボールAIロボット

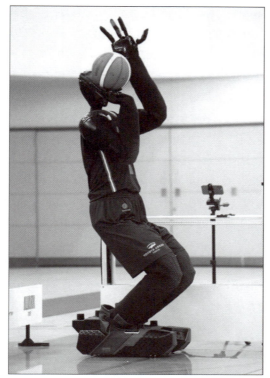

アルバルク東京に所属する「CUE6」、トヨタが開発したバスケットボールAIロボット。
出典：アルバルク東京

- AIバスケットボールロボット「CUE6」ギネス世界記録への挑戦（2024/12/03）
  https://www.youtube.com/watch?v=pFwD3Nspthg

- 「CUE3」ギネス世界記録達成の軌跡｜挑戦編（2019/06/24）
  https://www.youtube.com/watch?v=qxtOHVijFy4

- アルバルク東京 公式
  https://www.youtube.com/@ALVARKTOKYO

AIによってどんどん進化

「CUE」にはAI技術が活用されています。最初の頃の「CUE」は上半身だけが稼働するロボットで、自律的に移動することができませんでした。フリースローを投げる位置に人が押して移動していました。ボールを持たせる作業も人がアシストする必要がありました。そして、その頃はまだフリースローの精度も低く、特にボールの小さな黒い継ぎ目（シーム）が持ち方によって影響してしまい、投球にズレが生じていました。

AIはディープラーニング技術を使って学習し続け、「CUE」のロングスローの精度はどんどん向上していきました。今では車輪構造の下半身で自律的に指定された位置に移動し、自分でボールをつかみ、ボールの継ぎ目も考えながら投球することができます。フリースローだけでなく、ドリブルしながら移動することにもチャレンジしています。

なお、2021年の東京五輪2020で、バスケットボールの試合のハーフタイムに「CUE5」が登場し、長距離のロングスローを披露して、世界を驚かせました。

ただ、トヨタがAIバスケロボ「CUE」を開発する理由は、AIとロボティクスの技術研究と可能性の探求のためです。「CUE」は偉大なギネス記録を打ち立てましたが、社会の役に立つかどうかは別問題です。

「CUE」はAIによってどんどん進化

最初の頃は上半身だけが稼働するロボット

自律的に移動することはできなかった

フリースローを投げる位置に人が押して移動していた。

ディープラーニング技術を使って学習し続けた

ロングスローの精度はどんどん向上

今では自分で移動しボールをつかみ投球できる

1-11

囲碁の勝負で人間を破った
人工知能「アルファ碁」

2016年3月9日、囲碁の世界では有名な実力者がGoogleの人工知能（AI）に破れるという『一大事』が起こりました。「AIが人類を超えた」といった、煽るような報道もありました。普段は囲碁をしない人、IT業界とは無関係な人、人工知能なんて映画やコミックの中のもの、等と思っている人たちも注目しました。

▶▶ AIが人類を超えた？

人類を超えたかどうかは別として、たしかに衝撃的な出来事です。というのも、囲碁はチェスや将棋と比較して着手数が多いため、コンピュータが人間に勝つにはまだ10年はかかるだろう、と言われていたからです。その囲碁において世界的な実力者を、開発をはじめてわずか数年の人工知能が破ったのですから、快挙であったことは間違いありません。

しかし、『人工知能が人類を超える日』が来るとしたら、それはまだまだ先の未来の話です。「AlphaGo」（アルファ碁）の勝利によって、Googleが囲碁に対して行ったAI活用のアプローチは成功したと言えるでしょう。AIにとって革新的な成果のひとつを得たことは確かですが、それはあくまで囲碁での話です。人工知能研究の分野で研究者や開発者が目指している真の人工知能とは「汎用的」で「万能」なものであり、その道程から見るとほんの一歩に過ぎません。今の人工知能はまだまだ人間の脳にはほど遠いのです。

しかし、世界中の研究者や開発者、政治家までもが注目するとなると、技術はめざましく進歩する可能性があります。いま「人工知能」の業界はそのきっかけと原動力を得たのです。

そして、汎用的な人工知能の登場はまだまだ先でも、実は社会やビジネスにおいて、人工知能の技術が多方面で、急速に導入されはじめているのです。

いま人工知能には何ができて、何ができないのか。なぜ、再び注目されるようになったのか。社会やビジネスにおいて、どんなところでどのように活用されはじめているの

1-11 囲碁の勝負で人間を破った人工知能「アルファ碁」

かを理解しておく時期に来ています。社会の大きな変革に乗り遅れないためにも、社会とビジネス活用のAI最前線に目を向けてみましょう。

AlphaGoのトピック

- AI技術で学習/訓練を受けたAlphaGoが、世界トップレベルのプロ囲碁棋士に勝利
- AlphaGoはGoogleが買収したGoogle DeepMindが開発
- 注目されたAI技術
    - 機械学習
    - ニューラルネットワーク
    - ディープラーニング
    - 強化学習　など

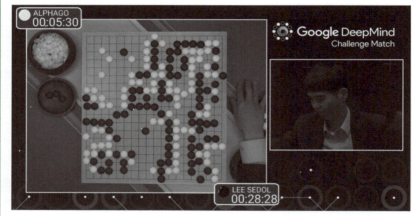

2016年3月9日、イ・セドル氏がAlphaGoに負けた瞬間
（出典　YouTube）

1-12

予想以上に早く進化を遂げた囲碁用 AI

Googie の研究チームはどのようにして「AlphaGo」を学習させたのでしょうか。疲れを知らないAIが、膨大な量の囲碁の対戦をこなす、そんな学習方法が明らかになりました。

▶▶ AlphaGoとは？

2016年当時、人工知能と人間の頭脳の対決ということで注目された囲碁の対局で対戦したのは、Google 傘下の「Google DeepMind」社が開発したAIシステム「AlphaGo」（アルファ碁）と、プロ囲碁棋士のイ・セドル（李 世ドル）氏です。イ・セドル氏は韓国棋院所属の九段で、国際棋戦優勝十数回などの実績をもつ最強の棋士と言われているひとりです〔世界大会の優勝回数18回（優勝回数で世界第2位）〕。

勝負は5番勝負で、2016年3月9、10、12、13、15日に行われました。初日は3時間半の熱戦の末、AlphaGoが著名なプロ棋士に初めて勝利しました。AlphaGoは囲碁の実力者や実況中継の解説者も首をかしげるような独特の手を打ち、いつの間にか戦局を優位に進めていました。それ以降も囲碁の定石ではタブーとされるような手や唐突で意表を突く手も交えて攻めました。実況解説者にすら、一見してAlphaGoのミスと思われていたものも数手先に進むと効いてくるということもありました。こうして、全5戦の結果でもAlphaGoの4勝1敗となりました。イ・セドル氏は4日目に勝利したものの3連敗を喫し、勝利した日には既に敗戦が決まっていました。

今までコンピュータがチェスや将棋の名人級の人たちと対戦して勝利してきた実績があるものの、この囲碁での勝利は囲碁棋士界や私達IT業界関係者にとって驚くべきものでした。囲碁棋士界の有識者の多くはコンピュータが囲碁に勝てない理由は「囲碁の人間性」だと主張していましたし、IT業界の有識者は「いずれはAIが勝つ日が来るだろうが、まだまだ先のこと」と予想していた人が多かったからです。すなわち、IT業界の有識者たちの予想よりもはるかに早くAIが成長（もしくは進化）していること、そしてAIが

実践でまたひとつ大きな成果を上げたことを示しています。

▶▶ 模倣にあらず

　コンピュータの得意なことと言えば、膨大な計算を苦にしない、ミスをしないこと。「名人のやり方をたくさん詰め込んだ模倣戦略で勝ったんだろう」と推測しがちですが、今回の対戦では、AIが打った手の良さを、実況の解説者さえ一見して気付かない戦術、定石を覆すような一手を繰り出して勝利しています。すなわち、単なる名人の模倣ではないことを証明した点も、大きな驚きだったのです。

　「Google DeepMind」が開発しているAIシステムの基盤は「DQN」(deep Q-network)と呼ばれるゲーム用の汎用AIです。様々なゲームをこなすDQNに、囲碁用のトレーニングを行ったシステムが「AlphaGo」です。

　　この世界戦に先だって、AlphaGoは2015年10月に、欧州チャンピオンの囲碁名人と対局して5戦5勝で勝利しています。ただ、欧州と世界のレベルの差は大変大きく、世界レベルの囲碁での勝負はAlphaGoにとって初の挑戦だったのです。

　Google DeepMind社の最高経営責任者(CEO)のデミス・ハサビス氏は雑誌『WIRED』の取材に対して「AlphaGoは人間のプログラミングによって設計された単なる**エキスパートシステム**ではない」「一般的な機械学習のテクニックを使い、どうやって囲碁の試合に勝つか学んでいく」「AIは人間よりはるかに大量のデータを処理し、物事をより効率的なやり方で構造的に洞察することができる。これは人間の専門家にはできないかもしれない」と答えています。

　　囲碁専用に設計されたものではないこと、機械学習を使って自律的に学習すること、ビッグデータの解析に優れること——。これらは今、最も注目されているAIの技術と活用に繋がっている言葉なのです。

　　次項では、まず「単なるエキスパートシステムではない」という意味を説明しましょう。

1-12 予想以上に早く進化を遂げた囲碁用AI

プロ囲碁棋士 vs AlphaGo（AI）

日付（2016年）	勝者
3月09日	AlphaGo
3月10日	AlphaGo
3月12日	AlphaGo
3月13日	プロ囲碁棋士
3月15日	AlphaGo

第4戦勝利後の記者会見で笑顔を見せるイ・セドル氏
（出典　YouTube）

単なる名人の模倣ではないことを証明した

```
コンピュータの得意なこと
        ↓
膨大な計算を苦にしない、ミスをしないこと
        ↓
「名人のやり方をたくさん詰め込んだ模倣戦略で勝ったんだろう」
        ↓
そうではなかった。想像とは違った
        ↓
実況の解説者さえ一見して気付かない戦術
        ↓
定石を覆すような一手を繰り出して勝利
        ↓
単なる名人の模倣ではないことを証明した
```

第1章　AI関連技術の最前線〜過去から未来までの系譜

53

1-13

エキスパートシステム

人工知能の研究者や開発者が目指しているのはなんでもできる「万能性」や「汎用性」の高いコンピュータです。いわば「なんでもできる」ということですが、その反対に位置するのが「エキスパートシステム」、すなわち、ある特定の分野に特化して優れた能力を持つコンピュータです。

▶▶ 「人工知能」とは呼べない？

エキスパートとは「専門家」のことで、専門分野の知識を持った人間が行っているような分析や意思決定をコンピュータで代替するシステムのことです。主に人工知能研究で用いられてきた単語で、複雑な設問に対して分析や推論を交えて答え（解）を示すことから、既存のコンピュータとは一線を画すとして、人工知能実現の第一歩として注目されました。1980年代の国家プロジェクト「第5世代コンピュータ」を記憶している人もいるかもしれません。

しかし、その一方で、人工知能は自ら考えて知を創造するコンピュータである、という視点から見れば、エキスパートシステムは人工知能とは呼べないという意見もあります。エキスパートシステムは人間が作ったルールに忠実に従って、人間が作成したデータベース、もしくは人間の意図によって機械が作成したデータベースを使って素早く解を導きます。これは最もコンピュータらしい振る舞いであって、人間らしくはない、ということです。ちなみに、コンピュータが読み取りできる形式で知識をデータベース化したものを「知識ベース」（knowledge base）と呼びます。知識のデータベースと言ったところです。知識を検索したり、問題に対して解決や推論を行ったりするために利用されます。

コンピュータのプログラミングではよく「If～Then」文と呼ばれるコードが使われます。「もし、～だったら、～をする」という命令です。If-Thenルールとも呼ばれます。人間の生活に当てはめると「もし青信号だったら（If）交差点を渡る（Then）」という、基本的にはどんなものにも使われるコードですが、Ifに対して、膨大な知識ベースの中から最適な解を選択して返すと、高度な回答も可能になります。また、正解のない答え、すなわ

ち推論や未来予測（これらを未知データと呼びます）を回答する場合は特に、コンピュータが知性を持って知的な振る舞いをしているように見えます。これを人工知能と呼ぶか否かは両論があります。

IT業界で「エキスパートシステム」と言うと、専門分野に洗練されたシステムを指して呼称する場合があります。その際は専門分野に優れたシステムというだけで、人工知能の要素技術は全く使われていないものもあります。

エキスパートシステム

- ●専門分野に特化した高度なコンピュータ
- ●膨大な知識ベースと的確な推論能力を持つ
- ●主に人工知能関連技術を用いたものが多い
- ●「If Then」ルールと高い計算能力で最適解を回答する
- ●エキスパート・システムを使うことで、専門知識のない人間が、専門家と同様の見解や推論を得ることができる
- ●専門家が何かを判断するために最適解を照会する用途にも適する
- ●人工知能技術が使われていないにもかかわらず「エキスパート・システム」を自称しているものもある

1-14

「IBM Deep Blue」と
人間の頭脳戦

IBM製のチェス専用コンピュータ「Deep Blue」（ディープ・ブルー）を記憶している
人も多いかもしれません。1996年、コンピュータ対人間の知能戦として最も知られて
いる出来事が、当時のチェス世界チャンピオン、ガルリ・カスパロフ氏とディープ・ブ
ルーの一戦です。

▶▶ 「先読み」で勝つ

ディープ・ブルーは、32ビット処理のコンピュータであったIBMのRS/6000 SP
を基にしたシステムで、IBMの公式発表によれば最終的に勝利した仕様は「32個のプロ
セッサが搭載されており、1秒間に約2億手を読む演算が可能」、要するに当時としては
最先端のハードウェアで構成されたチェス専用機でした。

それでも1996年2月の第一戦ではカスパロフ氏が3勝1敗2引分で通算では勝利
をおさめ、ディープ・ブルーは敗戦しました。しかし、諦めることなく、1997年5月に
挑んだ再戦ではディープ・ブルーが2勝1敗3引分の成績で接戦を制したのです。

どうやったら相手に勝てるかを考えるとき、多くの人が「先読み」を思いつくでしょう。
次の一手にはどのようなものが有効であり、その手を打った場合、相手はどう打ち返し
てくるか──。たくさんのパターンを覚えれば勝てる確率が上がるだろう、というもの
です。コンピュータ内では多くの手の有効度を評価関数で表して比較し、最良の手を算
出しています。

ディープ・ブルーは、計算能力の高さを活かして約2億通り近いパターンの手を瞬時
にシミュレートして、最良と思われる次の一手を繰り出すという手法でした。また、カス
パロフ氏が実際に過去に打った戦術も学習させ、まさに打倒カスパロフ氏専用のチェス
対局システムとしてチューニングされていました。こうして膨大なデータと高速な演算
能力によってコンピュータは勝利を得たのです。

IBMはもともと人工知能を「万能型」として捉えているため、チェスだけに特化した
ディープ・ブルーを人工知能とは呼んでいません。しかし、エキスパートシステムが広義

の人工知能であるならば、ディープ・ブルーも人工知能と呼べなくもありません。しかし、ディープ・ブルーは評価関数を使い、桁外れの計算能力で最良の次の一手を提示しているだけ、それでは知能を持っていないから人工知能ではないという意見が多かったのです。しかし、この時、勝負に敗れたカスパロフ氏は対局後に「ディープ・ブルーには知性を感じた」とコメントしています。

　ちなみにディープ・ブルーの後継機は「IBM Blue Gene」で、2007年の公式プレスリリースでは「13万1千個のプロセッサを駆使し、通常の動作で毎秒280兆回の演算を処理する。一人の科学者が一台の計算機を使用した場合には17万1千年休まずに計算し続けなければならないところを、Blue Geneならわずか1秒間で演算処理を行うことができる」としています。まさに計算能力としては桁違い、人間が及ぶものではありません。

コンピュータと人間の頭脳戦の歴史

1996年02月 1997年05月	Deep Blue Deep Blue	チェスの世界チャンピオンに1勝3敗2分けで敗れる。 チェスの世界チャンピオンに2勝1敗3分けで勝つ。
2011年02月	IBM Watson	クイズ番組「Jeopardy!」で人間のクイズ王に勝つ。
2010年10月 2012年01月 2013年03月	あらか2010 ボンクラーズ Ponanzaほか	女流王将に勝利 元名人の名誉棋聖に勝利 団体戦で3勝1敗1分
2015年10月 2016年03月	AlphaGo AlphaGo	囲碁の欧州チャンピオンに5戦5勝で勝つ。 囲碁の世界チャンピオンに5戦4勝で勝つ。

1-15

ディープラーニングの導入

ディープ・ブルーがチェスで勝利してから、「AlphaGo」による世紀の囲碁対局まで20年間もかかりました。その理由のひとつに、前述のとおり、チェスと囲碁はルールや勝つための要素が大きく異なるため、人間の思考の方が有利であるとされていたことが挙げられます。

▶▶ チェスより大変な囲碁

一説によると、チェスの最初の二手の着手数は400通り、将棋は900通り、囲碁にいたっては129,960通りあると言われています。それほどに複雑です（囲碁の着手数は10の360乗という説もあります）。

更に、当時ディープ・ブルーを開発したメンバーのひとりによれば「チェスはパターンを読むことが重要だが、囲碁は直感や目算が重要とされる」として、「最近でもAIが囲碁で人間に勝利するにはまだ10年はかかる」と、当時はコメントしていたほどです。

AlphaGoのシステム構成は、1,202基のCPUと176基のGPU（Graphics Processing Unit）で構成されているとも、CPU4基とGPU8基を搭載したマシン50台の編成とも言われています。いずれにしても桁違いの計算能力であることは確かですが、AlphaGoの勝利はハードウェアのパワーだけに頼ったものではありませんでした。要となったのは、チェスに勝利したAI「ディープ・ブルー」とは全く異なるアプローチ、今もっとも注目されている最新の「ニューラルネットワーク」や「ディープラーニング」の技術を導入しての勝利でした。

それまでの知識ベースのエキスパートシステムとは違い、AlphaGoは囲碁のルールすら知らないと言います。正確に言えば、囲碁のルールすら、人間によって組み込まれてはいないということです。囲碁のルールや定石、勝ち方を人間が入力して教えたのではなく、過去に行われた膨大な数の囲碁棋士による対局の記録（棋譜）、膨大なビッグデータを自律学習させることで、AlphaGo自身が自分を強力なシステムに作り上げたというのです。

1-15　ディープラーニングの導入

第1章　AI関連技術の最前線〜過去から未来までの系譜

Deep Blue と AlphaGo の違い

比較項目＼機種	Deep Blue	AlphaGo
ゲーム種類	チェス	囲碁
開発社	IBM	Google（Google DeepMind）
開発年（対局勝利年）	1997年	2016年
基礎技術	知識ベース エキスパートシステム	ニューラルネットワーク ディープラーニング（自律学習）

それまでの知識ベースのエキスパートシステムとは違う方法

チェスに勝利したAI「ディープ・ブルー」とは全く異なるアプローチ

⬇

最新の「ニューラルネットワーク」や「ディープラーニング」の技術を導入しての勝利

⬇

AlphaGoは囲碁のルールすら知らない

⬇

過去に行われた膨大な数の対局の記録、膨大なビッグデータを自律学習

⬇

AlphaGo自身が自分を強力なシステムに作り上げた

⬇

それまでの知識ベースのエキスパートシステムとは違う方法

1-16

AlphaGoが強力な囲碁AIになるまで

Google DeepMindは、どのようにしてAlphaGoを強力な囲碁AIシステムに鍛え上げたのでしょうか。ルールも教えずにどうやってAlphaGoは囲碁をするのか、それすら疑問に思われるでしょう。その点を解説します。

▶▶ 人工知能の「学び方」

まずはインターネット上の囲碁対局サイトにある3000万手に及ぶ膨大な棋譜データをAlphaGoに読み込ませました。最初は人間がAlphaGoに対して棋士が打った次の手を教えますが、3000万手ものデータをすべて教えたり、良い手、悪い手を人間が教えるのは不可能に思えます。少なくとも長い期間が必要になってしまいます。

そこで「ニューラルネットワーク」の技術「ディープラーニング」を使います。いわば人間の脳のしくみに近い方法で打ち手を自分で学習するようになります（詳しくは後述します）。ただ、AlphaGoは次の手によって盤面の状況が変わったことはわかりますが、囲碁のルールを知りません。そこで「得点」という考え方を使います。人工知能研究では「報酬」と呼びます。

例えば、ゲームをクリアしたら得点がもらえる、何秒以内にクリアしたら更に得点がもらえる、特別な技を使ったら更に高い得点がもらえる、といった「高得点を目指す」という概念です。人間もテレビゲームをするときに高得点を意識しますね。それと同様に、より高い得点を得るという目標を与えることで、コンピュータは得点が良くなる方法や手段を学習するのです。囲碁の場合は最終的に相手より多くの陣地を作って勝てば得点がもらえる、ということに尽きます。

しかし、3000万件の打ち手ではまだ情報が足りなかったのです。ディープラーニングのしくみ自体は昔から知られていましたが、コンピュータで実用化するには当時は想像できないほどの膨大なビッグデータが必要だったのです。インターネットやクラウドのない時代にはそれほど膨大なデータ量を集めることは不可能でした。ビッグデータの

1-16　AlphaGoが強力な囲碁AIになるまで

到来によって、ディープラーニングの時代もやってきたのです。しかし、それでも精度を上げるためには、3000万件の打ち手では足りません。

　そこで、次に開発チームが行ったのはコンピュータ同士の対局によるトレーニングです。コンピュータ同士であっても、対局によって「経験値」とも呼べるデータが新たに生み出されて蓄積されます。同じシステムで対局すると新たな打ち手の創造が生まれにくいため、異なる囲碁システムと対局させたり、同じ囲碁AIシステムであっても異なるバージョンと対局させることで違ったパターンの局面、すなわち3000万手以上の棋譜データを生成し、それを蓄積してまた学習させたりするトレーニングが繰り返し行われたのです。人間と違ってコンピュータは疲れません。延々と対局を繰り返し学習、経験していきました。その結果、世界レベルの囲碁AIへと成長したのです。

　技術的にAlphaGoで注目したい点は「**強化学習**」と「ニューラルネットワーク」を組み合わせたことです。強化学習とニューラルネットワークについての詳細は第4章で解説しますが、これを組み合わせたことでどんな点に優れているかというと、2手先、3手先といった先を読んだ思考をする点です。現在の状況に対して次の自分の一手はこれが有効だ、という回答を出すことはもちろん、自分がその手を打った場合、相手は次の手でこう返すだろう、そうしたら「次の次」の手ではどう返すべきか、という先読みを行った上で最適な回答を出します。次の一手だけでもたくさんの選択肢があるのに、更に次の手を先読みして推理するとその数はネズミ算式に増えていきます。それでもそれを推理して最良の一手を導き出すのです。

　この章では、開発チームの「Google DeepMind」とその技術「ディープラーニング」についてもう少し掘り下げたいと思います。それには、「ニューラルネットワーク」が注目されるきっかけとなった出来事「Googleの猫」についても次項で触れておきたいと思います。

1-16 AlphaGoが強力な囲碁AIになるまで

AlphaGoが強力な囲碁AIになるまで

囲碁対局サイトにある3000万手を読み込み

例を取って人間が次の手を教える

得点(報酬)を教える

3000万手を自律的に学習

コンピュータ同士で対戦

対戦データを蓄積して学習

3000万局を学習

1-17

人工知能ブームとGoogleの猫

AIの研究はこれまで、二度のブーム（黄金期）を迎えながらも、残念ながら社会を変えるような具体的な成果を得られぬまま、下火になった歴史があります。

▶▶ 消えた二度のブーム

第一次ブームは1957年、心理学者・計算機科学者のフランク・ローゼンブラット氏によって視覚と脳の機能をモデル化した「パーセプトロン」までさかのぼります。パーセプトロンによって脳神経細胞を擬似的に再現する人工ニューロン/形式ニューロンの考え方が確立され、現在の機械学習の基礎ができました。

しかし、効果のある用途が限定的だったことや、いくつかの問題点が指摘されたことなどによってブームは終わります。第二次ブームは1980年代、「エキスパートシステム」の台頭により、人工知能ブームが再燃します。1982年、日本では当時の通商産業省（現経済産業省）が国家プロジェクトとして「第5世代コンピュータ」の開発を推進し、人間を超える人工知能を目指して520億円もの助成金が拠出されましたが、目標達成や実用化には至らず、1992年にプロジェクトは終了し、ブームも終わりました。

▶▶ 「猫」によるブームの再来

そして、最近のAIブームとも言える現象が一気に加速したきっかけとなったのは「ニューラルネットワーク」や「ディープラーニング」の進歩です。しかし、人間を超える人工知能などではなく、機械学習という人工知能に関連する技術が実用化に向けて前進したからです。そしてそれは「Googleの猫」からはじまりました。

▶▶ 「Googleの猫」の意味

2012年に一枚の猫の顔のような画像がネット上で話題になりました。米Googleの研究チーム「Google X Labs」（当時）が「機械学習技術」に関してある研究成果とともに発表した画像です。

Googleの発表によると、ウェブやYouTubeにある膨大な画像データをとあるAIシステムに与えて、一週間自律的に学習させた結果、コンピュータがネコの存在を学習し

たということでした。このニュースを聞いて、多くの人が当初は画像認識技術の話をしているのだと思いました。Googleは検索エンジンの企業として有名なので、画像検索技術の研究にも注力しています。だから多くの人は、ネコの画像を検索キーとして入力すると、システムはその画像の特徴を解析し、膨大な画像の中から同様のネコの画像を瞬時に識別できるようになったのか、と勘違いしたのです。

　画像認識精度が向上するという点では的外れとは言えないのですが、このニュースの本質は、人間が検索キーとなるネコの画像を与えたのではなく、膨大な画像の中からコンピュータがネコという存在自体を発見し、容姿を特定し、猫そのものを判別できるように学習したということでした。ピンと来ないでしょうか？　人間は親や先生や友人等から多くのものの存在を学びますが、自分でみつけたものも多いと思います。「これが猫だよ。猫っていうのはね……」と誰かに教えてもらったかもしれませんが、身の回りに猫がいてその存在と特徴に自分で気づき、それは「猫」と呼ばれる生き物なんだ、と学んだ人もいるかもしれません。後者のようなことがコンピュータに起こったのです。

　これは専門的には「Self-taught Learning」と呼ばれるものです。「Self-taught」を直訳すれば「独学」ですから、「**自己教示学習**」等と訳されています。「人工ニューラルネットワーク」（Artificial Neural Network：ANN）のひとつとして、神経回路網の学習プロセスをコンピュータで再現するために研究されていたものです。

　Googleはその研究のひとつの成果を、一般の人たちにも理解できる例として公表したのでした（人工ニューラルネットワークとディープラーニング等、最新のAI技術については第2章と第4章で詳しく解説します）。

　この発表は、ある意味で停滞していた人工知能技術を進展させる出来事でした。そして人工知能が急速に注目されるに連れて、「すごい」と感じる人と「恐ろしい」と感じる人が出て来ました。

　人間は「AI」に対してある種の恐れや嫌悪感を感じることがあります。その最も大きな理由は人類が理解できないレベルの知能をAIが自律的に持つかもしれないという不安から来ています。人類の言うとおりに忠実に動くコンピュータならどんどん進化して欲しいと思う反面、支配下におけないコンピュータには恐れを抱き、自律的に学習するものはいつか人間が支配できない領域に達してしまうのではないか、という不安を感じるのです。

1-17 人工知能ブームとGoogleの猫

「自律的」というのがニューラルネットワークの要である反面、その言葉が不安を増長させることもあります。

Googleの猫

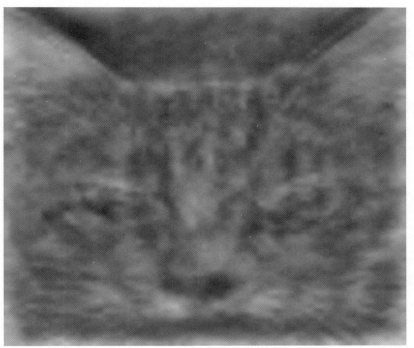

Google X Labsが「ディープラーニングでAIが学んだ」と発表した猫の画像
（出典　2012年6月26日付のグーグル公式ブログ）

1-18

画像認識コンテスト「ILSVRC」 でディープラーニングが圧勝

郵便番号を自動で認識することができないだろうか。そんな疑問がきっかけで1989 年に多層のニューラルネットワークを開発したのが、ディープラーニングの始まりと言われています。

▶▶ 2012年、トロント大学の成果

それほど昔に登場したにもかかわらず、実用化されなかった理由は、ディープラーニングで機械学習を行うために必要な膨大な訓練データが用意できなかったことが挙げられます。また、ディープラーニング特有の問題「過学習」を解決する効果的な手段が実証できなかったこともあります。

しかし、技術者がディープラーニングの強力な効果を目の当たりにしたのが、スタンフォード大学の「ImageNet」が毎年主催している画像認識精度を競うコンテスト「ILSVRC」(ImageNet Large Scale Visual Recognition Challenge)でした。このコンテストは、約200カテゴリに分類された多数の画像が出題され、画像に写っているものが何かをコンピュータが認識し、最も低いエラー率(最も間違いが少ない)を記録したものが勝者となるコンテストです。

2012年、このILSVRCにおいて、エラー率で2位以下を10%以上も引き離して優勝したのがトロント大学の**ジェフリー・ヒントン**教授率いるチーム「スーパービジョン」でした。従来は約26%程度のエラー率だったところ、ディープラーニングを採用したスーパービジョンはエラー率17%と、圧倒的な強さを見せたのです。認知心理学の研究者であり、ニューラルネットワークの権威であるヒントン氏とチームがなし得た功績は、人工知能の研究者や機械学習の開発エンジニアを奮い立たせました。以来、画像認識に限らず、様々な認識分野でディープラーニングは優秀な結果を見せています。

ちなみに、ヒントン氏はニューラルネットワークのバックプロパゲーション(第4章で用語解説します)、オートエンコーダ、ボルツマンマシンなど最新の技術研究で知られ

ています。Googleはヒントン氏を招聘し、同氏はスタンフォード大学のアンドリュー・エン（Andrew Ng）教授らとともに、最先端のAI技術を研究しました。エン教授は「Googleの猫」の共同研究を主導した人物です（エン教授はその後Googleを退社）。

Googleはこれらの AI関連技術の研究成果を「OK Google」でお馴染みのAndroid音声アシスタントでの音声認識「Google Now」やGoogle検索、Googleフォト、SNSでアップした人物画像の自動識別と分類等に役立たせています。

ジェフリー・ヒントン教授

（出典 http://www.cs.toronto.edu/~hinton/）

1-19

「機械学習」の研究者が
ノーベル物理学賞を受賞

　　現在主流となっているニューラルネットワークの技術「機械学習」や「ディープラーニング」が評価され、その技術の発見と革新的な開発に貢献した2人が2024年のノーベル物理学賞に選ばれました。AIが実世界の応用に対しても多大な影響を与えることが認められたとも言えるでしょう。

▶▶ AI技術の科学的および社会的な重要性を強く示唆

　　日本時間の2024年10月8日、ノーベル賞の選考委員会は、2024年のノーベル物理学賞にアメリカ プリンストン大学のジョン・ホップフィールド教授と、カナダ トロント大学のジェフリー・ヒントン教授の2人を選出しました。2人の研究者は、現代の機械学習や人工知能の基盤を築き、多くの分野での応用と革新を可能にしたのです。

　　ジェフリー・ヒントン氏は前項でも紹介しましたが、人間の神経回路を模倣した「ニューラルネットワーク」(人工ニューラルネットワーク)に大量の画像データ等を読み込ませて学習させることで、認知と解析を行うアルゴリズム(特定の問題を解決するための手順や計算手法)等を開発しました。

　　ジョン・ホップフィールド氏はその「ニューラルネットワーク」を活用して、画像やパターンのデータを記憶しておき、画像を見た時に記憶の一部から関連する事柄を思い出す能力「連想記憶」のシステム化に尽力しました。「連想記憶」については詳しく後述しますが、人間の脳で言えば「過去に撮った写真を見て、その旅行で体験した楽しかったことや景色、友人と交わした会話などを思い出す」などです。これらは従来のコンピュータには複雑で難しいとされていたことですが、ニューラルネットワークの研究が進んだことで実現されています。その技術は「機械学習」と「ディープラーニング」が基礎となっていて、現在のAI技術の中核です。その功績が評価されたのです。

　　現在のAIがノーベル「物理学賞」として評価されたことに驚いた、という専門家もいて、物理学や自然科学、基礎科学と密接に関連する他の分野からも「機械学習」や「ディープラーニング」の技術に光が当てられたことを示しています。

1-20

DeepMindと
ゲーム用自律学習型汎用AI

2016年3月の世紀の囲碁対戦の名は「Google DeepMind Challenge Match」。Googleは、2010年に起業したDeepMind Technologies社を2014年に約750億円で買収し、「Google DeepMind」（ディープマインド）と改名しました。Googleのニューラルネットワークの研究・開発部門です。

▶▶ きっかけはDQN

当時、ディープマインド社は前述のデミス・ハサビス氏が、ケンブリッジ大学を経て2011年に企業したベンチャー企業でした。少年期に既にチェスの天才とうたわれていました。そして同社が研究開発した人工知能「DQN」が2015年に大きな話題となり、続けて2016年、ついに囲碁で達人を破って歴史に名前を刻みました。

話題になったきっかけは、2015年2月、科学誌『ネイチャー』に発表された論文で、「DQN」に関する詳細な研究結果でした。最も大きく注目された点は、Google X Labsの時と同様に、人間が教えることなくコンピュータが自律学習して賢くなっていく点です。ただ、Google Xが画像認識で証明したのに対して、DQNの場合はテレビゲームでそれを証明しました。

米国アタリ社が開発した家庭用ゲーム機「Atari 2600」は昔から人気のあるゲーム機として知られ、日本でも知られている「ブロック崩し」や「パックマン」が含まれます。論文はその49種類をDQNにプレイさせ続け、上達を観察して記録したものです。ゲームによって成果は異なりましたが、多くの場合は人間の上級者より数日でうまくプレイできるようになったと言います。どのように学習していったのでしょうか。DQNがブロックくずしゲームに挑戦した様子もデモンストレーションで紹介され、その経緯も公開されました。

第1章 AI関連技術の最前線〜過去から未来までの系譜

人間のように学ぶDQN

DQNは、最初は何度も失敗しつつ、やがてボールを打ち返せば得点が加算されることを学習します。「報酬」を理解したのです。打ち返せば正解と学習したDQNは、打ち返すように努力を重ねるうちに上達を見せはじめ、200回のプレイを行ううちに打ち返す確率は34%にまで向上、300回の対戦では上級者の技量を超えるようになりました。そして、400回を超えると最初にブロック群に細い穴をあけて、ボールをその中に通して逆側からくずしていくと高得点であることを学習、上級者の得点をはるかに凌ぐ高得点を記録するようになったのです。

ブロック崩しゲームのように単純で正確性が得点を左右するものなら、人間よりコンピュータの方が上達したと言われて頷く人も多いかもしれません。しかし、更に驚きだったのは、DQNはブロックくずし専用にプログラミングされたものではなく、ゲーム全般を対象に「汎用的」に開発されたものだったこと、DQNにはブロック崩しのルールすら教えていなかったにも関わらずこれを達成した、ということなのです。

この話を聞いて、筆者が最初にブロック崩しゲームを見たときの経験を思い出しました。学生の頃、友人グループで長野県に旅行に行った私たちは、史跡観光にすぐに飽きてしまい、あまりすることもなくて喫茶店に入りました。そのとき座ったガラステーブルの下に埋め込まれていたのがブロック崩しゲームでした。操作方法も書かれていません。それでも暇つぶしに100円を入れ、小さなハンドルを回してボールを打ち返しながらルールを理解しました。また、崩したブロックの場所や崩す順序によって得られる得点が異なることを不思議に思いながらも、友人達で高得点を争って何度もプレイして遊んだのです。DQNは、まるでそのときの自分たちと同様に、試行錯誤をしながらゲームのルールと攻略方法を自律的に学んでいったのです。

そしてこの発表をきっかけにDQNで利用されている技術「機械学習」と「ディープラーニング」「強化学習」等が一般にも大きく注目されるようになったのです。

1-20　DeepMindとゲーム用自律学習型汎用AI

設立当時のディープマインドの共同創業者

CEOの
デミス・ハサビス
(Demis Hassabis)氏
2024年にノーベル化学賞を
受賞

応用AIの責任者、
ムスタファ・スレイマン
(Mustafa Suleyman)氏

チーフ・サイエンティストの
シェイン・レッグ
(Shane Legg)氏

（出典　Google DeepMind Press Kit - January 2016）

人間のように学ぶDQN

最初は何度も失敗する

↓

やがてボールを打ち返せば得点が加算されることを見つける

↓

「報酬」を理解

↓

打ち返せば正解と学習したDQNは、打ち返す

↓

努力を重ねるうちに打ち返す確率は34%にまで向上

↓

ブロックを逆側からくずしていくと高得点であることを見つける

↓

上級者の得点をはるかに凌ぐ高得点を記録するようになった

1-21

パターンマッチングと識別AI

インターネットの検索サイトを利用するキーワード検索では、ユーザーが入力したワードに合致 (マッチ) した文字情報が含まれるホームページやサイトがあれば、検索結果として表示されます。最近では、ユーザーの誤字を考慮したり、似たような文字で検索した結果を候補として表示する機能もありますが、基本的にはパターンマッチング (パターン認識) の技術を利用しています。

▶▶ 指紋認証・顔認識も

iPhoneやAndroidスマートフォンを起動する際に指紋認証機能を使っている人も多いでしょう。あれは典型的なパターンマッチング技術のひとつです。

また、スマートフォンのカメラ機能やデジタルカメラの多くの機種には「顔認識」機能が搭載されています。カメラには自動でピントを合わせる「オートフォーカス」という機能がありますが、初期のオートフォーカスはファインダーに写るフレーム画像の中心部にピントを合わせるというものでした。しかし、一般にスナップ写真を撮る場合、人を被写体にする場合が多く、その際には被写体である人の顔が明るくクッキリ鮮明に写ることが求められます。人がフレームの端にいたから背景にピントが合ったというのではインテリジェンスを感じません。

そこで、カメラはフレームの中のライブ画像の中から顔を検知し、人がフレームの中心にいても端にいても、そこにフォーカスを合わせたり、明るさを調整する技術を搭載するようになったのです。あるカメラの場合、顔かどうかを判別するのに、まずは目や鼻のパターンがあるかを判別します。目や鼻があれば顔の輪郭を特定して、顔であると識別します。顔認識するためには実際に多数のパターンの顔画像を読み込ませ、識別プログラム (アルゴリズム) を作って学習させます。

▶▶ 写っているのは？

この技術が更に進むと、顔があるかどうかの認識だけでなく、写っているのが誰かを識別することができるようになります。

用途として、顔の画像をキーにしてセキュリティロックと開錠が可能になります。パソコンやスマートフォンにログインする際、顔の識別をつかうモデルが既にありますし、

長崎のハウステンボスに隣接する「変なホテル」では受付で顔をスキャンしてそれがルームキーとなります。ロボットが自分の前に立っている人が誰かを認識する機能としても利用されています。

　しくみとしては、予め本人の顔を撮影して登録しておきます。目鼻のバランスや形状等の違いから識別し、人物の中から個人を特定する特徴をパターンとして保存しておきます。認証を求めてきた顔が登録されている顔の特徴と一致すれば同一人物として判断するのです。

　これらを開発するには、識別する基準を作り、たくさんの訓練用データを読み込ませ、判定のプログラム（アルゴリズム）を作る必要があり、そのしくみの段階で特徴を人間が定義してプログラミングするのがルールベースの識別機能で、人工知能の関連技術を必ずしも使わなくても実現はできました。しかし、ニューラルネットワークやディープラーニングなどの機械学習を使って訓練すると、これらの認識率が大きく向上することがわかって来ました。また、様々なコンテストや実証実験がそれを証明しているのです。

▶▶ コンピュータ自ら学習し、プログラムを組む

　Googleの猫を発表したGoogle X Labsが使った人工ニューラルネットワークの技術や、DeepMindのディープラーニングを使うと、判定プログラムをコンピュータが自分で学習し、生成していくことができるとしています。技術者の手作業による高度なプログラミングを必要とせず、自ら学習して賢くなっていくという点が驚愕だったのです。

　当時の同社の発表によると、通常の人工ニューラルネットワークでは100万〜1000万の接続ポイント（ノード）が用いられていますが、Googleが発表したこのネットワークでは10億以上の接続ポイントがあるとされています。しかし、脳の神経経路は約100兆個であるという説もあるため、脳に近づけるには更に大規模なネットワークを構築することが必要と考えられています。その意味でも人間の脳には遠く及ばず、知能と呼べるものが生まれているのかどうかも曖昧ですが、ルールベースからニューラルネットワークの導入へと移行することで、コンピュータのできることが飛躍的に進歩すると期待されているのです。

1-21 パターンマッチングと識別AI

パターンマッチングの応用例

（1）指紋認証

（2）顔認識

コンピュータ自ら学習し、プログラムを組む

ニューラルネットワークやディープラーニングの技術を使うと、判定プログラムをコンピュータが自分で学習し、生成していくことができる

↓

技術者の手作業による高度なプログラミングを必要としない

↓

自ら学習して賢くなっていくという点が驚愕だった

1-22

「骨格検知AI（骨格推定AI）」
― 姿勢を読み取るAI

「骨格検知AI」は、映像や画像から関節や骨格を解析し、姿勢や動作を認識する技術です。警備、介護、医療、スポーツ、フィットネス、ゲーム、エンターテインメントなど、幅広い分野での活用が進んでいます。

▶▶ どんな姿勢なのかを判断する「骨格検知AI」

座っている、走っている、腰をかがめている、眠っている、シャツを脱ごうとしている、など、写真に写っている人や動画のワンシーンを見て、どんな姿勢（ポーズ）をとっているのかを人は判断することができます。AIモデルも映像や写真から人を検知し、姿勢や動作を認識できるようになりました。その要素技術が人の関節や骨格を推定することで姿勢やポーズを推測する「骨格検知AI」（骨格推定AI）です。

骨格検知AI

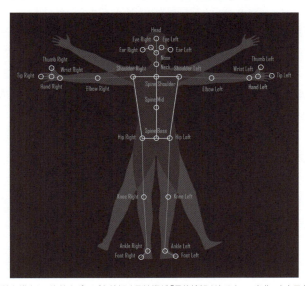

映像から骨格や関節を推定し、姿勢やポーズを検知する技術が「骨格検知AI」です。　出典：ネクストシステム

1-22 「骨格検知AI（骨格推定AI）」— 姿勢を読み取るAI

AI骨格検出システム「VisionPose」の例

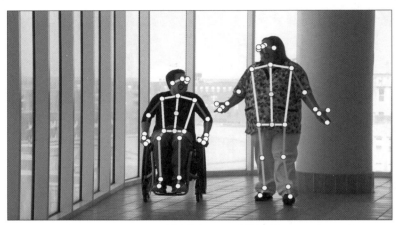

セキュリティカメラの映像から、リアルタイムで骨格を推定し、AIは姿勢を判断することができます。
出典：ネクストシステム

警備分野や鉄道分野で活躍する「異常検知AI」

　「骨格検知AI」によって、セキュリティカメラの映像をAIが解析することで、人が写っているかどうかだけでなく、その人が何をしようとしているのか、どういう状況にあるのか等を推測し、その結果によって適切な対応がとれるようになりました。

　例えば、警備業界では、スタッフが監視カメラの画面をずっと眺めている必要がなくなりました。カメラ映像の中に、施設や構内でキョロキョロしたり、隠れたり、柵を越えようとしたりして挙動が不審な人、喧嘩をしている人、倒れている人などをAIが発見し、スタッフや警備員に通知することによって、危険や事故、犯罪などを早期に発見したり、未然に防ぐことができます。

　ネクストシステムは、AI行動解析システム「VP-Motion」に、ATM振り込め詐欺防止の機能を搭載しています。セキュリティカメラの映像から、ATMの操作のみ、ATMを操作しながらの通話、スマホ操作を区別して、検知し、ATM振り込め詐欺の可能性が高いと推定した場合に通知して、スタッフに知らせることができます。

　駅のホームの監視カメラに活用されている例もあります。ホームに敷設された黄色い線の外側に出ている人をAIが確認したら、駅係員に通知するシステムです。泥酔した人

や病気などでフラフラと黄色い線を超えてしまった時、ホームに電車が入ってきたら大変危険です。そのような事故を未然防ぐために有効な手段です。

地方の鉄道では、遮断機のない小さな踏切もあります。首都近郊の遮断機がある踏切であっても、幅が広いために高齢者や車椅子利用者などが渡りきれない、という事例が多発している場所もあります。こうした場所にセキュリティカメラを設置し、転倒したり踏切が閉じ始めているのに線路上に残ったりしている人をAIが発見して、鉄道係員に即座に通知するシステムも開発されています。

▶▶ 高齢者施設や病院でも

高齢者施設や病院などでは、足をひきずっていたり、フラフラとよろけながら歩いている人を映像の中にAIがみつけたら、介護スタッフに通知することができます。商業施設では、万引きする人が行う特有の動きを検知して、店員や警備員に通知し、怪しい人に対しては声がけすることで万引きをある程度抑止する効果も出はじめています。

▶▶ スポーツやゲームにも

骨格検知AIは、スポーツ分野ではフォームの分析等に活用され始めています。野球ではバッティングやピッチングフォーム、ゴルフやテニスのスウィング、バスケットボールのフリースローやロングスロー、その他ランニングフォーム、ジャンプ、ターンなど、関節や骨格の動きを解析することで、より精細で高精度な解析ができます。プロ選手のフォームと新人のフォームを比較して、どこが異なるのかを的確に分析する例も出ています。

また、フィットネスとエクササイズでは、正しい姿勢やフォームで運動しているかを解析してAIがアドバイスしてくれます。

1-22 「骨格検知AI（骨格推定AI）」― 姿勢を読み取るAI

AI骨格検出システム「VisionPose」の例

スポーツではフォームの解析とアドバイスに「骨格検知AI」が使用される例も増えてきました。
出典：ネクストシステム

　YouTubeがアバターとして画面上に登場する「VTuber」や、ゲームのプレイヤーの動きに合わせて同じ動きをするキャラクターなど、エンターテインメント業界でも活用が進んでいます。

1-23

AI業界の覇者「NVIDIA」

AI業界のニュースで「NVIDIA」（エヌビディア）という名前をよく聞くようになったと思います。NVIDIAは1993年に創業、米国シリコンバレーに本社を持つ企業です（NVIDIA Corporation）。日本法人はエヌビディア合同会社で東京にあります。今ではAI分野を走るリーダーですが、どういう企業なのか詳しく説明します。

▶▶ CPUとGPU

NVIDIAは、「GPU」の設計・開発に特化した企業です。GPUとはGraphics Processing Unitの略で、Graphicsの名前が示す通り、元は画像の演算処理や描画に優れた性能を発揮するチップ（頭脳）です。

「GPU」を紹介するNVIDIAの創業者兼CEO

NVIDIAの「GPU」を紹介する、NVIDIAの創業者兼CEOのジェンスン フアン氏。（「GTC2024」にて。2025年時点の最新GPU「Blackwell」、「NVIDIA B200 Tensor Core GPU」（左））

コンピュータの中心の頭脳にあたるのは「CPU」です。Central Processing Unitの略称で、中央処理装置と訳されます。

グラフィックス処理には高度な並列処理能力が必要です。GPUはCPUと比較して、並列処理性能においてはGPUが格段に優れています。そのため、コンピュータが画像や動画など、グラフィックス関連の処理をおこなうとき、CPUはその作業をGPUに渡し

79

1-23 AI業界の覇者「NVIDIA」

て代わりに演算作業をしてもらいます。CPUだけでグラフィックスの処理をするより、GPUと分業することで高速にグラフィックス処理できます。

なお、パソコンの機種によっては標準でマザーボードにCPUとGPUが両方搭載されているものもありますが、マザーボードにCPUを搭載し、拡張ボードとしてGPUを搭載したグラフィックスボードを増設する方法も人気があります（後々、最新型GPUのグラフィックスボードに交換しやすい利点がある）。

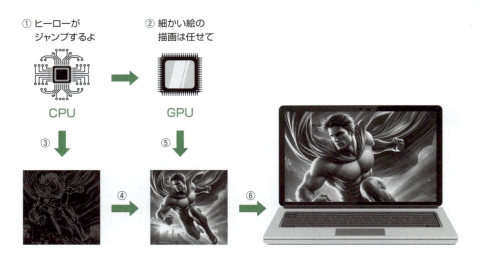

CPUとGPUが協業して処理

「CPU」は幅広い処理が得意なので、パソコンの頭脳の中心です。しかし、連続的な演算処理能力や並列処理と呼ばれる能力では圧倒的に「GPU」が優れているので、そこは協業（分業）して処理しているのです。

例えば、ゲーム分野ではGPUの機能は大きな差になります。ゲームの世界の映像はリアル世界と見間違うほど、高精度で高解像度、精密な映像になっていますが、より高性能なGPUを使用した方が、その映像はクイックにスムーズに動きます。CPUだけで処理した場合は、映像がカクカクしたり、反応が遅かったり、たまに動きが止まってしまったりするかもしれません。

なお、パソコン以外でも、PlayStation、Xbox、任天堂のゲーム機などにもGPUは搭

載されています。

　GPUは、グラフィックス関連分野で、特にゲームやクリエイターの間で高性能な製品が求められるようになりました。そして、2000年代に入ると、そのGPUがAIの処理に優れていることがわかったのです。

AIの処理に優れる「GPU」

　CPUは複雑で多様な処理に適していますが、GPUは連続的な演算処理能力や並列処理に優れています。これらはそれまでグラフィックスで最適と考えられてきましたが、AIの演算処理にも同じ能力が必要だということが解ってきました。

　そこで、NVIDIAはいち早く、GPUを画像処理以外に応用する技術「GPGPU」（General-purpose computing on graphics processing units）を発表し、GPUをAI分野で活用するためのソフトウェア開発環境「CUDA」（クーダ）を用意します。ディープラーニングでは高い演算能力が要求されます。パソコン環境では既にグラフィックスボードなどGPU環境が普及しているので、ディープラーニングなどの機械学習で負担がかかるデータセンター（高性能なクラウド・コンピュータ）に超高性能なGPUを実装する「DGX-1」を市場に投入します。

　「CUDA」は、NVIDIAが開発した並列処理AIコンピューティングプラットフォームと、そのツール類です。解りやすく言うと、NVIDIAの「GPU」を活用して開発者が望む「AIモデル」の開発をしやすくする支援するツール類を取りそろえた開発環境（主にプラットフォームや基盤と呼びます）です。ツール類というのは例えば、機械学習用のデータセットやテンプレート、見本のAIモデルなど、すぐに開発が始められるデータやソフトウェア群などです。

　NVIDIAは、GPUというハードウェアだけでなく、GPUをAIに活用ための開発環境を無償や廉価で提供したのです。当時は、多くのソフトウェア技術者にとって、AIは未知のものでした。「AIに触れてみたい」「これからAIを開発してみたい」「AIで何ができるのか確認したい」といった多くの技術者たちが、例えば、ディープラーニングを使った機械学習を試したり、画像認識のAIモデルを容易に体験したり、開発者同士のコミュニ

1-23 AI業界の覇者「NVIDIA」

ケーションを促進したり、そのような環境を作って用意しました。

開発者が「AIが動作する環境をゼロから構築する必要がない」「AIの開発を迅速に行うことができる」「NVIDIAが用意した高速な開発環境を利用できる」「開発経験がない人でもAIアプリケーションやAIモデルの開発、チューニングができる」といったメリットを提供しています。

また、初心者向けだけではなく、CPUとGPUを効率的に使い分けるツール、科学技術計算や分子動力学、デジタルツイン（仮想空間）や各種シミュレーションを実行するAIのトレーニング環境など、中上級者向けの高度なツールも用意されています。

▶▶ 「エッジAI」市場に「Jetson」を投入

次に重要になるのが「エッジAI」です。「エッジコンピューティング」（Edge Computing）とは、先端や周縁（Edge）の意味で、最も現場のユーザーに近いエリアを指します。例えば、モバイル環境、スマートフォンやタブレット、ロボット、ドローン、セキュリティカメラなどは、処理能力が比較的低いCPUだけで処理している場合が多く、AI推論で充分な能力を発揮することができません。そこで、GPUを搭載した超小型のAIコンピュータボードを製品化して、ロボット、ドローン、セキュリティカメラ等に搭載できるようにしました。それが「NVIDIA Jetson」（ジェットソン）です。

超小型AIコンピュータボード

クレジットカードサイズの超小型AIコンピュータボード「NVIDIA Jetson TX1」（2015年）。
出典：NVIDIA

▶▶ スーパーコンピュータからモバイルデバイスまで全部「GPU」入り

　こうして、NVIDIAのGPUは、大規模なデータセンター（高性能スーパーAIコンピュータ）から、デスクトップパソコンやノートPCなどの開発環境、そして、現場やモバイルでも実用的なエッジAIと、上流から下流まで、すべてのAI環境で活用できる製品と、それぞれを開発、利用できる環境（ソフトウェア基盤：プラットフォーム）を、無償や廉価で提供することで、AI分野での同社の優位性を着実に築いてきたのです。

すべてのAI（GPU）環境をNVIDIAが提供

エッジAI
ロボットやドローン
セキュリティカメラなど
現場で使うデバイス

パソコンやノートPC
AIの開発環境
AI推論の実行環境

高性能スーパーコンピュータ
クラウド開発環境
（Google、Microsoft、AWS、IBM、その他データセンター）

　AIの高度な機械学習やAI推論に重要な高性能AIスーパーコンピュータには複数のハイエンドGPUが搭載され、開発者のパソコンやノートPCにも高性能なGPUが必須、そして、開発したAIモデルを現場で実践するためにエッジAIのGPUが使われています。上流から下流まですべてのAI（GPU）環境をNVIDIAが提供しています。

　グラフィックスチップの競争で培ってきた経験も忘れてはいません。最新型のAIチップ（GPU）や基盤をリリースしたときも、新型GPUは旧型GPUとの高い互換性（上位互換性）を確保しています。最新のGPUが発売された場合、旧型と取り替えてもすぐ、または短期間で動作できる上位互換性を提供しています。新型が発売されると旧型が切り捨てられるということもほとんどありません。これは開発者にとってとても重要なことです。

1-23 AI業界の覇者「NVIDIA」

▶▶ 自動運転の開発を支援する「NVIDIA DRIVE」プラットフォーム

　エッジAIではロボティクスやドローンを例に「Jetson」を紹介しましたが、NVIDIAは、自動運転や医療、スマートシティ（IoTやカメラ環境など）にも、それぞれ開発環境を充実させています。自動車向けの車載用AIコンピュータボードと基盤として「NVIDIA DRIVE」を提供しています。

　メルセデス、ジャガー、ボルボ、ヒョンデ、BYD、トヨタなどが、パートナー連携しています。

車載用AIコンピュータボード

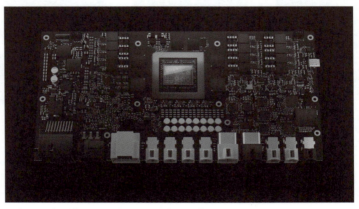

車載用AIコンピュータボード「NVIDIA DRIVE Thor」（ドライブ ソー）。

　自動運転や安全運転支援機能にAIの活用は必須です。製品と開発環境を揃え、自動運転に重要なデジタルツインプラットフォームも用意しています。自動運転の学習はとても重要ですが、データを集めるのは並大抵のことではありません。人間でも教習所で何時間も訓練し、路上に出てからも新しい街に行くときは緊張して注意深く走りますよね。

　AIは人間ほど柔軟な適用性がまだないので、次々に新しい街の路上に慣れて順応することができません。例えば、同じ街の道路であっても、朝と夕方、夜では道路の環境は異なります。晴れと雨、雪では大きく異なりなります。本来なら、それらの様々な条件を変えて実走行して学習させたいところですが、膨大な手間とコストがかかり、天候などの環境まで調整することはできません。人や自転車にぶつかる経験も、AIの学習にとっては必須ですが、実社会でおこなったら大変なことになります。

1-23 AI業界の覇者「NVIDIA」

そこでシミュレータが有効になります。晴天の日中に走行する映像とデータを収集し、それを仮想空間（デジタルツイン）に展開、仮想空間なら天候を雨や雪に、時間を朝や夜に変更することも簡単です。架空の工事現場をリアルに表現することができます。

自動運転用のデータの例

「NVIDIA DRIVE」で映像やセンサーから取得した自動運転用のデータの例。AI学習用のラベリング（何が写っているのが分類し、対向車や自転車、人、信号、標識などのラベル付けも自動でおこなえる）

デジタルツイン（仮想空間）

デジタルツイン（仮想空間）なら、昼（上の写真左）と夜（右）の切り換えが簡単。対向車や人との衝突などはリアルでは実践しての学習はできないが、デジタルツインなら可能。

NVIDIAが元々グラフィクス分野でリードしてきたことも思い出してください。レイトレーシングなどのハイレベルなCGやリアルな描画は得意、デジタルツインの世界を創造するのはお手のものです。

このように、NVIDIAは、デジタルツインの環境を提供し（サービス名「Omniverse」：オムニバース）、開発者が自動運転や安全運転支援、ロボット、ドローン、セキュリティカメラなどを開発できるシミュレーション環境も用意しています。多くの環境が無料か廉価で提供されているため、AIの訓練に最適なデジタルツインとシミュレータ環境を活用して、開発者は自分が必要としているAIをトレーニングしたり、シミュレーションをおこなうことができます。

▶▶ ロボット、医療、スマートシティにも

ロボティクス（ロボットの開発）にも、デジタルツインやシミュレーション環境は大切です。ロボットと使用する環境（工場や倉庫など）をデジタルツイン（Omniverse）で忠実に再現し、シミュレーション環境で訓練をおこない、デジタルツインで十分に安全な動作が確認できてから、実線に投入すれば効率的で、衝突や転倒によるロボットの故障、事故などのトラブルを最小限に抑えることができます。シミュレーション環境は「NVIDIA Isaac」（アイザック）や「NVIDIA Isaac Sim」で検索してみてください。

ちなみに医療分野では創薬、ゲノミクス、医療機器、医用画像活用などの環境が用意されています。キーワードは「NVIDIA Clara for Medical Devices」（クララ）で検索してみてください。

スマートシティ/スマートエアポート/スマートキャンパス関連は「NVIDIA Metropolis」（メトロポリス）など、他にもスマートストア、スマート物流、スマート工場向けの開発環境やプラットフォームも用意されています。

1-24

チューリングテスト

　強いAIの視点から見て、コンピュータはどれくらい人間に近付いたのでしょうか。それを測るひとつの指標とも言えるのが「チューリングテスト」です。1950年にアラン・チューリング博士が考案し、機械が知的かどうかを判定するテストで、人間と区別できないほど自然に、機械が対話等の知的な振る舞いができるかどうかが問われます。

▶▶ 「人間に近いか」を測る尺度

　チューリングテストでは、1人の人間と1基の機械（コンピュータ）に対して、審査員が自然言語のテキスト文字で対話を行います。それぞれは相手の姿が見えないようにして、いくつかの質問と回答を行って、審査員はどちらが人間かを判定します。確実に区別できなかったと判断された場合（30%以上の判定者が区別できなかった場合等）に合格となります。

　開発者の視点で見れば、多くの審査員に人間だと思い込ませる機械を作る、ということが目標です。審査員はどんな内容を質問しても構いませんし、物語や音楽の感想を聞くなど、意見を求めることもできます。

チューリングテストの概要

1人の人間と1基の機械に対して、審査員が自然言語のテキスト文字で対話を行う

↓

それぞれは相手の姿が見えないようにする

↓

いくつかの質問と回答を行って、審査員はどちらが人間かを判定する

↓

確実に区別できなかったと判断された場合に合格となる

1-24 チューリングテスト

チューリングテスト

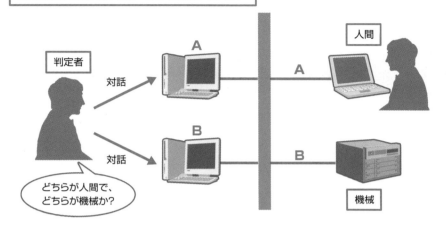

　チューリングテストに関わる代表例として2つのシステムが知られています。1966年に発表された「ELIZA」(イライザ)と1972年に発表された「PARRY」(パリー)です。

　ジョセフ・ワイゼンバウム氏によって発表されたELIZAは、当時のコンピュータの性能は高くないこともあって、できることは限られていました。そこでルールベースの回答を基本にしたシステムを作ります。質問の内容をワード分析し、機械にとって既知のワードがあればそれについて回答しますが、わからないことについては「その質問は重要ですか」など、人間が日常でよく使う受け流しで返すことで人間らしさを演出しました。これは心理療法のセラピストの受け応えを参考にしたとも言われています。

　ELIZAとPARRYはチューリングテストに合格したわけではありませんが、それぞれ30％、50％弱の判定者が判断を誤ったことから、やがて近い将来、テストに合格する機械が登場すると言われて来ました。チューリングテストによって試されるのは「人間らしい振るまい」なので、すべての質問に正解で回答する必要はなく（人間であってもできるとは限らないし、質問に正解のない種類のものも多い）、人間を模倣する技術や話術が重要になります。

▶▶ チャットボットなのか？

　このチューリングテストに初めて合格した機械はロシアのウラジミール・ベセロフ氏とウクライナのユージーン・デムチェンコ氏が開発したスーパーコンピュータ「Eugene」（ユージーン）。「ウクライナ在住の13歳の少年」という設定で挑戦しました。チューリング博士の没後60周年の2014年に英レディング大学で開催された「Turing Test 2014」において5分間のチューリングテストが実施され、33％の判定者から機械とは判別できず、初の合格者とされました。

　Eugeneはインターネット上で公開され、テキスト会話ができるホームページが期間限定で用意されていました。

「チャットボット」と批判されたユージーン

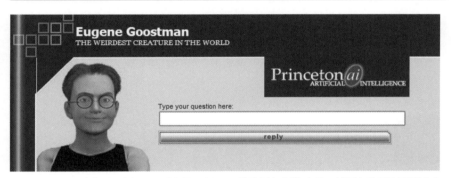

出典　レイ・カーツワイル（Ray Kurzweil）氏のサイト「Ask Ray」（2014年6月10日）から

　一方で、「シンギュラリティ」を唱えたレイ・カーツワイル氏をはじめとして一部の識者がこの合格に対して異論を唱えました。その理由として、「ウクライナ在住の13歳の少年」という設定のため英語が堪能でないという前提がある、試験時間が5分間では短すぎる、実際にインターネットでEugeneと対話したが会話を追従していなかった、などを挙げ、EugeneはAIシステムではなくただの「**チャットボット**」だとしています。

　人工知能研究の視点で見ると、チャットボットは知性を持っているとまでは言えず、理解できない内容の質問に対しては、はぐらかして回答をすることで人間らしく見せる技法を使うだけだという意見をよく耳にします。

　その一方で、チャットボットには社会を変えるインパクトがあると言う人もいます。

1-24 チューリングテスト

2016年4月にサンフランシスコで開催されたFacebook開発者向けカンファレンス「F8」においてFacebook社のCEOマーク・ザッカーバーグ氏は「Bots for the Messenger Platform」を発表し、チャットボットによる可能性を大きく打ち出し、ビジネスIT業界では注目のキーワードに躍り出ています（チャットボットは第2章で解説します）。

COLUMN 中国語の部屋

　チューリングテストは知能がある機械かどうかを判定するテストですが、これに合格したとしても知能があるとは言えないと反論する識者もいます。哲学者であるジョン・サール氏が1980年に論文で発表した「中国語の部屋」もそのひとつです。

　英語のみ話す人を部屋に閉じ込めます。その部屋には紙をやり取りできる小窓があって、外部から中国語で文章を書いた紙を小窓から投入すると、やがて部屋からは中国語で書かれた文字が返されるとします。これで中国語による会話は成立しているかのように見えますが、部屋の中には中国語がわかる人は存在せず、小窓から投入された文字を見て、それに対する中国語の返答が完璧に記述されたマニュアルを見ながら書いて返しているなら、それは中国語を理解しているとは言えないし、知能を測る行為とは言えないという主旨の反論です。この中国語の部屋に対する反論も起こっていますが、本書ではそういう視点もあるという紹介にとどめておきます。

　ちなみにジョン・サール氏は前述の「強いAI、弱いAI」というワードを唱えたことでも知られています。

1-25

シンギュラリティ（技術的特異点）

　人間の脳に代替できるような知的な汎用型人工知能の登場は、まだまだ先の未来の話です。では、それはいつ頃なのか。

　それを暗示しているのが「シンギュラリティ」というキーワードです。

▶▶ 人工知能はいつ人間を超えるのか？

　「シンギュラリティ」という単語自体は10年以上前から使われていますが、人工知能ブームが再来し、人工知能技術を採用した大きなコミュニケーションロボットの誕生、AlphaGoによる勝利など、人工知能に関するニュースを目にするにつけ、次第に現実味を帯び、注目度が増してきました。

　シンギュラリティ（Technological Singularity）は、日本語では「技術的特異点」と呼ばれます。人工知能が人間の知能を超えることにより社会的に大きな変化が起こり、後戻りができない世界に変革してしまう時期のことです。言い換えれば、人間の知能を超えた強いAIが登場すると、世の中のしくみは大きく変わるとともに、人間にはそれより先の技術的進歩を予測することができない世界が訪れるという予言で、その時がシンギュラリティです。

　人工知能研究の世界的権威として知られる、発明家で未来学者であるレイ・カーツワイル氏が2005年に執筆した著書『The Singularity Is Near：When Humans Transcend Biology』（シンギュラリティは近い／人類が生命を超越するとき）の中で多くの未来予測とともにシンギュラリティは詳しく解説されています。

　未来予測の多くは、脳をスキャンしてデジタル化したり、ナノロボットの進化によって内臓が不要になったり、寿命が飛躍的に伸びて死ぬことすらなくなるかもしれない、遺伝子を制御することで肥満がなくなるなど、SF映画の題材として使われていそうなものも多く並んでいます。そのため10年以上前に発表された当時は、シンギュラリティも現実的な話として受け止める人がごく一部に限られていました。しかし、カーツワイル氏が2012年に米Googleに入社してAI開発の総指揮をとり、大脳新皮質のシミュレータ「Neocortex Simulator」の開発に取り組むことが発表されると、世間の見方も変わってきました。

更に、ニュース記事のインタビューに対して、カーツワイル氏は「人間のように会話して複雑な質問を理解したり、意図をくみ取る検索エンジンが数年以内に登場する」と発言し、検索エンジンという現実の技術開発に応用される可能性が示唆されると、現実味は大きく向上することとなりました。

なお、レイ・カーツワイル氏はその続編「シンギュラリティはより近く：人類がAIと融合するとき」を執筆、日本でも2024年11月に発行されています。

▶▶ 2045年問題

著書のタイトルにも使われているシンギュラリティですが、人間と同様の知能を持った強いAIが生まれると、いったいどうして人間社会が変わってしまうのでしょうか。それは、こういう理由からです。

ひとたび人間と同様の知能を持ったAGIが生み出されると、すぐにその後、AGIは人類の知能を超える進化を遂げるだろう。そのAGI自身がより強いAGIを生みだすという連鎖が起こりはじめると、その時はもはや人類が制御できない領域に達する、というものです。AGIが人類の知能を超えた時点でもはや人類ではAGIを制御できなくなるということです。そしてそれは2045年頃までにやってくると予想していることから「2045年問題」と呼ばれることもあります。

強いAIを作るのも人間なら、それを使うのも人間です。

シンギュラリティが訪れるかどうかに関わらず、かつてクローン羊が発表されたときに、クローン人間を作らないよう法整備に動いたのと同様、現在の人工知能が加速度的に進化して強いAIに近付く前に、開発を含めてAI利用に対する議論を行い、ルールや法整備を行う必要は感じます。

1-25 シンギュラリティ（技術的特異点）

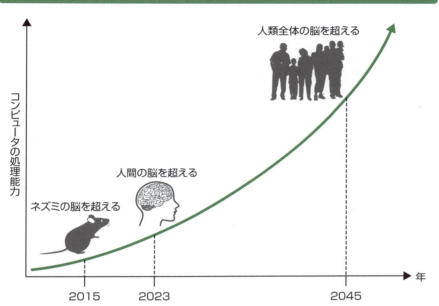

シンギュラリティ（2045年問題）

- ネズミの脳を超える（2015）
- 人間の脳を超える（2023）
- 人類全体の脳を超える（2045）

2045年に人間を超えるか？

人間と同様の知能を持ったAGIが生み出される

↓

AGIは人類の知能を超える進化を遂げる

↓

AGI自身がより強いAGIを生みだすという連鎖が起こりはじめる

↓

もはや人類が制御できない領域に達する

↓

それが「2045年問題」

1-26

トランジスタが人間の脳を超えるとき

コンピュータが人間の脳に少しずつ近付いていて、それによって社会が大きく変わる可能性があることをソフトバンクグループの孫正義氏も、能力と情報量の2点から唱えています。

▶▶ ムーアの法則

2010年、ソフトバンクの株主総会でのこと。グループ代表の孫正義氏は、創立30年を迎えるにあたり、次の30年間について考える「新30年ビジョン」の講演を行っています。その講演によれば、人類はかつて経験したことのない人類を超えるもの「脳型コンピュータ」の実用化を迎える可能性があると言います。脳型コンピュータは電子回路で人間の脳をつくろうというもので、実用化に向けた研究は以前から進められています。

孫氏はプレゼンテーションの中で「**ムーアの法則**」に触れ、それに基づいて計算をすると「2018年にマイクロプロセッサ（ICチップ）に入るトランジスタの数が300億個に達し、人間の大脳にある脳細胞の数を超える」という試算を紹介しています。

「ムーアの法則」とは、1965年にインテルの共同創業者であるゴードン・ムーア氏が経験則に基づいて発表した論文が元になっている、IT業界では有名な法則です。パソコンの頭脳である「CPU」の処理速度は年々高速になっていますが、マイクロプロセッサは18～24ヶ月ごとに2倍の性能に進化するという内容です。

ICチップの内部はトランジスタ（半導体素子）で構成されていて、その個数が性能に大きく影響します。その法則によれば、トランジスタの集積密度は24ヶ月ごとに倍増していく（18ヶ月ごとという説もあります）としています。この法則は広く支持されていますが、それは実際にほぼその通り推移してきて、「性能向上」で見れば1.5～2年ごとに概ね2倍になっているためです。講演で孫氏は、これまでのトランジスタ性能の推移に触れ、次の図のように、100年で3500兆倍に高速化されていることを指摘しています。

1-26 トランジスタが人間の脳を超えるとき

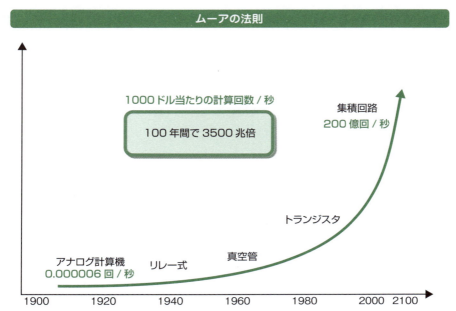

出典 ソフトバンクグループ「新30年ビジョン」プレゼンテーション資料

▶▶ 脳とトランジスタ

　コンピュータのトランジスタの数と人間の脳の性能を比較することが可能なのか、意味があるのかと疑問に思うかもしれません。実は人間の脳とマイクロプロセッサのトランジスタのしくみは非常に似ています。

　マイクロプロセッサのトランジスタはスイッチの役割をしています（ほかに信号を増幅する働きもあります）。ひとつひとつのトランジスタの役割はオンとオフの切り替えという単純なものですが、これが膨大な数で構成されると演算や制御といったさまざまなことが可能になります。コンピュータの複雑な計算や作業はすべて「2進数」で処理されていることは一般にも知られていますが、2進数とは「0」か「1」で、トランジスタのオンかオフかということと同じです。コンピュータの処理能力が年々高速化している理由のひとつは、技術の進歩によってトランジスタの集積度が上がり、その数が年々増加していることによります。

　パソコンのマイクロプロセッサで有名な米インテル社によると、1971年に発表した

1-26　トランジスタが人間の脳を超えるとき

「4004マイクロプロセッサ」はトランジスタの数がたったの2,300個でしたが、約35年以上という年月を経て2008年に発表した「4つの実行コアを搭載したこのとき最新のインテル Core i7 プロセッサ」（パソコンに詳しい人にはお馴染みのCPU）では、7億7400万個にまで増大しています。計算するとこの間、トランジスタの数が約25カ月ごとに2倍の割合で増えてきていることになり、これは「ムーアの法則」がほぼ正しいことを表している」としています。

　そして人間の脳もまた、スイッチのオン/オフで繋がる脳神経細胞（ニューロン）で構成されています。

　人間の大脳には神経細胞があります。その数は諸説ありますが、100億個超とも約300億個とも言われています。それぞれの神経細胞には間隔があって情報伝達物質を伝わって信号が伝えられ、ものごとを考えたり、覚えたり思い出したり、いわゆる脳の機能が行われています。脳の「シナプス」という言葉を聞いたことがあると思いますが、その伝達部分や構造そのものがシナプスで、神経細胞を接続する役割を持っています。

　神経細胞はシナプスが離れた状態でオフ、シナプスがくっつくことで情報の伝達をオンにして処理をしています。すなわち脳とコンピュータ（マイクロプロセッサ）はスイッチのオン/オフ、いわば2進法と同じしくみで基本的な処理をしているといえるのです。だからこそコンピュータで人間の脳を作るという突拍子もないような発想は決して絵空事ではないのです。

　こうした理由から、脳の神経細胞の数とマイクロチップのトランジスタの数の比較は意味のないこととは言えません。ムーアの法則でトランジスタの数が増え続けたとすると、やがてその数は大脳の神経細胞の数を超える日がやってきます。孫氏の計算によると、次に示す図のように、それは2018年だと言います。

　実際にはそれが2020年であったり、2030年であったりしても、ここでは大きな問題ではありません。要は単純計算上で、人間の脳とコンピュータの脳の能力は既に近いところまで来ているということなのです。

1-26 トランジスタが人間の脳を超えるとき

脳の神経細胞（ニューロン）とトランジスタの数

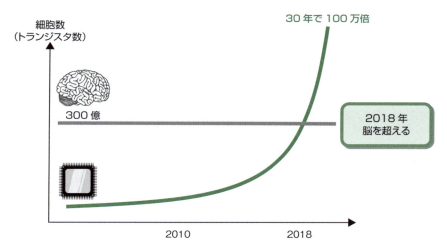

出典　ソフトバンクグループ「新30年ビジョン」プレゼンテーション資料

脳とトランジスタの関係

人間の脳は、脳神経細胞（ニューロン）で構成されている
↓
人間の大脳には100億個超の神経細胞がある
↓
神経細胞は情報伝達物質で信号が伝えられる
↓
ものごとを考えたり、覚えたり思い出したり、いわゆる脳の機能が行われている
↓
脳とコンピュータはスイッチのオン/オフの2進法と同じしくみで基本的な処理をしている
↓
コンピュータで人間の脳を作るという発想は決して絵空事ではない

1-27

知識と知恵の違い、そして知能へ

Artificial Intelligenceの「Intelligence」、すなわち「知能」に注目してみましょう。知能の定義も様々な立場によって異なり、幅広くて曖昧です。ひとことで「適応する能力」とされるケースもありますが、「能力」で言えば、言語能力、学習能力、考える能力、判断する能力、計画する能力、推測する能力、問題を解決する能力などがあります。

▶▶ 「知能」とは？

これらの能力すべてにおいて人間と同等の思考や判断ができる、というのが強いAIということになりますが、現時点でビジネスに導入され始めているAIは、いずれかの能力において、今までよりは人間に近い処理ができるようになったものです。もちろん、それはビジネスITから見れば大きな進歩です。

第3章ではビジネス活用例を紹介しますが、それぞれの能力についてコンピュータが進化したのか、という視点で見ると現状が捉えやすいと思います。

▶▶ 知識と知恵

ここであえて「知識」と「知恵」についても触れたいと思います。「知識」と「知恵」は異なり、これを混同すると理解が難しくなります。

では、「知識」と「知恵」はどのように違うのでしょうか。『広辞苑』によれば、「知識」とは「ある事項について知っていること。また、その内容。」とあります。一方、「知恵」とは「ものごとの理を悟り、適切に処理する能力。」とあります。

「知識」は日常生活に溢れている情報そのものと言えます。例えばインターネット上にはいろいろな論文、ニュース、広告などの様々な情報が存在していて、X（前Twitter）やFacebookなどのSNSでは日々、膨大な量の情報が投稿され続けています。これは言わばデジタル化された知識です。

これらの知識は、検索エンジン等の「クローラ」と呼ばれるソフトウェアが自動でかき集め（クローリングと呼びます）、膨大な量のデータとして蓄積し続けていることも知られています。知りたい情報をユーザーが検索キーワードに入れると瞬時に検索結果が表示され、今や検索できない情報はほとんどないくらい蓄積が進められています。

1-27　知識と知恵の違い、そして知能へ

では、検索エンジンの膨大なデータベースは知恵者でしょうか?

「いくら情報があっても、それを使うのは人間だからデータベースは知恵者とは言えない」というのが、多くの意見ではないでしょうか。その通り、「知恵」は他の動物にはあまり見られない特筆すべき人間の能力です。知識はコンピュータやクラウド上に膨大に蓄積していくことができるものですが、適切に活用することは人間のみができる能力であり、そこから生み出されるものが知恵です。

前項で触れた「新30年ビジョン」で孫氏は、「データは『知識』、アルゴリズムは『知恵』であり、コンピュータの急激な進化によって、将来そのアルゴリズムは開発され、自動生成されるようになるだろう」としています。アルゴリズムとはプログラミングでよく利用される専門用語で「計算方法」や「手順」「やり方」等の意です。

人工知能関連技術が進歩するのに必要なものが「データ」(知識)です。現代のデータベースやクラウドにある膨大なデータが技術の進歩を後押ししています。一方で、そのデータを知恵として活用するための方法は、プログラマが作ったプログラムの処理に委ねられていましたが、これからは更に機械自身が学習することでビッグデータを活かすことが重要になります。

そして、活用するアルゴリズム(知恵)をプログラマが開発するだけではなく、自ら学習しながらコンピュータ自身が作る、それが新しいコンピュータの時代の目標となっていきます。

ビジネスITの世界では何年も前からビッグデータの重要性が叫ばれ、膨大な情報の中から目立たないながらも重要な可能性を持ったデータを抽出するデータマイニング技術も注目されてきました。多くのネットワークやセンサーから送られて蓄積される情報を迅速に活用する技術はどんどん進化しています。

そして、いよいよ膨大な知識を機械自身が活用して認識、判断、推測などを行うようになりました。次のフェーズは、適切に処理するアルゴリズム「知恵の能力」をコンピュータ自身が作ること、それは人工知能が更に脳に近づく大切な一歩なのです。

1-27　知識と知恵の違い、そして知能へ

コンピュータの知識と知恵

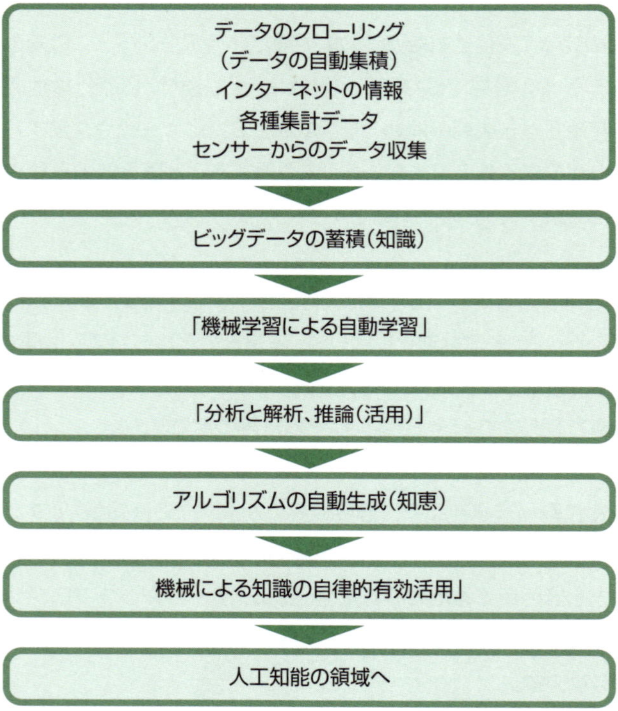

データのクローリング
（データの自動集積）
インターネットの情報
各種集計データ
センサーからのデータ収集

↓

ビッグデータの蓄積（知識）

↓

「機械学習による自動学習」

↓

「分析と解析、推論（活用）」

↓

アルゴリズムの自動生成（知恵）

↓

機械による知識の自律的有効活用」

↓

人工知能の領域へ

1-28

脳細胞が次世代コンピュータになる
― ソフトバンクと東京大学が研究

　ヒトのiPS細胞から作った人工脳組織「脳オルガノイド」をコンピュータに接続して、「人工脳細胞のプロセッサ」を開発する研究が進められています。生物的な知的な汎用性をコンピュータに活用できるのではないか、というものです。実現予定は遠い未来ですが、SF映画のような挑戦が実際にはじまっているのです。

▶▶ 「脳オルガノイド」とは

　2025年1月、ソフトバンクは「ソフトバンクが東京大学と取り組む次世代コンピューティング研究に関する説明会」を報道関係者向けに開催しました。その内容は驚くべきもので、ソフトバンクと東京大学 生産技術研究所 池内研究室と共同研究している「脳オルガノイド」をコンピュータ分野で活用する未来についての発表と、その成果についてでした。

　「オルガノイド」とは「臓器（organ）のようなもの」という意味で、「脳オルガノイド」は「脳のようなもの」を示す言葉です。

　そして、ここで言う「脳オルガノイド」とは、iPS細胞から生成した三次元的な細胞の集合体で、人の脳の活動を模倣するように作られています。言い換えれば、約1cmという小さな人工的に作られた脳細胞です。

　そして、ソフトバンクと東京大学はその脳細胞をコンピュータに接続して、頭脳として活用する「Brain Processing Unit（BPU）」の実現に向けて、3年前から研究しているということでした。

1-28 脳細胞が次世代コンピュータになる ― ソフトバンクと東京大学が研究

人工的に作られたヒトの脳細胞

培養液に入った「脳オルガノイド」。人工的に作られたヒトの脳細胞は、今のコンピュータ技術を凌駕する学習能力を持つ可能性がある、としています。

iPS細胞から生成

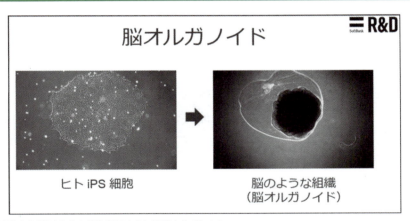

iPS細胞から「脳オルガノイド」（脳のような組織）を生成します

　電気信号を与える（入力する）と、脳オルガノイドが返す信号を解析（出力）することで反応を確認することができます。脳が活性化する電気刺激と、脳が停滞する電気刺激を使い分けて、AIの機械学習のように成功時に「報酬」（脳が活性化する電気刺激）と、失敗時に「ペナルティ」（脳が停滞する電気刺激）を与えることで、「脳オルガノイド」は成功と失敗の意味を理解することがわかりました。

1-28 脳細胞が次世代コンピュータになる ― ソフトバンクと東京大学が研究

脳オルガノイドを用いたコンピューティング技術の基本

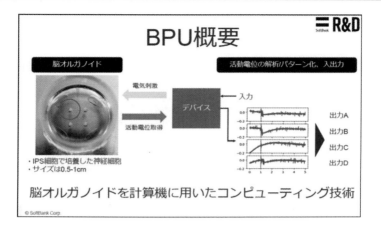

「脳オルガノイド」の学習

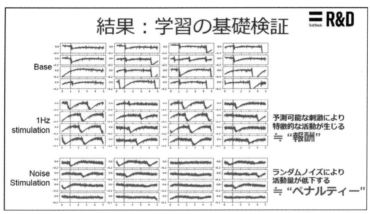

AIの機械学習のように成功時に「報酬」(脳が活性化する電気刺激)と、失敗時に「ペナルティ」(脳が停滞する電気刺激)を与えることで、「脳オルガノイド」を学習させることができます。

　現在のコンピュータは頭脳となる「CPU」、AIやグラフィック処理などに活用されている「GPU」、今後の進化と実用化が期待されている「量子(QPU)」に次いで、将来のコンピュータ技術に「BPU」も併行して活用できるように研究を進めていくということです。

　現在のAI(ディープラーニング)の黎明期も「ブロック崩しゲーム」で成功を学習させ

1-28 脳細胞が次世代コンピュータになる — ソフトバンクと東京大学が研究

たことが知られていますが、「脳オルガノイド」もゲートを通過するゲームを使用して、細胞にゲームをさせて、成功と失敗を学習させました。

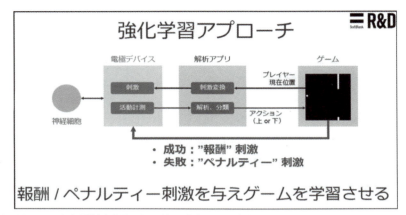

報酬とペナルティの電気刺激を与えることで、ゲームをクリアする方法を学習させました。

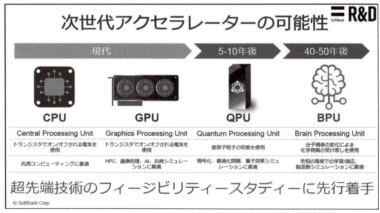

次世代のアクセラレータとして「BPU」の実現を目指しています(40〜50年先の未来です)。なお、「BPU」は「CPU」や「GPU」に代わるものではなく、それぞれの得意分野で共存していくものと想定しています。

　研究を開始してから3年が経過しているとは言え、ソフトバンクはこの未知の研究が実用化される時期は40〜50年後だろうと予測しています。まだずいぶん先の話では

あるのですが、脳オルガノイドは、今のニューラルネットワークを使用した機械学習に比べて、学習の速度が圧倒的に速いと言います。20分の学習で実際に1.5倍程度も学習の向上がはかれたとのことです。

また、世界初の成果発表として、脳オルガノイドは1個の組織で学習した時より、2個、3個と接続して活用することで正答率が向上する、すなわちスケーラビリティを持っていることが確認できたということです。

2個、3個と接続して活用することで正答率が向上

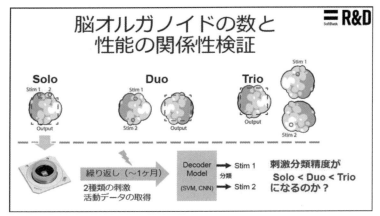

脳オルガノイドは1個の組織で学習した時より、2個、3個と接続して活用することで正答率が向上することが解りました（世界初の成果）。

「BPU」開発の旅はまだ始まったばかり。何かを期待する段階ではない、というのも事実でしょう。

人間は未知の体験に遭遇したときでも、今までの経験から最良と思える振る舞いや選択をすることができます。生存本能に基づく、受け継がれてきた生物的な知恵を使うとも言われています。それは現在のコンピュータでは叶わないことですが、次世代のコンピュータは、更に人間に近く、生物的本能の要素を併せ持ち、社会に溶け込んでいるかもしれません。そんな未来に想いを馳せるとワクワクする、そう感じる人も少なくないのではないでしょうか。

生成AIの登場で社会が変わる

　従来のニューラルネットワーク（CNNやRNN）によって、一定のブレイクスルーを突破して成果を見せたAIですが、SF映画に登場する「AIエージェント」のように、人の質問の意図を理解して的確に回答したり、人に寄り添ったアドバイスをしたり、とまではなり得ませんでした。2020年代に入り、新たなブレイクスルーを突破し、人々を驚かせたのが「生成AI」と「大規模言語モデル」(LLM) です。これらの技術によって、ロボットと人が会話し、AI同士が議論し、ロボットとAIが会話によって協力し合う未来が見えてきたのです。また、人が文字で指示した通りにコンピュータは絵を描くこともできます。今、最も話題となっている「生成AI」を詳しく解説します。

図解入門
How-nual

2-1

「トランスフォーマーモデル」が世界を変えた

ディープラーニング（深層学習）の登場によってブレイクスルーが起こり、急速なAIの進化が起こりました。そして、更に「生成AI」によって、AIの自然言語処理（NLP）の能力が格段に向上しました。そのきっかけになったのがGoogleの「トランスフォーマー」です。

▶▶ 文脈を理解する「トランスフォーマーモデル」の登場

2017年、Google Brainの研究チームが論文「Attention is All You Need」を発表し、研究者たちの間で話題になり、ニューラルネットワークのひとつ「トランスフォーマーモデル」（Transformer）が注目されたきっかけになりました。従来のRNN（Recurrent Neural Network）ベースのモデルに比べて、並列処理が可能で、長文の学習や処理に優れています。今までコンピュータにとって比較的苦手とされていた言語データの文脈を効率的に捉えることが実現したのです。

トランスフォーマーベースの言語モデルが、私達にとって利用しやすいサービスとして世の中に出たのは2018年です。Googleの「BERT」（バート）とOpenAIの「GPT」が登場し、コンピュータと人との会話のパフォーマンスが著しく向上する可能性が見えてきました。

なお、トランスフォーマーなどの技術を用いて、大量のテキストデータを学習した言語モデルを「大規模言語モデル（LLM: Large Language Model）」と呼びます（次項でも解説）。

▶▶ Googleの「BERT」

Google「BERT」は、言葉の文脈を読む「自然言語処理（NLP）モデル」です。Bidirectional Encoder Representations from Transformersの略、直訳すると「トランスフォーマーからの双方向エンコーダー表現」です。双方向という点が特徴です。

「自然言語処理」とは人間の言葉を理解するコンピュータ処理技術で、それまでは単語をバラして解析し、単一の方向（文頭から文末）から文章を理解するものでした。それに

108

対して「BERT」は文頭、そして文末の双方向から解析・学習することで、文脈をより正確に理解できるようになりました。また、文章単位でも前後に、更には章全体でも理解することができます。その結果、「自然言語処理で人間を超える性能」と評価され、注目されるようになったのです。

　なお、BERTは2019年にGoogle検索エンジンにも組み込まれています。

▶▶ AIの文章理解・生成能力が飛躍的に向上

　自然言語処理を使った会話AIには、身近なところではスマートフォンのAIエージェント「Siri」（Apple）や「Googleアシスタント（Gemini）」（Google）があげられます。また、Amazonのスマートスピーカーを中心に使われている「Alexa」（Amazon）が知られています。他には、LINEで自動応答するAI、企業のホームページでは「よくある質問に回答するAI」などがあり、これらの総称は「AIエージェント」「AIチャットボット」「質疑応答システム」など、用途によって呼び方はさまざまです（本章ではAIチャットボットと呼びます）。ただ、既に実用化されて身近なものになっていますので、今までに使った経験がある人も多いと思います。

　トランスフォーマーが登場する前のAIチャットボットは「人との会話が噛み合わない」「質問に対する回答が的外れ」「対応できる質問の幅が狭い」など、満足度が高いものとは言いがたい状況でした。そんな状況が一変する可能性が見え始めたのです。しかも、それはAIチャットボットの使用範囲だけに留まらず、イラストや絵、写真の作成、詩、小説、音楽や動画の作成、更にはプログラミングコードまで生成することができます。そして、人とAIの会話だけでなく、AI同士の会話、AIとロボットの会話、ロボット同士の会話の可能性も見えてきました。

●トランスフォーマー登場前の課題（自然言語処理）
・人との会話が噛み合わない
・長い文章は理解できない（文脈を読めない。過去の会話を保持できない）
・返答（反応）が遅い（単語を1つずつ順番に処理するため遅い）
・文章生成や翻訳の精度が低い

●トランスフォーマー登場後の変化の一例
・文の意図や文脈を読んで、高精度に理解する

・文章の読解、単語の解析等を高速に並列処理できる

・並列処理で学習速度が大幅に向上、大規模データでも効率的に学習できる

・自然な翻訳や文章生成ができる、翻訳精度が向上した

・長文を要約して、要点をまとめることができる

●生成 AI「トランスフォーマーモデル」

代表的な AI モデル

Google BERT (Bidirectional Encoder Representations from Transformers)

OpenAI GPT (Generative Pre-trained Transformer)

Meta LLama (Large Language Model Meta AI)

Google PaLM (Pathways Language Mode)

●活用例

・チャットボット / 文章生成 FAQ/ 質問応答 (ChatGPT など)

・要約 (文章の内容を指定した文字数の短文に要約する)

・機械翻訳 (Google 翻訳、DeepL など)

・画像のキャプションを自動生成

　など

2-2

生成AIの特徴と種類

「生成AI（Generative AI）」は、機械学習に基づき、テキスト、画像、動画、音楽などのコンテンツをまるで人間が作ったかのように生成するAI技術のことです。会話AIではOpenAIの「ChatGPT」やGoogle「Gemini」、画像生成では「DALL•E」や「Stable Diffusion」などが知られています。

▶▶ 高度な自然会話でコミュニケーション

「生成AI」は従来からのAIと同様に、機械学習と推論を基本としていますが、前項で解説した「トランスフォーマーモデル」を活用した技術です。また、膨大なデータをもとに学習する必要がありますが、それまでは膨大な学習データをエンジニア（データサイエンティスト）が作成するのが主流でした。しかし、生成AIでは自律的（自動的）にデータを学習し、学習したデータから新たに学習データを生成して反復学習するなど、膨大な学習をこなす先進的なしくみが導入されています。

「生成AI」の最大の特徴は、人間の会話形式で指示することができ、生成AIは過去に学習したものを参考にして、指示に沿ったものを生成することができる点です。

生成AIの代表的な例は「ChatGPT」で、「テキスト生成」に分類されます。日常的にはAIチャットボットや質疑応答サービス等と呼ばれます。

日本語で質問して、質問内容に日本語で回答を返します。更に、前章でも触れましたが、イラストやリアルな画像をテキストで指示したとおりに生成することもできます。

2-2　生成AIの特徴と種類

ChatGPT

プロンプト（指定した文章）「人で賑わう日本の城下町を写したリアルな写真を描いてください。空は晴天、白い雲も加えてください」

　また、同様に日本語で指示をして（「プロンプト」と呼びます）、簡単な動画を生成するアプリやサービスもあります。一般的なプログラム言語（コード）を使って簡単なプログラムを書くこともできます。

　このように「生成AI」では、イラストや絵を描くのが苦手、動画を作ったことがない、プログラミングの知識がない、など、今までできなかったことが、簡単な日本語の指示である程度のレベルのものが生成できるという利点があり、コンピュータ技術にとって革新的なひとつと言えます。

●代表的な生成AIの種類と例

・テキスト生成

　　チャットボット（質疑応答）、文章作成、要約、翻訳など

　　ChatGPT、Gemini など

・画像生成

　　イラスト、写真、デザインの作成など

　　DALL•E、Stable Diffusion、MidJourney など

・動画生成

　　CG、アニメーション、映像制作など

　　OpenAI Sora、Runway ML、Meta Make-a-Video など

・音声 / 音楽生成

　　音声合成、ナレーション、音楽の作成など

　　WaveNet、Voice.ai、OpenAI Jukebox など

・プログラムコード生成

　　ソフトウェア開発支援、コードの提案など

　　GitHub Copilot、Codex など

2-3
大規模言語モデル（LLM）

「生成AI」の躍進をバックグラウンドで支える技術が「大規模言語モデル」です。OpenAIの「ChatGPT」の日本語解析技術、文章生成技術には大規模言語モデル「GPT」シリーズが動作しています。開発ではOpenAIとGoogle、Meta等が有名ですが、日本でもNTT、NEC、富士通などが日本語に特化した大規模言語モデルの開発に参入し、サービス化しています。

▶▶ 大規模言語モデル（LLM）とは

　2017年にGoogleが発表したアーキテクチュア「トランスフォーマー」などを活用し、膨大なテキストデータを使って学習した言語モデルが「大規模言語モデル（LLM）」です。人間の自然言語を的確に理解し、回答を生成する会話AI技術です。英語では「Large Language Models」と呼ばれ、日本でも「LLM」と略されて使用されています。

　「大規模言語モデル」では、文頭から文末だけでなく、文末から文頭に双方向に解析することができ、文脈や意図を高精度で読み解くことで、人との会話に重みと説得力を持つことが特徴です。「生成AI」のトランスフォーマー技術を基盤としていて「ディープラーニング」や「自律学習（強化学習）」「GAN」などの最新技術が活用されています（それぞれの技術のしくみは後述します）。

　最も代表的な特徴として、従来では考えられないような膨大な規模の文章データで学習していることがあげられます。大規模言語モデルの「大規模」は、学習データ量、計算性能、パラメータ数が従来のAIの常識を超える程、膨大であることに由来しています。

LLMの性能を大きく左右する3要素

学習データ量　　　計算性能　　　パラメータ数

「パラメータ数」はAIモデルの複雑を示す数値です。

2-3 大規模言語モデル（LLM）

「パラメータ数」は聞き慣れない用語だと思いますが、人間の脳でいえば「**シナプス**」の数のようなものです。AIモデルの複雑さを示すもので、パラメータ数が大きいほど、高精度な会話と的確な回答が得られる、数字的な指標といえるものです。

▶▶ パラメータ数で見るGPTシリーズの変遷

例えば、OpenAIの「GPT」はバージョンアップするごとにパラメータ数が向上しています。最初のバージョンとして知られている「GPT-1」は従来の自然言語学習にエンジニア（サイエンティスト）がデータを用意する（正答をラベル付け）手法がとられていましたが、GPT-2から自律学習が導入され、パラメータ数が約15億に増え、ベンチマーク性能が大幅に向上しました。

GPT-3では、更にパラメータ数は約1750億に増え、GPT-3.5をベース技術としたチャットボット「ChatGPT」が2022年リリースされると、その流暢な会話表現に人々は驚きました。その品質は「生成AIが書いたものか、人間が書いたものか判断することが困難」と評されることもあり、同時に悪用を危惧する声もあがりました。

なお、無料版の一般的なGPTシリーズの最新版は、2025年1月時点で「GPT-4o（Omni）」やその軽量版「GPT-4o mini」です。

●トランスフォーマーと大規模言語モデルの関係性
・トランスフォーマーは、大規模言語モデルを構築するための基盤技術のひとつ。
・大規模言語モデルは、トランスフォーマーのアーキテクチャをベースに、大規模なテキストデータセットで学習した、高度な自然言語処理能力を持つ言語モデル。

●GPT-2のパラメータ数の変遷（公表値による）
GPT-1（2018年）　1億1700万パラメータ
GPT-2（2019年）　約15億パラメータ
GPT-3（2020年）　約1750億パラメータ
GPT-4（2023年）　非公開

第2章 生成AIの登場で社会が変わる

▶▶ パラメータ数が増えるほど、高速なコンピュータが必要

　このようにパラメータ数を爆発的に増やすことで、LLMは進化してきましたが、パラメータの増加によって学習するのに必要な超高速の計算環境と、それに伴う消費電力が大きく増大しました。そのため、LLMの学習にはスーパーコンピュータが使用され、その電力量はますます膨れ上がり、環境の悪化を懸念する声が上がるまでになっています。

　こうしたことを背景に、またパラメータの数ではOpenAIやGoogleには太刀打ちするのが困難なため、新興企業や、NTT、NECなどの国産LLMは、パラメータ数を大規模化するのではなく、効率的に学習し稼働する、コンパクトなLLMの提供も重視する傾向になっています。業務で使用する場合は、学習データの量を増やすことよりも、業務や事業内容に合った、ビジネス活用に求められる情報を厳選し、かつ、適度にミックスした情報、すなわち質の高い学習データを使用することで、中規模でも使いやすい高性能な言語モデルを目指す方向です。

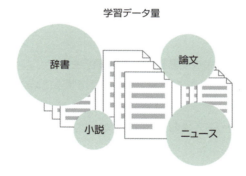

学習データ量

●大規模言語モデルの特徴
・文脈を考慮して、文章の意味や意図を正確に理解し、自然に会話する
・膨大な学習データを使って訓練され、「専門的な質問」にもある程度回答できる
・長い文章や文脈を記憶できる（話した内容を覚えていて、それを踏まえて会話できる）
・「やさしい言葉で教えて」相手に合わせて回答を調整できる
・文章を生成できる（要約・箇条書き・考えを聞く・翻訳・詩や小説を書くなど）

●代表的な大規模言語モデルの例

- ChatGPT（GPT）OpenAI
- Gemini（BERT）Google
- LaMDA Amazon Web Service（aws）
- Claude Anthropic（アンソロピック）
- LLaMA Meta（旧Facebook）
- Qwen Alibaba（アリババ）
- DeepSeek V3（DeepSeek）

「GoogleのAI独占」を阻んだOpenAI

　OpenAIは2015年に設立されましたが、当時はAIの最新技術でGoogleがリードしていて、業界ではGoogleがAI技術を独占するのではとの懸念がありました。OpenAIの創設者たちは「AI技術が少数の企業に独占されるのは危険だ」と考え、オープンなAI開発と民主化を掲げました。

　テスラのCEOのイーロン・マスク氏はOpenAIの創設メンバーの一人ですが、GoogleがAIを支配する未来は望ましくないと考えて、OpenAIの支援を行なったといわれています（マスク氏はOpenAIにMicrosoftなど多くの企業が関わったことに反発して離脱したと言われています）。

　2022年に「ChatGPT」が公開されると、2か月で1億人のユーザーを獲得し、Googleの優位性が一気に逆転します。Googleは「検索ビジネスが脅かされる」と判断、社内で「コードレッド（緊急事態）」を発動しました。GoogleはAI戦略の立て直しに取り組み、「Bard」（現在のGemini）の開発を急ピッチで進めました。このエピソードは、GoogleがOpenAIの急伸と成功をどれほど脅威に感じていたかを象徴する出来事とされています。

2-4

OpenAIの「GPT」と「ChatGPT」

OpenAIはサム・アルトマン氏やイーロン・マスク氏らによって2015年に非営利団体として設立されます。その後、トランスフォーマーを活用した言語モデル「GPT」を発表し、AI分野で注目を集めます。「GPT」を使った「ChatGPT」の性能に業界は驚き、OpenAIに出資しているMicrosoftが製品に実装しはじめます。

▶▶ OpenAIとは

AIの研究と開発、普及や促進を行う米国のOpenAIは2018年6月に「GPT」を発表しました。OpenAIは2015年に、サム・アルトマン氏やイーロン・マスク氏（テスラのCEOとして知られています）達によってサンフランシスコで非営利団体として設立された新興団体です。しかし、イーロン・マスク氏は考え方の違いから、「GPT」の発表の前にOpenAIの役員を辞任し、2018年2月に離脱しました。

▶▶ 米Microsoftが出資、「ChatGPT」発表

その翌年、営利部門のOpenAI LPが設立されます。2019年7月にOpenAIは、米Microsoftから10億米ドルの出資を受け、2021年に更に20億米ドル、2023年には100億米ドルの出資を受け、マイクロソフトが49％の株式を取得します。一連の関係から、OpenAIが世界的に注目された後、Microsoftのブラウザや検索エンジン、オフィス製品などにOpenAIの技術が素早く反映されることになります。

2022年11月、OpenAIの生成AI「GPT」を使ったAIチャットボット（質疑応答サービス）「ChatGPT（チャットジーピーティー）」が登場します。今までのチャットボットに比べて、多分野に渡った知識を持ち、人の感情をも理解したような言い回しが話題となり、公開後5日間で利用者数が100万人、2ヶ月で1億人を突破する、社会現象を巻き起こしました。

2-4　OpenAIの「GPT」と「ChatGPT」

OpenAIの概要

設立：2015年12月

創設者：サム・アルトマン氏、イーロン・マスク氏、グレッグ・ブロックマン氏など

本社：アメリカ・サンフランシスコ

目標：安全で有益なAIを開発し、人類全体に利益をもたらす

OpenAIが発表した主なAI：

GPTシリーズ　テキストを理解・生成するAI（ChatGPTの基盤）

DALL•E　テキストから画像を生成するAI

Whisper　音声をテキストに変換するAI

Codex　プログラムコードを自動生成するAI

OpenAIの歴史（GPTシリーズの変遷）

2015年　OpenAI 設立（非営利団体としてスタート）

2018年　GPT-1 発表

2019年　GPT-2 公開（文章生成能力が話題に）

2020年　GPT-3 発表、API提供開始

2021年　DALL•E 発表、Codex（プログラミングAI）発表

2022年　ChatGPT 公開（爆発的に人気に）

2023年　GPT-4 発表、さらに高性能なAIモデルを提供

2024年　GPT-4o（新世代モデル）リリース

▶▶ 「OpenAI o1」と「推論トークン」

　OpenAIには、他に新しいAIモデルの「o」シリーズがあります。従来のモデルよりも多くの時間をかけて深く思考するように設計されていて、複雑なタスクや難解な問題を解決する能力を持つとされています。

・OpenAI o1	複雑な問題に対する高度な推論能力を備えたモデル
・OpenAI o1-mini	「o1」の軽量コンパクト版。処理速度が速く、コスト効率に優れる。シンプルなタスク向け。

119

2-4 OpenAIの「GPT」と「ChatGPT」

　「o1」シリーズには、AIは質問を受け取ると、複数の視点から問題を分析して「推論トークン」(Inference Tokens) を使用するしくみを採用しています。「推論トークン」の詳細なしくみをOpenAIは発表していません。

　専門家たちの予想では、推論トークンは「AIが考えるための仮想的なメモや計算領域」であり、AIは推論トークンを使って複数の仮説を立て、どれが最も適切かを比較検討したり、一度のプロセスで結論 (回答) を決めず、複数パターンのプロセスで推論し、最適な結論を選択することで精度を高めている、と考えられています。

　「o1」シリーズは、科学や数学、医療や創薬など、高度で正確な推論が必要な分野での活用が期待されています。また、既にプログラミングの分野ではAIによるコーディングやデバッグをAIが代行する領域が出てきていて、「o1」は複雑なプログラムのバグ修正 (不具合箇所の検知と修正) などで高い精度が出せると注目されています。

2-5

Google vs OpenAI(Microsoft)
― LLMの覇権を巡る争い

トランスフォーマーモデルの発表によって生成AIの分野でリードしたGoogleですが、OpenAIの「ChatGPT」の台頭によってその存在感が霞んでしまいます。しかも、MicrosoftがOpenAIに出資していたことで、OpenAIの技術はMicrosoft製品に搭載されるようになり、実用化が加速します。そしてインターネット検索PRビジネスの根幹が脅かされ始めています。

▶▶ Google vs OpenAI (Microsoft)

Googleのトランスフォーマーモデル「BERT」によって、AIの可能性は大きく拡がり、研究者や開発者は将来の展開に大きな希望を見いだしました。しかし、次の一手はGoogleではなく、OpenAIのチャットボット「ChatGPT」(GPT)がもたらしました。

これはチャットボットの性能が格段に進化した、というだけでなく、それまでのインターネットの広告モデルを大きく変革するものになったのです。Googleは今では幅広い分野でビジネス展開をしていますが、私達の身近なところではインターネット検索結果に広告が表示されたり、その広告はオークションのようにワンクリックの金額を高く設定するほど、サイトの表示が上位に来るようにするしくみが導入されています。

しかし、ChatGPT登場の衝撃によって、インターネットブラウザでキーワード検索した場合、結果の最上位にチャットボットの回答が表示されるようになりました(気づいた人も多いと思います)。

2-5 Google vs OpenAI (Microsoft) ― LLMの覇権を巡る争い

検索結果の最上段に「AIによる概要」

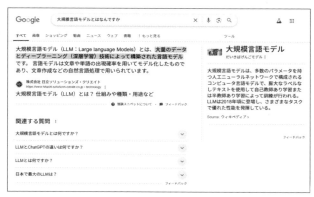

Google検索で「大規模言語モデルとは何ですか」とキーワード検索した場合。検索結果の最上段に「AIによる概要」（Googleの新機能）が表示されるようになっています。

Microsoft BingでもCopilotによる概要が表示

Microsoft Bingで「大規模言語モデルとは何ですか」とキーワード検索した場合も、Copilotによる概要が表示されます。

　すなわち、検索結果の形式（フォーマット）が変わってきていて、上位に表示することによってホームページやサイトに誘導する広告モデルがほころび始めているのです。

　Microsoftは、OpenAIに多額の出資をしてきたため、大規模言語モデル「GPT」を自社のウェブブラウザ「Microsoft Edge」にいち早く組み込み、インターネット検索の「Bing」にも連携させました。Microsoftは長年、ライバルであるGoogle（または親会社のアルファベット）の検索広告には太刀打ちできませんでしたが、話題のチャットボッ

トをインターネット検索に活用することで、一人勝ちのGoogleのビジネスに切り込んだのです。

Googleは「Gemini」で反撃へ

GoogleはGPTに対抗する大規模言語モデルであり会話型AIの「Google Bard」を急ぎ公開しました。しかし、お披露目やデモで不具合が露見し、あまり良い印象を与えることができませんでした。また、「Google Bard」はテキスト（文字）に対応する会話型AIですが、OpenAIをはじめとして、新時代のニーズは「マルチモーダル」（テキストだけでなく画像や音声など複数の情報やコンテンツに対応したり処理すること）へと変わっています。

Googleは「Google Bard」を進化させるとともに、「Google DeepMind」社を2023年に設立、後継としてマルチモーダルに対応した「Gemini」（ジェミニ：双子の意味）を投入します。「Bard」が質問応答、文章作成など、シンプルなテキスト処理タスクに適しているのに対して、「Gemini」は高度なタスク（複雑な推論、コーディング、マルチモーダル処理など）にも対応し、今後もより一層の進化が期待されているモデルです。特にスマートフォンの「Android」では既に「Gemini」が搭載されていて、会話AIや検索エンジンなど、多くの機能に活用されています。

「Google Bard」と「Google Gemini」比較

機能	Bard	Gemini
基盤モデル	PaLM 2	Gemini Pro
マルチモーダル	テキスト中心	テキスト、画像、音声など
Google Workspace との統合	限定的	より深い統合
利用可能な機能	基本的な機能	より多くの機能（Gemini Advanced など）

2-5 Google vs OpenAI (Microsoft) — LLMの覇権を巡る争い

Gemini

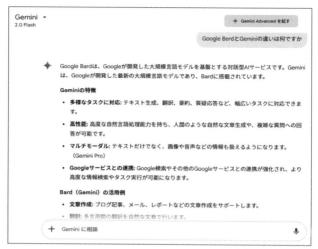

「Gemini」も「ChatGPT」と同様に、ウェブブラウザで使用することができます。
https://gemini.google.com/

2-6

AI関連株の価格が急落 — DeepSeekショック

中国の「DeepSeek」社が、OpenAIのGPTに対抗して大規模言語モデルの新版「DeepSeek-V3」を2024年12月に発表しました。これがきっかけで、2025年1月27日に株式市場に大きな影響を与え、特に「NVIDIA」社をはじめとして、多くのAI関連株（巨大IT企業の株価含む）が急激に下がりました。「DeepSeekショック」と呼ばれています。

▶▶ DeepSeekとは何者か？

DeepSeek（ディープシーク）は、2023年に設立された中国のAIスタートアップ企業です。同社はオープンソースの大規模言語モデルを開発していて、2024年12月に発表したモデル「DeepSeek-V3」は「ChatGPT」と同等の高性能で、パラメータ数は6710億です（OpenAIのGPT-3（2020年）は約1750億パラメータ、GTP-4以降は非公開）。

性能については様々なベンチマークや比較結果が報道されています。ベンチマークでは「DeepSeek-V3」はmeta（旧Facebook）の「LLaMA(3.1)」や、アリババの「Qwen(2.5)」より高評価で、「GPT-4o」に匹敵すると言われています。また、プログラミングコードの生成やデバッグ作業など開発者向け分野でも評価する声が上がっています。日本語にも対応しています。

更に驚きなのは、高いコストパフォーマンスです。公式発表によるとトレーニングはわずか約55日間の学習、費用は約560万米ドル（約8億5千万円（151円換算）でトレーニングされたとのこと。GPTなどの競合モデルと比べて短期間とローコストで開発されたことになります（学習のデータセットは14.8兆トークンとのこと）。ユーザーが利用する際の料金もOpenAIやClaude等と比較して格段に安い、と発表されています。

DeepSeekのAPI（開発者が作成したアプリ等から利用するインタフェース）は、OpenAIと比較すると、100万トークンあたりの入力コストがOpenAIは$15.00に対して、DeepSeekは$0.55、約27分の1のコストで利用できます。小規模ビジネスや

個人利用にも利用しやすいコスト体系です。

なお、DeepSeekの技術はオープンソースなので、開発者コミュニティなどを通じて利用しやすく、自社環境（オンプレミス）で利用できる可能性もあり、その点でも注目を集めています。

このような報道の影響もあって、Appleの「iPhone」アプリのダウンロードランキングで「DeepSeek」がトップに躍り出ました。

また、「DeepSeek-V3」の他に、論理的推論、数学的推論、およびリアルタイムの問題解決のためにトレーニングされた「DeepSeek-R1」があります。

「DeepSeek-V3」は幅広い用途に使える「万能型」で、情報検索や文章作成など、日常的なタスクに向いています。また、「DeepSeek-R1」は難しい問題を解決する「専門型」モデルです。数学や科学などの問題解決や、プログラミング分野など、より高度で複雑な問題解決に優れています。

▶▶ DeepSeekショック

「DeepSeek-V3」の発表によって、競合のモデルに比べて低コストで開発されたというR1の公開を受けて、米国の金融市場でAI関連株の価格が急落しました。「DeepSeekショック」です。特にNVIDIAは株価急落によって1日で時価総額5890億米ドル（約91兆円）を失ったと言われ、1日あたりの減少額では史上最大の急落と言われています。

ちなみにトヨタ自動車の時価総額は約45兆円です（2025年2月中旬）ので、NVIDIAの1日の損失額は単純計算でトヨタ自動車の時価総額の2倍です。

他にもソフトバンクグループ、オラクル、アマゾン、マイクロソフトなどが急落したと言われています。

NVIDIAは、AIの演算を担当する頭脳「GPU」（Graphics Processing Unit：グラフィックチップ）と、それをAIで活用するための開発環境を提供している米国の企業です。「GPU」ではほぼ競合のいない独占状態で、スーパーコンピュータから、セキュリティカメラやロボット、ドローンなどの端末（エッジAI）まで、幅広く使われています。

DeepSeekがローコストで、しかもNVIDIAの旧型のGPUを使用して「DeepSeek-V3」をトレーニングしたと発表したことで「NVIDIAの最新GPUの需要が

落ち込むのでは」と、AI関連企業の将来性に対する懸念から狼狽した投資家やトレーダーが株を売る動きに出たことで暴落が起こりました。なお、DeepSeekは米国の輸入制限を受けて、NVIDIAの最新GPUは輸入できないため、旧型のGPU環境で開発したようです。

　DeepSeekショックによる暴落については、前述のように、AIとGPUの関係を詳しく理解していない投資家が狼狽して売りに走ったために起こったと、筆者は考えています。NVIDIAは、DeepSeekにとって大規模言語モデルの競合ではなく、AI全般に必要とされている「GPU」とその開発環境を提供しているため、DeepSeekの技術によってAIの開発が効率化したと仮定しても、NVIDIAの業績には影響はありません。むしろAIの開発期間や開発や利用コストが下がることで、社会実装の需要は喚起されるでしょう。
　また、「DeepSeek-V3」の効率化技術によって将来のGPUの利用量が減ったとしても、「DeepSeek-R1」のようにより高度な演算にはGPUの演算能力の必要度は増すのです。

▶▶ DeepSeek技術の使用を不安視する声も

　一気に注目を集め、株式市場にも大きな影響を与えたDeepSeekですが、その技術の利用を不安視する声もあがっていて、いくつかの国や地域の企業や政府機関が使用制限を表明しています。
　DeepSeekの回答には中国の政治的な背景が大きく反映されている部分があり、例えば「天安門事件」についての回答は制限されています（一瞬、回答が表示されてすぐ消えるなど）。質問や検索の結果を中国政府やそれに関連した機関が検閲しているとの懸念があります。それはまた、DeepSeek技術のAIモデルでユーザーがやりとりしたデータが中国政府やその関連機関に漏洩している可能性に繋がると指摘する有識者もいます。

2-7

幻を見るAI
― ハルシネーション

　　大規模言語モデルは非常に優れていますが、重大な欠点（懸念）があります。それが
「ハルシネーション」です。例え情報が間違っていたとしても、それをあたかも真実のよ
うに語られると鵜呑みにしてしまうことがあります。注意が必要です。

▶▶ 大規模言語モデルも間違いを言う

　　筆者が体験した実話です。私はある大手のお菓子メーカーから社員向けの講演の依頼
を受けて、ステージの大型スクリーンを使って大規模言語モデルの活用例として
「ChatGPT」（GPT-3版）の操作デモを行いました。そのメーカーの代表する「製品A（お
菓子の名前）とはなにか」と入力すると、製品Aに関する歴史と変遷、市場の評価などが
正しく表示されました。ところが、製品Aの冒頭の説明「製品Aは○×製菓の製品で‥」
の○×製菓の名称がライバル企業の名前になっていたのです。

　　参加者は社員だったので苦笑が拡がりました。大規模言語モデルはインターネットの
情報を元に学習しているため、このように常に正確な内容で回答できるとは限りません。
このように誤った情報や嘘の情報を回答することを「ハルシネーション」
（Hallucinations）と呼びます。日本語訳では「幻覚」を意味します。

　　当時、「ChatGPT」（GPT-3版）の学習データは古く、最新情報が反映されていないと
いう指摘はあったものの、製品のメーカーを間違うのは情報の新旧の問題ではありませ
ん。

　　講演ではその後、「製品A」の人気を更にアップさせる方法を「ChatGPT」に質問する
と、「パイナップルとマンゴー、リンゴとブドウなど複数の味をミックスさせて体験した
ことのない味、どんな味だろうと思わせる風味の製品を発売する」とか、「全国の各都道
府県限定で名産物の味バージョンを発売する」などが提案されたので、更に「製品Aに向
いている全国の各都道府県ごとの名産品を列挙して」と質問したところ、47都道府県の
限定品を列挙してみせました。それには参加者も「新製品や限定品のアイディア出しの
参考になりそうだ」と感心していました。

2-7　幻を見るAI― ハルシネーション

　しかし、企業がビジネスで活用するにはこの「ハルシネーション」の対策が必須であることは念頭に置いておきましょう（とはいえ、人に何かを相談したり、質問した際も、必ずしも真実をもとにした回答が返ってくるとは限りませんよね。検索がより便利になった反面、確認する、裏を取る、ということは変わらず大切です）。

ハルシネーション ― 大規模言語モデルも間違いを言う

大規模言語モデルの活用例として「ChatGPT」操作デモ

↓

「製品A（お菓子の名前）とはなにか」と入力した

↓

歴史と変遷、市場の評価などが正しく表示された

↓

ただし、ライバル企業の製品となっていた

↓

このように誤った情報や嘘の情報を回答することを「ハルシネーション」と呼ぶ

↓

必ず正確を話すとは限らない

2-8

大規模言語モデルとRAG

大規模言語モデルは、信頼度の高いインターネットの情報を中心に学習し、一般的な会話能力に優れていますが、医療や金融などの専門用語が多い分野や、特定の企業や公共団体が使用するには、用語や自社製品などが不足していては使えません。しかし、特定の知識を追加する「RAG」を大規模言語モデルと共に活用する方法があります

▶▶ ハルシネーション対策と独自情報の追加が必須

「GPT」シリーズに代表される大規模言語モデル（LLM）の高性能ぶりは、多くの利用者を驚かせ、多くの企業や自治体、組織がビジネス活用への検討をはじめました。

例えば、「GPT」はクラウドで連携することができるので、企業の相談窓口チャットボットを作成してホームページに設置、チャットボットを通して「GPT」が回答するというしくみを構築することができます。

自社のホームページに設置した構成図（例）

LLMを活用してQ&Aや相談チャットボットを自社のホームページに設置した構成図（例）。

しかし、LLMをそのままビジネスの現場で活用するには大きな課題があります。

ひとつは「ハルシネーション」（前項で解説）の問題です。個人が趣味で使ったり、レ

ポート作成の参考に使う場合、ハルシネーションの可能性を意識して使えば大きな問題にはなりませんが、企業が提供するチャットボットで、間違った情報や認識を生成AIが平然と語った場合は問題になり、企業のブランド価値を損失する可能性もあります。

もうひとつは、企業独自の情報の欠落です。例えば、企業の成り立ちや歴史を質問されたとき、生成AIがネット上のウワサ、誤った情報などに基づいた回答をするのは問題です。GPTは、様々な分野の幅広い情報を網羅しているとはいえ、それらは一般常識に基づくものです。企業独自の正確な情報、製品の情報、品番、店舗情報、注文や請求のことなどは正確に答えられるはずもありません。しかし、ビジネス活用する場合、企業側も利用者側にも、個別な質問に正確に回答する性能が求められます。

▶▶ LLMをカスタマイズする「RAG」

この問題を解決するために「RAG」を使います。RAGはRetrieval-Augmented Generationの略称で「検索拡張生成」や「取得拡張生成」等と訳されています。LLMは予め学習した自身の膨大な知識の中から回答しますが、LLMにとって外部の情報検索を組み合わせることで、回答精度を向上させる技術です。前述の例で言えば、企業が自社や製品、店舗情報、注文や請求の情報を文章やデータベースを作成し、企業独自の情報検索をおこなった結果（情報の重み：重要度を含めて）をLLMに送り、その上でLLMが回答を返します。

企業独自の情報がある場合は、LLMはその情報を組み込んで回答し、企業独自の情報がない場合は、LLMが一般の知見を含めて最適に回答をおこないます。

2-8 大規模言語モデルとRAG

RAGを追加した例

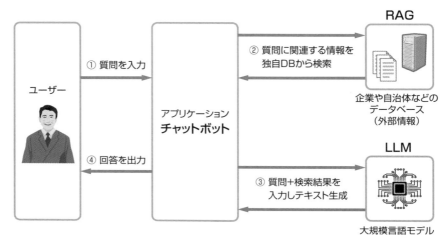

LLMと連携したチャットボット（アプリケーション）に、RAGを追加した例。①ユーザーが質問を入力、②RAGに質問に対して適切な回答情報があれば抽出してある高い重みを設定してLLMに質問とともに渡す、③LLMがRAGの情報を考慮して最適な回答を返す、④チャットボットがユーザーに回答を返す

　このように、企業や自治体などがビジネスとしてLLMを活用する場合、RAGの活用が重要になってきます。また、LLMの情報は膨大ですが、最新情報が反映されているかという点では、LLMが収集して学習した時期によるところが大きくなります。企業にとって重要な最新情報の反映やアップデートもRAGによって確実に反映できるケースが多くなります。

　なお、このようなしくみによって、社内規則なども会話AIに組み込めるケースが多くなり、ユーザー向けに導入する前に、まずは社内で総務的なオンラインQ&A窓口として導入してみる、というケースも増えています。

▶▶ オンプレミスでの導入

　RAGによって、自社固有の情報をLLMとのAI会話に反映することができるようになりましたが、企業や自治体によってはLLMがクラウド上（オンライン上）にあることが課題としているところも多くあります。例えば、地方自治体や医療機関などは個人情報の扱いが多く、秘匿性が高い情報を扱うため、情報が回線を行き交うクラウド上でのLLMは課題視する傾向にあります（これはLLMに限らず、すべての情報システムに言え

2-8 大規模言語モデルとRAG

る課題でもあります)。

　そのため、LLMを自社の敷地内に設置・運用する「オンプレミス (On-premises)」で構築する組織も多くあります。オンプレミス運用の場合、「情報の信用度やセキュリティが内部で完全に管理できる」という利点がある一方で、ハードウェアやソフトウェアの購入や保守費用、専門のスタッフ配置など、比較的高いコストがかかる点がデメリットとなります。

オンプレミスでの導入

企業や自治体によってはLLMがクラウド上にあることが課題

↓

地方自治体や医療機関などは個人情報の扱いが多い

↓

秘匿性が高い情報を扱うため、クラウド上では課題がある

↓

自社の敷地内に設置・運用する「オンプレミス」で構築する組織もある

↓

「情報の信用度やセキュリティが内部で完全に管理できる」というメリットがある

↓

購入費用や保守費用、専門のスタッフ配置など、高いコストがかかるというデメリットがある

2-9

続々と登場する日本語LLM

大規模言語モデルの活用が注目されたので、多くの日本企業がこの技術をビジネスに活用するソリューションに取り組み始めています。NECやNTTなどの大企業のほか、ベンチャー企業なども日本語に特化した自社開発の大規模言語モデルを発表しています。

▶▶ 大規模言語モデルに参入する日本企業

大規模言語モデル（LLM）は、今では「ChatGPT」や「Gemini」だけではありません。新興ベンチャー企業のオルツ、大企業のNTT、NEC、富士通などが自社でLLMを開発、日本語に特化した高性能やユニークな機能を搭載して競っています。

▶▶ オルツ「LHTM」

株式会社オルツ（alt Inc.）は、2014年11月に創業したベンチャー企業で、2024年11月に東京証券取引所（東証グロース市場）に上場しました。

「全人類に一人一つのパーソナルAI（P.A.I.）を」をスローガンに掲げ、パーソナル人工知能やデジタルクローンなどを開発しています。それらの開発に重要になるのが会話機能で、大規模言語モデル「LHTM」（ラートム）や改良版の「LHTM2」（ラートムツー）の開発を早期から行なっています。また、軽量版の「LHTM-OPT」もリリースしています。

2024年5月には、ハルシネーション問題を解決する研究開発を続けてきた成果として、LLMにおけるハルシネーションをスコアリングする手法の開発に成功し、「ハルシネーションの自動評価エンジン」を発表しています。

また同時期に、画像や映像分野の生成AI技術や「Stable Diffusion」で知られるStability AI Japan株式会社と共同で、音声、画像、映像における生成AIの新たなユースケースの確立に向けた連携も発表しています。

オルツのユニークな特徴のひとつは、デジタルクローン技術を持っていること。同社のLLM「LHTM」とデジタルクローンを組み合わせて、実在の人の、もしくは架空のデジタルヒューマンを生成することができる点です。製品発表会などにも、同社の代表取締役社長の米倉千貴氏のデジタルクローンがしばしば登場して挨拶や会話のデモを披露しています。また、2023年5月の新製品発表会では、米倉社長、成田悠輔さん、静電場朔

さんのデジタルクローンが登場し、3人のクローンが自動で会話を進めていく様子が公開され、注目されました。

オルツ社の上場発表会（2024年）に登場した米倉社長のデジタルクローン。会話もできます。
出典：オルツ

2023年5月の同社の人格生成プラットフォーム「CLONEdev」（クローンデブ）新製品発表会に登場したデジタルクローン。左から同社の米倉社長、経済学者・データ科学者の成田悠輔さん、アーティストでシンガーソングライターの静電場朔さんのデジタルクローン　著者撮影

3人のクローンには「CLONEdev」によって人格や知見が生成されていて、議論は1対1ではなく、議題としてテーマだけを指定、「3名のクローンだけで自由に会話をして議論を深めてもらいたい」「未来がどうなるかについてをテーマに議論を交わしてください」と指示を出すと、3体のクローンはそれに応えて議論をはじめました。

このデモは、AIとデジタルクローンが社会に組み込まれる将来像がイメージしやすいと感じました。元のリアルな人間の意思を離れ、クローン同士が勝手に会話することでいろいろな人の見聞を共有して学習していくしくみなどは、怖いと感じる人もいるかもしれません。これをどう受け止めるか、どう感じるかは、読者それぞれだと思いますが、近未来の社会では、本人同士以外でも、デジタルクローンやパーソナルAIエージェント同士が会話することで知識や経験を共有する社会が実現しているかもしれません。なによりも、こうした技術が具体的に開発される段階に、既に入っている、ということは知っておくべきでしょう。

LLMに話を戻すと、オルツは2024年10月に、軽量大規模言語モデルの新版「LHTM-OPT2」を発表しています。「LHTM-OPT2」は「RAG」（検索拡張生成）の精度を最適化する機能を持ち、日本語でのRAGにおいて軽量型LLMで世界最高精度のベンチマークを達成した、と発表しています。具体的には、同社が独自に開発した、Wikipediaの情報から作成したRAGのデータセットと、東京大学の入学試験のデータセットを用意し、その環境でベンチマークを計測した結果、いずれも「LHTM-OPT2」と「GPT-4o」が同等レベルの精度を達成したということです。WikipediaデータセットではLHTM-OPT2が91.0%、GPT-4oが90.8%でわずかに上回り、東京大学の入学試験のデータセットではいずれも94%となりました。

同社は軽量版大規模言語モデルについて「金融や製薬、製造、不動産など様々な分野で固有の情報をベースにカスタマイズすることで、パラメータ数が圧倒的に多いLLMと同等の回答精度を保持しながら専門性を持たせることが可能になります」と語っています。

▶▶ NTT tsuzumi

NTTは、2023年11月に開催した「NTT R&D FORUM 2023 – IOWN ACCELERATION」（R&Dフォーラム）において、NTT版の軽量大規模言語モデル「tsuzumi」（つづみ）を初めて披露しました。商用サービスは2024年3月から提供を開始していて、2027年には1千億円の売上を目指す、としています。

2-9 続々と登場する日本語LLM

NTTは、電話や通信分野で日本の業界をリードしてきました。その実績を考えると、日本語版の大規模言語モデル（LLM）の知見には長けています。R&Dフォーラムに登壇したNTTの島田 明社長は、「tsuzumiは、軽量でありながら世界トップレベルの日本語処理性能を持つ」と紹介。その言葉には「LLMでは絶対に他社には負けられない」という意気込みが感じられ、展示ブースで披露された「tsuzumi」の稼働デモや、将来に向けてのコンセプト展示の多くは非常に素晴らしいものでした。

●tsuzumiの特長
・軽量なLLM
・日本語と英語に対応（多国語にも対応していく）〜特に日本語が得意なLLM〜
・柔軟なチューニング 〜基盤モデル+アダプタ〜
・マルチモーダル 〜言語+視覚・聴覚・ユーザー状況理解〜
となっている。

---

tsuzumi

NTT版LLM「tsuzumi」の特長

40年以上の自然言語処理研究による蓄積
1 日英対応、日本語は世界トップクラス

超軽量・低消費電力で高性能
2 高いコストパフォーマンス

柔軟かつ低コストでチューニング、クローズドデータも学習
3 カスタマイズ、最新化

日本初！マルチモーダル（図表ドキュメント視覚読解）
4 図表読解等様々な形式に対応

出典：NTT

●軽量なLLM

「tsuzumi」は軽量版と超軽量版を用意しています。「tsuzumi」発表当時のOpenAIの最新版「GPT-3」のパラメータ数は1750億。それに対して「tsuzumi」は軽量版の70億、超軽量版の6億と、少ないパラメータで勝負すると発表しました。軽量版は安価なGPUで、超軽量版はGPUなしのCPUだけで動作でき、運用コストを大幅に削減できるメリットがあります。

●多言語対応、かつ日本語が得意

「tsuzumi」は多言語対応であり、中でも日本語には特に高精度な技術を投入。「Rakuda」を使ったベンチマーク計測で正答率（より適切な受応率）を比較した場合、「GPT-3.5」との比較で「tsuzumi」の勝率は52.5%、「Elyza 7B」との対戦勝率は71.3%、「Ja Stable 7B」との比較で86.3%と、軽量版ながらほかの大規模言語モデルを上回る結果が出ています（NTTの発表による）。

●柔軟なチューニング

効率的に知識を学習させることのできる「アダプタ」という考えを取り入れた「柔軟なチューニング」に対応しています。アダプタとは事前学習済みモデルの外部に追加されるサブモジュール。「tsuzumi」はベースとなる基盤の言語モデルに加えて、金融や組織、その組織の中でも役職や権限に応じた複数の情報の追加学習を行なったり、業務や分野、企業等に合わせた情報の追加学習を行なったりすることができ、3つのチューニング方法が用意されています。

2-9 続々と登場する日本語LLM

さまざまなチューニング方法1

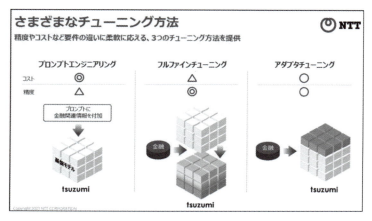

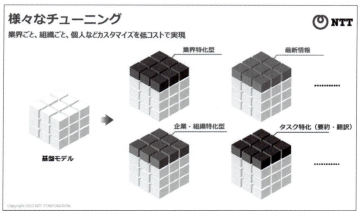

「tsuzumi」は事前学習済みの基盤モデル（グレーの部分）に追加学習する（色が濃い部分）を積み上げるアダプタという概念を取り入れています。　出典：NTT

　例えば特定の業界に特有の言語表現や知識に対応してチューニングした「アダプタ」を付加することで、少ない「追加学習」で「tsuzumi」の知識量をアップすることができます。下記はチューニング後と、チューニング前の「tsuzumi」の回答例です。
　これらによって、企業にとって重要な事柄や自社製品の情報などについて、ハルシネーションを防止し、詳しく、正しい説明の応答が可能になることが期待できます。

2-9 続々と登場する日本語LLM

さまざまなチューニング方法２

また、LLMの可能性を広げる「マルチモーダル」機能にも対応しています（テキスト文章だけでなく、画像や表、グラフなどを読み取る機能）。そのひとつは「図を解析して、正しく読み取る機能」です。この機能は従来の会話AIにはない、次世代の新機能です（次項で詳しく解説します）。

ほかにも「画像を読み取り理解する機能」「手書きの回答用紙を解析して、どこにどん

な情報が記入されているかを理解し、質問に対して記入されている内容をテキストで回答する機能」「カメラで認識した人物像からニックネームを生成する機能」などがあり、それぞれ全てのデモが展示ブースで披露されました。

グラフィカルな文書を理解できる「Tsuzumi」

「画像を読み取り理解する機能」ではtsuzumiが写真を解析して「猫がキーボードに手を乗せている写真」というキャプションを生成しました。

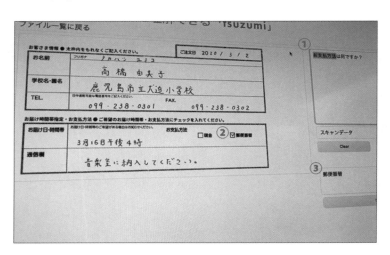

2-9 続々と登場する日本語LLM

「手書きの回答用紙を解析して、どこにどんな情報が記入されているかを理解し、質問に対して記入されている内容をテキストで回答する機能」。手書きの票に対して、「支払い方法はなんですか?」とテキストで「tsuzumi」に質問すると、「郵便振替」にチェックされていることを認識して、「郵便振替」と回答しています。

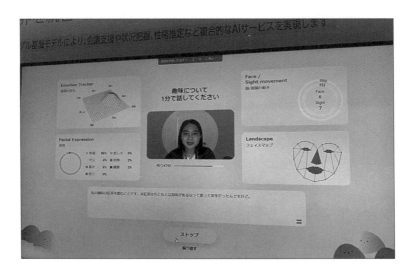

スタッフにAIが簡単な質問をして、スタッフの回答をAIが理解し、その人の容姿や態度、感情を解析してニックネームを付ける、という少し変わった趣向のデモも公開しました。

映像から異常を検知、対処方法をAIが提案するデモ。セキュリティカメラの映像に写っている各人物の属性や感情、行動をAIが解析。異常が発生する（危険な人物が侵入してきた）とそれを検知し、異常の内容を理解し、対処方法をAIが提案するデモ。

● ロボットの身体性を持つtsuzumi活用例

ロボットと「tsuzumi」が連携したユースケースも展示されていました。

来場者が「健康的なランチを考えて、テーブルに用意してください」と曖昧なオーダーでロボットに依頼すると、「tsuzumi」が言葉の意図を理解し、AIが依頼に合わせて献立を選び、最適な位置にテーブル配置してくれます。選択した献立はシステム的に用意されたものではなく、LLMが随時生成しておこなっています。また、食事の置き方（配置）も「tsuzumi」が生成して配膳しているということです。

ロボットの身体性を持つtsuzumi活用例を展示したブース

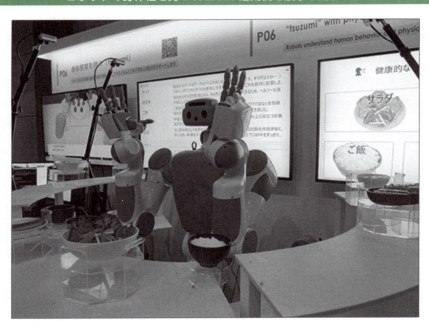

2-9 続々と登場する日本語LLM

ロボットの回答例と回答理由

展示⑥ 身体感覚を持つ tsuzumi

・tsuzumi搭載ロボットが、ユーザの要求に応じてメニューやテーブルの配置を考え、理由を説明しながら配膳を行う

「寒い冬の日に温まる夕食のテーブルを作ってください。左利きを意識して」と音声で依頼した時のロボット（tsuzumi）の回答例とその回答を導いた理由

▶▶ NEC cotomi

　日本電気（NEC）は、業務DX「デジタルトランスフォーメーション」を推進する「BluStellar（ブルーステラ）」を展開しています。その中には同社が開発した生成AI技術も含まれていて、大規模言語モデル「cotomi」（ことみ）がその代表例です。報道関係者向けに「cotomi」を発表したのは2023年7月で、売上高目標は3年間で500億円を見込んでいます（発表当時）。

　「cotomi」は日本語に特化したLLMとし、性能で海外製のLLMを凌駕しつつ、パラメータサイズは13分の1とコンパクト、超軽量化をはかったモデルとなっています。当時最新版だった「GPT-3」のパラメータサイズが1750億だったのに対し、cotomiは130億と、1/13のサイズで開発されています。

　また、NECは生成AIを多くの企業が社会実装しやすいよう、中核のコア技術を提供するだけでなく、プロンプトのテンプレート、チューニングなど、導入に必要な機能やサービスをまとめて提供していく考えです。

2-9 続々と登場する日本語LLM

NECの大規模言語モデル「cotomi」の特長

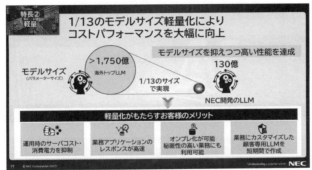

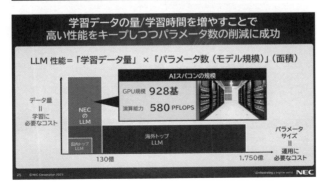

出典：NEC

　同社は「日本語の知識量や文書読解力を計測する一般的なベンチマークで、世界トップクラスの日本語能力を実現している」として、日本語言語理解ベンチマーク（JGLUE）結果を公表しました（発表当時）。他社のLLMと比較して知識量（業務に関する質問に正しく答える能力）では「81.1%」、文書読解力（複雑で長い文書を理解する力）では

2-9 続々と登場する日本語LLM

「84.3%」とトップレベルをマークしています

「cotomi」のベンチマーク結果（発表当時）

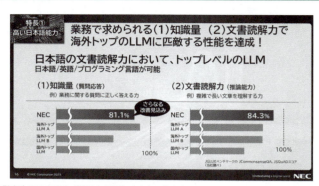

報道関係者向け発表会では文章生成能力も披露しました。箇条書きにした文章を「cotomi」が親しみやすい自然言語に生成しています。

「cotomi」の文章生成の例

入力したプロンプトから文章を生成。

「cotomi」の商品提案の例

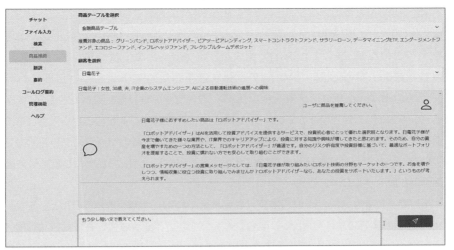

30歳の既婚女性、ITエンジニアに向けて「cotomi」が適切な金融商品を提案。文章も作成。デモではこの後、「もう少し短い文で教えてください」とのリクエストに応えています。

　NECは2024年11月に「cotomi」を更に改良したバージョンを発表しています。精度を最大限引き出す「cotomi Fast v2」と高速が特徴の「cotomi Fast v2」です。また、改良版「cotomi Fast v2」と、「GPT-4o」「Qwen2.5」をベンチマーク比較したデモを展示し、秀でた高速性を紹介しました。

● 【改良版「cotomi」（V2）の主な特長】
・cotomiの性能向上（軽量化・高精度）、ベンチマークで実証
・根拠を提示することで信頼性を向上
・ハルシネーションを検知するAI連携
・自己学習でプロンプト作成の負担を軽減（自己学習をLLMやRAGに反映）
・GPUの演算効率を2倍に高める技術
・電力効率を2倍に改善

2-9 続々と登場する日本語LLM

▶▶ 富士通 Takane

　富士通は、AI技術のブランドとして「Fujitsu Kozuchi」（こづち）を展開しています。何でも「叩き出す」ことができる魔法のハンマー「打ち出の小槌」が由来です。「Kozuchi」では、7つのAI領域に注力していて、生成AI「Generative AI」、AIモデルの設計、構築、調整を自動で行なう「AutoML」、データを活用した将来予測をより正確に行う「Predictive Analytics」、テキストについて、自然言語処理技術を通じて加工・分析する「for Text」、人間や物体の姿勢、形状、動き、文字認識など、光学機器から入力される情報をデジタルに変換し、分析・判断を行う「for Vision」、AIの学習データや判断の公平性を、Webブラウザから簡単な操作で検証する「AI Trust」、AIが出力した結果の因果関係を説明する「XAI」です。

　そして、「Fujitsu Kozuchi」の中で、「Generative AI」の大規模言語モデルとしてサービス展開しているのが「Takane」（高嶺：タカネ）です。「Takane」は、日本語言語理解ベンチマークJGLUEにおいて世界最高記録を達成したとしています。また、セキュアなプライベート環境で利用できる点を特徴としていて、大規模な文章の参照を可能にする「ナレッジグラフ拡張RAG」や、法規制や企業ルールに準拠した出力が可能な「生成AI監査技術」などから成る「エンタープライズ生成AIフレームワーク」とともに提供することで、業務に特化したLLMを実現しています。

2-10
表の意図を理解するAI

　生成AIは、ExcelのグラフやPowerPointの図の意味を理解するようになってきました。例えば、大規模言語モデルと連携したチャットボットにグラフの画像を入力したり、ロボットに図を見せたりして、グラフや図の内容を解説させることができます。機械学習が進めば、更に精度が向上し、高精度なグラフや表、チャート等も生成できるようになるでしょう。

▶ 表やグラフ、図を理解する生成AI

　Excel等の表計算ソフトで作られた表やグラフの意味を人間は理解することができ、文字で説明されるよりも解りやすい、と感じることもあります。PowerPoint等のプレゼンテーションツールで作成したスライド内の図や表も理解を助けてくれます。

　しかし、このような表やグラフ、スライドの図などは、コンピュータでは理解できないだろうと考えられていましたが、生成AIの解析によってできるようになってきています。

　グラフや表、図解にも暗黙のルールがあります。縦軸と横軸、0座標点、数字の大小、棒グラフや折れ線グラフの意味など、人間と同じようにその意味を理解できれば、表の意図も理解することができます。

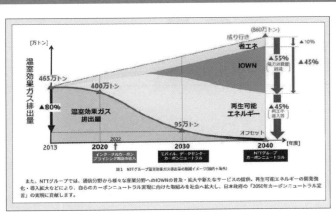

LLM「tsuzumi」のデモ1

2-10　表の意図を理解するAI

　前の画面は、NTTの「R&Dフォーラム 2023」でNTTが開発したLLM「tsuzumi」の
デモとして使われた表です。

　この表を見て「2040年のIOWNの電力消費量削減の割合は何%でしょうか?」とい
う問いをNTTの大規模言語モデル「tsuzumi」に対して出しました。

LLM「tsuzumi」のデモ２

　電力消費量の%の数値はいくつか並んでいますが、「IOWNの」という問いに対して
は、図の右端の「▲45%」が正答となります。

LLM「tsuzumi」のデモ３

　tsuzumiは見事に正答しました。

　実際の展示ブースで行われたデモの画面が次の画面です。図の意味を正確に把握して
いないと正解は出せません。

2-10 表の意図を理解するAI

LLM「tsuzumi」のデモ4

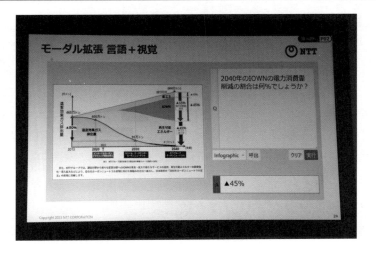

「Microsoft Office」や「Microsoft 365」の生成AI「Copilot」（コパイロット）でも、グラフや図の画像を入力し、「図の要約をして」と指示すると、図を解析した要約を文章で返してくれる機能があります。このように生成AIや大規模言語モデルは、テキストを理解するだけでなく、イラストや図、グラフの意図が理解できるようになってきました。

2-11

LLMを最大限に活用 ― プロンプトエンジニアリング

　ソフトウェア開発に必要なのはプログラミング言語の知識、専門のロボットを動かすにはその操作方法‥もしも、これらが全て自然言語でできるようになったら、重要なスキルとは何でしょうか。効率的にインターネットのキーワード検索をするにはキーワードの指定がキーとなるように、LLMに指定するプロンプトの入力スキルが重要になります。

▶▶ プロンプトエンジニアリングとは

　大規模言語モデルの有用性が認められると「大規模言語モデル」を上手に活用できるかどうかが鍵になってきました。「大規模言語モデル」は会話の文脈や意図が理解できるとはいえ、適切に質問や相談をしなければ、欲しい回答も得られません。また、AIは「どんな質問（指示）をするか」によって回答が大きく変わります（同じ質問をしても解釈によって回答が異なります）。

　ユーザーからの質問や会話の投げかけをテキストで行うことを「プロンプト」と呼ぶことは解説しましたが、AIにうまく答えさせるための最適な質問をする技術を「プロンプトエンジニアリング」と呼びます。AIと上手に付き合っていくための技術で、今後はとても重要なスキルになります。

　「Microsoft Copilot」を例にあげると、質問が曖昧だと欲しい情報やアイディアを引き出すことはできません。

　例えば「新製品をプロモーションするコツを教えて」と聞くよりも、「新製品をプロモーションしたい。SNSを使って成功した事例を3つあげてください。また、それぞれのポイントを詳しく説明してください」と具体的に聞いた方が、回答も具体的になります。

　今までのチャットボットでは一問一答が原則でしたが、トランスフォーマーは文章が複数になっても理解してくれます。

2-11 LLMを最大限に活用— プロンプトエンジニアリング

「Microsoft Copilot」に質問した回答例

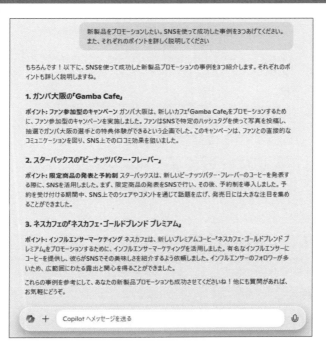

コーヒーの新製品戦略の担当者が「Microsoft Copilot」に質問した回答例。「新製品をプロモーションしたい。SNSを使って成功した事例を3つあげてください。また、それぞれのポイントを詳しく説明してください」

回答が終わった内容についてもそのまま継続したり、深掘りすることができます。

2-11 LLMを最大限に活用— プロンプトエンジニアリング

前の回答を見やすく簡潔な表組で表示

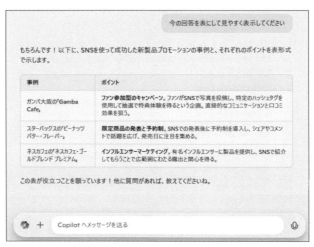

前の回答を見やすく簡潔な表組で表示してもらいました。興味のある回答について更に詳しく質問して、深掘りすることもできます。(Microsoft Copilot)

　また、より専門的な答えが欲しい場合、役割を指定するのも効果的です。例えば「あなたは薬剤師です」「あなたはスポーツ医療の専門家です」などと前置きをすることでAIは指示された役になりきって、その役のレベルで、より詳しい説明、または端的で簡潔な説明をしてくれる場合があります。

　専門用語が多いなど、AIの回答の内容が自分には難しいと感じたときは、「中学生がわかるようにやさしく教えてください」などと専門用語のレベルを指定することができます。

2-11 LLMを最大限に活用— プロンプトエンジニアリング

専門用語をなるべく使わずに回答

ChatGPT ∨

◆ プロンプトエンジニアリングとは？

プロンプトエンジニアリング（Prompt Engineering）とは、AI（特に大規模言語モデル）に、より良い回答を出させるために質問や指示（プロンプト）を工夫する技術です！

📝「AIにうまく答えさせるための質問の作り方」と考えるとわかりやすいですね！

◆ なぜプロンプトエンジニアリングが重要？

◆ AIは「どんな指示を与えるか」で、答えが大きく変わる！
◆ 適切なプロンプトを設計すると、より正確で役立つ回答が得られる！
◆ 同じAIでも、プロンプト次第で「専門家レベル」の回答を引き出せる！

📌 例：ChatGPTに「プロンプトを変えて質問」
✖「日本の歴史を教えて」（→ ざっくりした回答）
☑「日本の戦国時代について、重要な出来事を5つ挙げて詳しく説明して」（→ より具体的な回答）

◆ 具体的なプロンプトエンジニアリングのテクニック

☑ ① 明確で具体的な指示をする

👉「曖昧な質問」よりも、「具体的な指示」をすると、正確な答えが得られる！
📌 例：「マーケティング戦略」について質問する場合   ↓

「ChatGPT」で「プロンプトエンジニアリングって何」という質問で「中学生がわかるようにやさしく教えてください」と付け加えた例。親しみやすい表現で、専門用語をなるべく使わずに回答してくれます。

2-12

テキスト文字からイラストや
絵を描く — 画像生成AI

　最近では、描きたい内容を文字で指示をしてイラストや絵を描くツールが出てきました。これらの多くは生成AIが活用されています。2022年頃から「DALL-E」(ダリ) や「Midjourney」(ミッドジャーニー)「Stable Diffusion」(ステイブル・ディフュージョン) などが台頭し、一躍注目を集めました。イラストや絵画、CG風、写真風など、さまざまなタッチで生成できます。

▶▶ 文字で指示をしてイラストや絵を生成

　生成AIの出現によって、テキスト文字 (プロンプト) で指示した内容をもとに、AIがイラストや絵、写真風の画像を生成できるようになりました。もちろん高度なものは人間の熟練クリエイターには勝てませんが、ある程度のレベルのものは作れるようになっています。

　特にコストパフォーマンス (制作費用を抑えたい) や、タイムパフォーマンス (短期間で作りたい) を重視する場合、ビジネスの現場でも活用されています。また、たくさんの提案を見てアイディアを検討したい場合には、クリエイターも利用するケースが増えています。

2-12 テキスト文字からイラストや絵を描く ― 画像生成AI

多くのバリエーションのイラスト

画像生成/編集ツール「Fotor AI」の公式サイトより。多くのバリエーションでイラストや絵を描くことができます。

　最大の特徴は、描きたい内容を文字で指定できることです。従来、自分でイラストを描くにはグラフィックソフトなどを使って時間をかけて作成する必要がありました。ソフトウェアの操作方法を覚え、画力やセンスも必要です。しかし、生成AIで絵を作成する際は、文字で指定するため、画力も絵のセンスも必要ありません。しかも、気に入らないところは追加で文字を入力して書き直しを指示するだけです。

　例えば、「Canva」(キャンバ)というツールを使い、文字で「朝の通勤電車に乗るドラゴン、山手線、みんなスマホでニュースを見ている」と入力して生成したイラストが下記です(所要時間2〜3分)。

2-12 テキスト文字からイラストや絵を描く ― 画像生成AI

「Canva」ドリームラボでイラストを生成

「Canva」ドリームラボに「朝の通勤電車に乗るドラゴン、山手線、みんなスマホでニュースを見ている」と指示してイラストを生成

　よく見ると、車内と車外の風景が混同してしまっていたり、山手線とは思えない画像もありますが、今後、AIの学習が更に進めば、精度は向上していくでしょう。ところで、生成されたイラストや絵はそれぞれタッチやスタイルが異なっていると感じませんか。
　テンプレートを指定することでタッチやスタイルに統一感を持たせることができます。

▶▶ テンプレート

　画像生成AIツールでは、あらかじめ用意されたタッチやスタイルの「テンプレート」を使って、イラストや絵の生成を指示することができます。テンプレートを活用することで「デザインの一貫性」を持たせることができます。複数の画像をホームページやバナーなどに使用する場合、イラストや絵に統一感が重要になるケースがあります。その場合は「テンプレート」を使うと共通したタッチの仕上がりで生成できます。
　また、画像生成AIツールによっては、テキスト文字だけでなく、元の写真からテンプレートを使ってイラストを生成することもできます。イメージに合う写真が撮れたら、それをイラスト生成に活用できます。

2-12 テキスト文字からイラストや絵を描く ― 画像生成AI

Fotor AIでのイラスト生成例1

「Fotor AI」でペットの写真から「マンガの3D」テンプレートを使ってイラストを生成した例

Fotor AIでのイラスト生成例2

「Fotor AI」で写真から「ジブリスタイル」テンプレートでイラストを生成した例

2-12 テキスト文字からイラストや絵を描く ― 画像生成AI

「イラスト生成例1」で、画像生成に使った元の犬の写真

 AIの悪用　ディープフェイク問題

　「ディープフェイク（Deepfake）」は、AIを使って自然な（高精度な）合成映像を作成する技術です。偽の動画を作り、あたかも有名人が話しているように見せかけて騙すのです。

　初歩的なものは、カメラの前で別人が話している映像を、タレントや有名人の顔と声にすり替えるものです。別人が話している時の表情まで、有名人の表情で逐次細かく再現するため、じっくり見ないとニセモノとは気づかないものもあります。また、中には体格、服装、仕草まで合成映像で再現しているものもあります。

　過去の事例では、俳優のトム・クルーズさんの偽動画がTikTokで拡散されたり、イーロン・マスクさんなど有識者の合成映像を使って投資やオンラインカジノを勧誘したり、詐欺を働いたりした事例があります。また、アイドルの偽ポルノ映像、政治的なスキャンダルを狙ったでっち上げ映像などがあります。政治家が言ってもいない発言の映像を生成し、世論を誘導しようとする事件も起こりました。

　ディープフェイクに対しては規制や対策が求められているとともに、SNSに投稿された映像がディープフェイクかどうかを判別するAIも開発されています。

第3章

AI技術のビジネス活用

AIは今後、社会でどのように活用されていくのでしょうか。製造、物流、小売、警備、清掃、医療、介護、教育など、あらゆる分野で利用が期待されていて、既に実用化は始まっています。実用化のユースケースや今後想定される活用例を具体的に見ていきましょう。

3-1

人間と自然に会話する
コンピュータ

　人間と自然言語で会話するエージェントは「Siri」「Googleアシスタント」「Alexa」などが知られていて、スマートフォンやスマートスピーカー等でも使われてきました。ただ、従来のエージェントは、会話の精度に対するユーザーの不満も多かったのですが、大規模言語モデルを活用することで、会話の理解度も範囲も大きく拡がりました。

▶▶ 「Googleアシスタント」と「Gemini」の違い

　「OKグーグル」でお馴染みの「Googleアシスタント」をスマートフォンやスマートスピーカーで利用している人も多いでしょう。音声だけで会話できる点が非常に便利ですね。「今日の天気は?」「○×の曲をかけて」「○×(単語)の意味を教えて」「○×までの経路を教えて。所要時間は何分?」などと話しかけている人もいるでしょう。

　生成AIのひとつである「大規模言語モデル(LLM)」が登場し、「ChatGPT」や「Google Gemini」などのAIエージェントやチャットボット(質疑応答システム)は、人との会話の意図を従来よりずっと深く理解するようになり、回答も端的で正確なものが返せるようになりました。しかも、従来のように一問一答の会話だけでなく、これまでの会話の内容を考慮して、回答に対して更に質問を重ねたり、深く議論することもできます。

　では、同じグーグルでも「Googleアシスタント」と「Google Gemini」はどのような違いがあり、どう使い分けるのが良いのでしょうか。スマートフォンでは「Googleアシスタント」から「Gemini」のアイコンをタップして切り換えることができます。パソコンで「Gemini」に聞いてみると、次のような回答が返ってきました(2025年2月 Gemini 2.0Flash)。

3-1 人間と自然に会話するコンピュータ

音声で文章を読み上げて回答してくれる

Gemini ▾
2.0 Flash

◆ Gemini Advanced を試す

「Googleアシスタント」と「Gemini」の違いを教えて

✦ GoogleアシスタントとGeminiは、どちらもGoogleが開発したAIですが、それぞれ特徴が異なります。

Googleアシスタント

- 音声アシスタント: 音声での指示や質問に答えることに特化しています。
- スマートホーム連携: スマートホームデバイスの操作に優れています。
- 日常タスク: リマインダー設定、アラーム、情報検索など、日常的なタスクをサポートします。

Gemini

- 生成AI: テキスト、画像、音声など、多様なデータを生成・処理できます。
- 高度な会話: より複雑な質問や会話に対応できます。
- 創造的な作業: 文章作成、翻訳、プログラミングなど、創造的な作業を支援します。

主な違い

特徴	Googleアシスタント	Gemini
役割	音声アシスタント	生成AI
得意なこと	スマートホーム操作、日常タスク	高度な会話、創造的な作業

+ Gemini に相談 🎤

スマートフォンの「Gemini」アプリで発話して聞くと、音声で文章を読み上げて回答してくれます。

【Gemini の回答】

Google アシスタントと Gemini は、どちらも Google が開発した AI ですが、それぞれ特徴が異なります。

・Google アシスタント

音声アシスタント：音声での指示や質問に答えることに特化しています。

スマートホーム連携：スマートホームデバイスの操作に優れています。

日常タスク：リマインダー設定、アラーム、情報検索など、日常的なタスクをサポートします。

・Gemini

生成 AI: テキスト、画像、音声など、多様なデータを生成・処理できます。

高度な会話：より複雑な質問や会話に対応できます。

創造的な作業：文章作成、翻訳、プログラミングなど、創造的な作業を支援します。

3-1　人間と自然に会話するコンピュータ

・主な違い

特徴	Googleアシスタント	Gemini
役割	音声アシスタント	生成AI
得意なこと	スマートホーム操作、日常タスク	高度な会話、創造的な作業
対応形式	音声	テキスト、画像、音声

田 Google スプレッドシートにエクスポート

・どちらを選ぶべきか

日常的なタスクやスマートホーム操作には、Google アシスタントが便利です。
より複雑な質問や会話、創造的な作業には、Gemini が適しています。

・補足

Gemini は、Google アシスタントの後継という位置付けではありません。
今後、Gemini の機能が Google アシスタントに統合される可能性があります。

▶▶ 大規模言語モデルが示す未来

　大規模言語モデルのAIエージェントは、スムーズな会話をやりとりするために基本的なスキルや技術を学んでいて、更にインターネット上の情報を検索して、その結果をまとめ、AIエージェントの言葉で返します。

　冒頭に結論を述べておき、更に最後にも「まとめ」的な箇条書きを表示するケースも多く見られます（とても解りやすい構成だと感じます）。

　この機能を使うと、人とAIエージェントが会話によって親和性を深めることができます。将来的にはAIエージェントがその人のプロフィールや性格、属性、好きなこと、詳しいことと疎いことなどを学習し、まるで自分のことをよく知った親友のような回答を返してくれたり、仕事の相談にのってくれたり、アイディアを出し合うような関係になるかもしれません。

　更に、これまで解説したきたように、文字や言葉で言って、イラストや絵を描けるようになっています。これは描くだけでなく、あらゆる作業が会話で指示できるようになる可能性を示唆しています。「お得意先の○×さんに、誕生日おめでとうメールの文章を作成して」「○月から×月までの月次推移の棒グラフを作って」など、キーボードで指示し

3-1 人間と自然に会話するコンピュータ

ていたことの多くが会話入力や音声で指定できるようになるでしょう。

　そして、人とコンピュータ（システム）が自然言語で会話ができるようになるということは、AIと別のAIが会話でコミュニケーションしたり、AIと別のロボットが会話したり、別のロボット同士が会話でやりとりできるようになる、とも考えられています。

大規模言語モデルが示す未来

大規模言語モデルのAIエージェントは、基本的なスキルや技術を学んでいる

スムーズな会話をやりとりができる

インターネット上の情報を検索して結果をまとめて、AIエージェントの言葉で返す

人とAIエージェントが会話によって親和性を深めることができる

将来的にはAIエージェントが親友のような回答を返してくれたりするかもしれない

AIと別のAIが会話でコミュニケーションしたり、やりとりできるようになる、とも考えられている

第3章 AI技術のビジネス活用

3-2

工場を丸ごとデジタルツインで構築 — メルセデス/BMW

「デジタルツイン」は、現実の世界をコンピュータ上の仮想空間で再現する技術です。オフィスや工場、街や道路を丸ごと仮想空間に作ることもあります。その中では建物や機械、家具や机などが正確に再現され、人や車が行き交っています。いったいどのような目的で構築するのでしょうか。

▶▶ 「デジタルツイン」をBMWが導入する理由

欧州では、自動車メーカーで有名なBMWやメルセデスが、工場を丸ごと「デジタルツイン」で構築していることを発表しています（BMWはNVIDIAのイベント「GTC」において、メルセデスはCES 2023で発表）。

「デジタルツイン」とはメタバース技術のひとつで、現実の世界をコンピュータ上の仮想空間で再現する技術です。BMWやメルセデスは、NVIDIAのデジタルツイン基盤（デジタルツインを作るための大規模システム）「Omniverse」（オムニバース）を使い、自動車を製造する実際の工場を仮想空間上に構築しています。

デジタルツインは現実の工場とそっくりに再現されています。BMWによれば「ひとつのEV工場は現実社会の工場が稼働するする2年前から仮想工場（デジタルツイン）で作業を開始することで、BMWグループは最適で効率的、円滑な運営を確保できるようになった」と語っています。

NVIDIAとBMWは「BMWの工場では、年間に200万台以上、1分に1台の自動車を生産し、同じものは1台もない。工場では57,000人が働いている。その最先端の工場はデジタルツインが導入されていて、BMWとNVIDIAは協力して仮想空間上に未来の工場を作っている。それはOmniverceでシミュレーションされ、ロボットと人間が協働する工場が実現している」と語っています（発表のあった2021年時点）。

3-2 工場を丸ごとデジタルツインで構築── メルセデス/BMW

> デジタルツインで構築したBMWの工場（仮想空間）

出典：NVIDIA
https://www.youtube.com/watch?v=JBB6DmuidCA

　自動車工場では、生産する車種によってラインや機器、ロボット、作業スタッフなどを変更して対応しています。限られた工場のスペースを効率的に活用し、機器やロボット、人を配置するのはとても複雑な作業です。これをシミュレーションするのにデジタルツインが役立ちます。

　仮想空間上でラインや機器、ロボットを変更して配置をシミュレーションして仮想的に稼働させます。数種類のパターンを試行した上で、最も効率的な配置や運用方法を見極めてから、実際のリアルな工場に人員のシフトや機器の配置を反映します。最適な配置方法の提案にもAIが使われます。

　実世界でのラインや機器の配置変更には時間と手間がかかり、工場の稼働が一時的に止まってしまう（ダウンタイムと呼びます）こともありますが、デジタルツインで前もって最適な方法をシミュレーションしておくことで、ダウンタイムを最小限に抑えることができます。

3-2　工場を丸ごとデジタルツインで構築― メルセデス/BMW

▶▶ メルセデスも導入、世界中の工場と同期

　メルセデスも同様に、ドイツのラシュタットにあるメルセデス・ベンツ工場で、AIと「デジタルツイン」を導入していることを発表しています。この工場では、同社の「Aクラス」「Bクラス」「コンパクトSUV」のGLA、電動EVの「EQA」を製造しています（発表時）。

　また、デジタルツイン「Omniverse」と同社のMicrosoft Office365データプラットフォームに接続（Microsoft Cloudと自動車工場を接続）することで、どこからでも工場の状況を確認することができ、更には世界中のどこの工場でも同期できるようになるとしています。この機能によって、グローバルな生産ネットワーク全体で運用が合理化され、製造機器の無線によるソフトウェア・アップデートが可能になるということです。

メルセデス・ベンツのデジタルツインで構築した工場（仮想空間）

出典：NVIDIA

3-3

見えない電波をデジタルツインで可視化 ― エリクソン

　デジタルツインとAIには、電波や騒音など、目に見えないものを可視化してシミュレーションする、という利点もあります。通信事業者などは、街を丸ごとデジタルツイン化して、電波の届く範囲を目で確認しながら、最適な通信基地局の設置位置を検討する、という作業を行なっています。

▶▶ 街ごとデジタルツインで構築

　スウェーデンに本社を置く大手通信機器メーカーのエリクソン (Ericsson) も、NVIDIAのデジタルツイン基盤「Omniverse」（オムニバース）を使って、デジタルツインを構築している企業のひとつです。エリクソンの場合、都市や街全体をデジタルツインで構築し、スマートフォンなどで使うモバイル通信（4G/5G）の電波が届く範囲や電波の死角をAIとデジタルツインを使ってシミュレーションします。

　電波は周波数によって特性が異なり、周波数が高いほど大容量で高速に通信できるものの、直進性が強く、回り込みが苦手です。回り込みが苦手ということは、基地局から飛ばす電波が、建物や壁、樹木など障害物に阻まれたり、他の基地局や他の電波との干渉などによって通信しづらい問題が発生します。とはいえ、電波は目で見えないので、屈折や障害物での減衰する（電波が弱まる）様子は確認することが困難です。

　そこで、5G基地局を設置してそこからやりとりする5Gの電波を可視化（見える化）、電波が届く範囲や屈折する範囲を確認したり、干渉する範囲を想定、仮想空間の街のどこに基地局を設置するのが効率的か、電波と通信状況をシミュレーションできる仮想空間の街をデジタルツインで丸ごと構築しました。これによって現状を具体的に把握し、継続的に最適化をおこなう作業が著しく効率化したのです。

　この発表をおこなった際（2021年）、エリクソンはこれから5年間で1500万の5G基地局やマイクロセル（範囲の狭い通信エリア）を世界中で展開していく予定ということでした。実際の街で基地局を設置して細かく試験するのは時間と手間がかかるため、予めデジタルツインの都市を構築し、建物や植林まで仮想空間にリアルに再現し、最適な

3-3　見えない電波をデジタルツインで可視化 ― エリクソン

カバレッジ（通信範囲のカバー）とネットワークのパフォーマンスを向上させています。

デジタルツインで構築した街と、5G基地局を設置した場所

出典：NVIDIA（2021年）

実際の街の写真（左）と、デジタルツインで構築した仮想空間の街（右）

3-3 見えない電波をデジタルツインで可視化 — エリクソン

基地局から通信できる通常電波の範囲を可視化

通信範囲を可視化

電波を特定の方向に送受信するビームフォーミングで飛ばした場合の、電波の屈折などを加味した通信範囲を可視化

3-4

大阪・関西万博に向けて多言語で
観光案内するロボット ― NTTとugo

製造業から物流、小売、教育、医療など、様々な分野で人手不足が深刻になっています。大規模言語モデルを使うとAIによる会話応対の能力が著しく向上するので、質疑応答や案内業務で導入が進められています。中でも物理的な存在としてロボットを活用して、インバウンド顧客に多言語案内するユースケースが注目されています。

▶▶ ロボットを通して大規模言語モデル「tsuzumi」で会話案内

大阪市高速電気軌道（Osaka Metro）と、NTT西日本グループ、NTTコミュニケーションズ、ugo（ユーゴー）の4社は、2025年1月15日から、Osaka Metro御堂筋線「梅田駅」構内にあるポップアップ型の販売店舗「Metro Opus梅田店」で、案内ロボットとして「ugo」を配置すると発表しました。

案内ロボットの「ugo」は、遠隔からの操作と、自律的に巡回する機能の両方を持った人型のロボットです（移動は二足歩行ではなく車輪を使っています）。店舗を利用する人に対して挨拶したり、Metro Opusで販売する商品を案内したりします。また、利用者からの問いかけに対応する「対話」機能では、利用者の使用する言語に合わせ、多言語での案内や回答に対応しています。

対話には、NTTグループが開発している大規模言語モデルの「tsuzumi」（つづみ）をはじめとした、複数の生成AIを活用します。大規模言語モデルは会話能力が高く、利用者の意図を理解して質問の回答ができるので、梅田駅や大阪駅、その周辺に関する質問にも、ある程度のレベルで回答できるのではないか、と期待されています。

まずは約2ヶ月間試してみて、実績が上がるようなら、「2025年大阪・関西万博」のインバウンド旅行者の増加に向けて、多言語での活用に導入する予定です。梅田駅だけでなく、万博の最寄り駅となる中央線夢洲駅でも社会実験や実践導入も検討されています。

3-4 大阪・関西万博に向けて多言語で観光案内するロボット ― NTTとugo

▶▶ 多言語で観光客に対応する案内スタッフの人材不足

　日本国内では、少子高齢化に伴う人口減少が進行していて、ほとんどの業種で人材不足が深刻な課題となっています。この事例のように、サービス業や小売業、交通機関でも、外国人観光客が急増している地域では特にスタッフが足りません。更には、インバウンド観光客向けに多言語で対応できる人も不足しているものの、スタッフが多言語で個別のニーズに応えるには限界があるため、ロボットや大型の画面（デジタルサイネージ）など、新たなテクノロジーを活用して、周辺や施設案内、観光に関する質疑応答をおこなうシステム（ソリューション）が求められています。

質疑応答・案内ロボットの実証実験

出典 大阪市高速電気軌道

　大阪メトロは、万博の来場者で駅構内の利用客が急増することに対応するため、案内ロボット「ugo」と、NTT西日本グループ、NTTコミュニケーションズが開発している大規模言語モデル「Tsuzumi」を活用して質疑応答・案内ロボットの実証実験を行います。

▶▶ 東京にいるオペレータが新千歳空港のアバターロボットを操作

　新千歳空港（札幌）では、周辺地域の観光振興や空港業務の効率化に向けて、ANAホールディングス発のスタートアップ、avatarin株式会社（アバターイン）による、アバターロボットを使った実証実験が行われました。このロボットは東京から遠隔操作でオペレータが操作して、新千歳空港内で困っている人をみつけて近づき、顔が写った画面か

3-4 大阪・関西万博に向けて多言語で観光案内するロボット ─ NTTとugo

ら呼びかけて、トラブルの解消や施設案内、観光案内などをおこなうことができます。オペレータにはなるべく多言語に対応できる人を配置し、インバウンド客のフォローをおこなっています（実施したのは、2024年12月10日〜16日と、2025年1月24日〜30日の期間です。

avatarinが独自開発したアバターロボット「newme」（ニューミー）。

出典 avatarin

ソニーワイヤレスコミュニケーションズ株式会社（SWC）が採択された総務省の「令和6年地域デジタル基盤活用推進事業（実証事業）」に参画するもので、北海道エアポート株式会社の協力のもと、新千歳空港周辺の観光振興と空港業務の省力化を併せて実現する実証事業として実施されています。

3-5

注目を集める人型ロボット
― ヒューマノイド

「ヒューマノイド」は人に似たロボットで、2025年1月時点で最も注目されているロボティクス技術のひとつです。「ヒューマノイド」にはどのような利点があり、どのようなロボットがあるのでしょうか。最新情報をまとめてみましょう。

▶▶ AIとヒューマノイド

「ヒューマノイド」(Humanoid)はヒト型のロボットのことです。人間のような形状をしていることが基本ですが、二足歩行で歩くロボットのほか、車輪で移動する形状のものも、上半身がヒト型であればヒューマノイド（またはセミヒューマノイド）と呼びます。また、ヒト型であっても、ひと目見てロボットだとわかるものの他に、顔や表情、肌の質感など、人間そっくりのロボットも「ヒューマノイド」と呼んでいます。

2025年1月の時点で、「ヒューマノイド」は最も注目されているロボット技術のひとつです。というのも、AIによって身体能力が向上し、更に大規模言語モデルによって自然な会話能力も得たからです。

米国と中国を中心に次々にヒューマノイドが発表され、工場などで実証実験が開始されています。自動車メーカーのBMWやメルセデス、Amazonの物流倉庫などで試験導入されています。

3-5 注目を集める人型ロボット— ヒューマノイド

ヒューマノイド「オプティマス」1

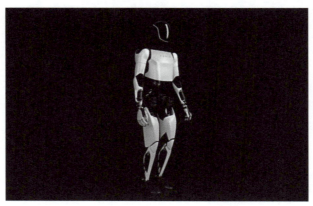

米テスラが2026年に生産開始を予定しているヒューマノイド「オプティマス」。
出典 Tesla Motors

ヒューマノイド「オプティマス」2

2024年10月に稼働を公開された「オプティマス」。

3-5 注目を集める人型ロボット— ヒューマノイド

ヒューマノイド「オプティマス」3

テスラは家庭にヒューマノイドが入り、人々の生活を支援するシーンを提案しています。

米ボストンダイナミクスがヒューマノイドを開発中

ヒューマノイドで先進的な米ボストンダイナミクスは、韓国のヒョンデ（現代自動車）の傘下になり、実用的な電気モーター式のヒューマノイドを開発中です。
出典 Boston Dynamics（YouTube）

3-5 注目を集める人型ロボット── ヒューマノイド

Unitreeの「G1」

片脚でケンケンしたり、押したり足払いされても倒れなかったりと、高い身体能力で注目されるUnitreeの「G1」。
出典 Unitree（YouTube）

Agility Roboticsの「Digit」

Amazonの物流工場で実証実験として導入されたAgility Roboticsの「Digit」。
出典 Agility Robotics（YouTube）

3-5 注目を集める人型ロボット― ヒューマノイド

Apptronikの「Apollo」

メルセデスの工場でテスト運用の検討が始まったApptronikの「Apollo」。
出典 Apptronik

米Figure AIのヒューマノイド「Figure 01」

OpenAIのChatGPTと連携し、人と音声で会話、意図を高性能に認識し、指示に従ってリンゴを手渡す様子。
出典 Figure AI（YouTube）

3-5　注目を集める人型ロボット— ヒューマノイド

▶▶ ヒューマノイドの利点

　建物や施設、器具や乗り物など、人間社会のために作られたものは、当然ですが人間が使いやすいようにデザインされています。そのため、家庭用の掃除ロボットや配膳ロボットは、段差や階段が苦手ですし、ドアノブを回すことさえできません。その点で人間のような腕と手、足を持つヒューマノイドは、階段を登り降りして別のフロア（階）に移動し、ドアを開けて別の部屋に行くことができます。掃除機や台車を使うこともできるでしょう。進化したAIによって、最新のヒューマノイドはバランス能力が研ぎ澄まされていて、躓いたり滑ったりしてもなかなか転びません。歩く速度も人間の歩行スピードとほぼ同等になっています。

▶▶ ネコ型配膳ロボットのPUDUもヒューマノイドを発売

　すかいらーくグループが全国の「ガスト」や「しゃぶ葉」などで、約3,000台のネコ型配膳ロボットを導入しました。レストランで料理を運んでくれるロボットを見た人も多いでしょう。あの配膳ロボットは中国のロボットメーカーPudu Roboticsが開発・製造したロボットです。そのPudu Roboticsが2024年12月に二足歩行のヒューマノイド「PUDU D9」を発売することを発表しました。視覚、触覚、力覚、聴覚を搭載し、人間のように交流できるといいます。

　そうなると、これからは配膳ロボットもヒューマノイドに置き換わるのだろうか、と話題になりましたが、そう簡単な話でもありません。ヒューマノイドは比較的高価で、メンテナンスも高額になります。バッテリーの使用時間が短いのも課題です。その欠点を補うだけの能力として求められるのは「汎用性」（はんようせい）です。汎用性とは、人間のようにいろいろなことができる能力です。配膳ロボットは配膳だけに特化したロボットですが、それに代わってヒューマノイドが導入されるとすれば、台車を押して配膳するだけでなく、食べ終わった食器を下げ膳したり、テーブルや床面を清掃したり、あるいは来店客からの簡単な質問に応えたり、食器やおしぼりを取ってくるなどの依頼に応える能力が要求されると思います。これら汎用性は、AIが作業を学習し、できる仕事を少しずつ増やしていくことで充実していきますが、それにはもう少し時間がかかると見込まれています。

3-5 注目を集める人型ロボット— ヒューマノイド

Pudu Roboticsのヒューマノイド「PUDU D9」1

Pudu Roboticsが2024年12月に発表したヒューマノイド「PUDU D9」。大人と同等の速度2m/秒で二足歩行することができ、階段や坂道（登坂できる角度は最大10度）、足元の悪い道でも移動できる。

出典 Pudu Robotics

Pudu Roboticsのヒューマノイド「PUDU D9」2

身長は170cm、体重65kgで。全身の関節は42自由度。20kg以上の荷重に対応する7自由度のロボットアームを2本、11自由度の5本指を搭載。

3-5 注目を集める人型ロボット— ヒューマノイド

Pudu Roboticsのヒューマノイド「PUDU D9」3

同社が開発した深層学習と強化学習アルゴリズム（AI）によって、床清掃のタスクをはじめとして、様々な業務をこなすと言われています。

3-6

NVIDIAが「ヒューマノイド」の開発を支援

ヒューマノイドは、最も難しいとされているロボティクス技術のひとつです。しかし、2025年はヒューマノイドの実用化が一気に進む可能性があります。その理由は、AI業界で中心となってきた半導体「GPU」と、AI開発基盤をサービス提供してきたNVIDIA社が「AIの次はロボットでありヒューマノイドだ」と公言し、新プロダクトを投入するからです。

2025年にNVIDIAが「ヒューマノイド」の開発環境を提供へ

2024年3月、米国シリコンバレーで毎年開催されている、GPUとディープラーニングの世界最大規模のテクノロジーカンファレンス「GTC 2024」（主催:NVIDIA）において、AI用の半導体「GPU」を開発供給しているNVIDIAの創業者/CEOのジェンスン・ファン氏は基調講演で、二足歩行のヒューマノイドたち（映像）をステージ上にあげ、「2025年には新しい高性能なAI用GPU「Jetson Thor」（ジェットソン・ソー）の供給を開始するとともに、ヒューマノイドロボットを開発するための基盤（総合プラットフォーム）「GR00T」（ジーアールゼロゼロティー:通称グルート）を提供すると発表しました。

「ヒューマノイド」の開発環境を提供開始

GPUとディープラーニングの世界最大規模のテクノロジーカンファレンス「GTC 2024」

↓

「2025年には新しい高性能なAI用GPU「Jetson Thor」の供給を開始する

↓

ヒューマノイドロボットを開発するための基盤「GR00T」提供すると発表

3-6　NVIDIAが「ヒューマノイド」の開発を支援

NVIDIA 創業者/CEOのジェンスン・フアン氏

「GTC 2024」基調講演でのNVIDIA 創業者/CEOのジェンスン・フアン氏。2025年にヒューマノイドの開発を支援する環境を提供することを発表。

ステージにズラリ勢揃いした二足歩行のヒューマノイドたち

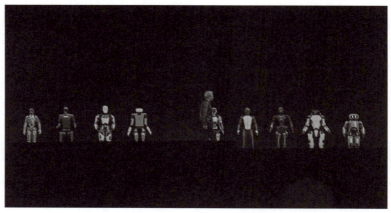

二足歩行のヒューマノイドたち（映像）がステージにズラリ勢揃いした圧巻の光景。どのロボットもNVIDIAの超小型AIコンピュータ「Jetson」シリーズを搭載しています。

　AIの機械学習や推論には、高速な演算能力が重要で、AIの演算能力を高める半導体「GPU」が必要です。「GPU」は以前はグラフィックスチップ（パソコンの画像や映像を高速に表示するチップ）として開発されてきましたが、NVIDIAは「GPU」がAIの演算にも有効であることに注目し、GPUをAI分野で活用するためのソフトウェアやSDK（開

発キット）を多くの技術者に提供しました。これによって数多くのプログラマーがAI分野に進出し、実用的なAIサービスを開発してきました。

　すなわち、NVIDIAは半導体としてのGPUだけでなく、それを活用するための開発基盤も提供することで、それまでAIに詳しくなかった一般の技術者でも、AIシステムを開発しやすい環境を提供してきたのです。それが現在、GPUとAI技術で圧倒的な地位を築けた理由です。

　そのNVIDIAが、AIの活用分野として次に注目しているのがロボットです。そして、ロボットの中でも特に高度で難しいと言われているヒューマノイド分野に向けて、2025年には高性能なGPUアーキテクチュアと共に、開発環境を技術者向けに提供していくことを公言しました。

AI向けGPU「Jetson Thor」。

2025年の前半に発売が予定されている、NVIDIAの新しいエッジAI向けコンピュータチップ（GPU）「Jetson Thor」。
出典：NVIDIA

▶▶ ロボット開発に必要な3つの環境

　ロボットの開発には、シミュレーション環境が重要になります。例えば仮に、自転車に乗るロボットを開発するとします。現在のAIは自転車に乗る練習をして、すぐに転んでしまうとそれはペナルティ、転ばずに数メートル進めれば報酬を与え、それを繰り返すことで、ロボットはバランスをとって自転車に乗れるようになります。しかし、リアル社

3-6 NVIDIAが「ヒューマノイド」の開発を支援

会でロボットが失敗して自転車と共に転倒してしまうと、ロボットは損傷して修理のための費用と期間がかかってしまい効率がとても悪くなります。一方、シミュレーション（仮想空間でのトレーニング）環境を作って、リアル世界と同じ仮想空間でロボットが自転車に乗る練習をすれば、失敗しても費用や期間のロスが生じません。こうしたことから、リアルなシミュレーション環境を開発し、ある程度ロボットがタスクを学習してから、リアルな環境にフィードバックして実験することが主流になっています。

NVIDIAは、「ロボットの基本的な開発環境（AI機械学習と推論）」-「シミュレーション環境を構築するプラットフォーム（テストとトレーニングを行い成功と失敗をフィードバックする環境）」-「リアルにロボットで試してフィードバックする環境（エッジAI）」を回すことで、ロボットの精度を上げていくことを提案しています。

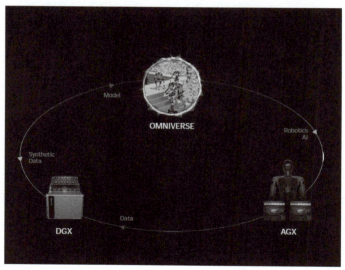

実践トレーニングしてフィードバック

ロボットに必要なAIの基礎開発（機械学習とAI推論）「DGX」-トレーニングと経験のためのデジタルツイン（Omniverse、NVIDIA Isaac）-ロボットに搭載したAIで実践トレーニングしてフィードバック（エッジAI:AGX）
出典：NVIDIA

3-6 NVIDIAが「ヒューマノイド」の開発を支援

自然言語で指示やトレーニング学習を行う

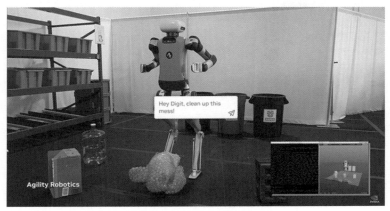

デジタルツイン環境で人間の自然言語で指示やトレーニング学習を行うヒューマノイド「Digit」の例
出典：NVIDIA

　そして、2025年はヒューマノイド向けのGPUとともに、この3つの環境を提供することを公言しています。それにより、多くの技術者がヒューマノイドを開発したり、既に発売されているヒューマノイドに対して業務用の作業を学習、トレーニングする環境を利用しやすくなるのです。

　ヒューマノイドを実用化するための開発はとても困難ですが、開発環境が整い、多くの技術者や企業が参入すれば、実用化が加速する可能性を秘めています。

3-7

メーカーが異なるロボット同士が日本語でコミュニケーション ─ ユカイ工学

　生成AIで注目されている大規模言語モデルは社会を一変する可能性を持つ、と言われています。「大袈裟では？」と感じるかも知れませんが、そのヒントがAI同士の会話やロボット同士の会話にあります。

▶▶ 日本語で会話し、意思疎通するロボットたち

　コンピュータの言語能力が高くなると、どんなことが起こるのか。

　2024年9月、東京で開催されたイベント「Japan Robot Week」の展示ブースで、ユカイ工学は大規模言語モデルを使うと、メーカーが異なるロボット同士が会話して作業を協働できることを展示しました。展示内容は、展示ブースの来場者と話をして、興味のあるものや趣向を聞いた上で、ロボットがカプセルトイ（ガチャガチャ）を回して、出てきたカプセルトイを来場者に進呈する、それを3台のロボットが協働して行うというものでした。

　この展示のポイントは、高度な会話機能を持つと、メーカーやシステムが全く異なるロボットであっても、またロボット同士が初対面であっても、ロボットが連携できる可能性を示唆したもので、試験的ではあるものの具体的なカタチとして公開したのはとても意義のあることでした。

「Japan Robot Week」のユカイ工学の展示ブース

会話ロボット、自動搬送ロボット、ロボットハンドが連携して協働するデモを公開。

3-7 メーカーが異なるロボット同士が日本語でコミュニケーション ─ ユカイ工学

連携して協働するデモ1

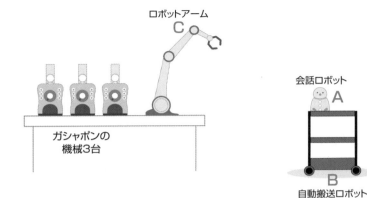

●人とロボットが会話

ブースには3台のロボットが配置され、3台とも大規模言語モデルと連携し、日本語を理解する機能を持っています。1台は会話ロボットA「BOCCO emo」(ユカイ工学製)で、来場者と会話して好みを分析します。

連携して協働するデモ2

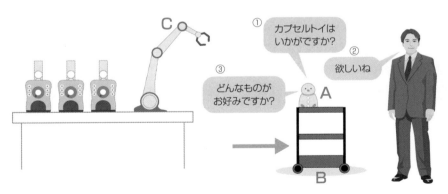

会話ロボットAは来場者と日本語を使って大規模言語モデルでコミュニケーション。その人の好みや趣味を分析します。

3-7 メーカーが異なるロボット同士が日本語でコミュニケーション ― ユカイ工学

●会話ロボットが搬送ロボットに移動を依頼

会話ロボットAは、自動搬送ロボットB「Kachaka」(Preferred Robotics製) が運ぶ棚の上に乗っていて、来場者の好みを分析したロボットAは、ロボットBに対して「カプセルトイのところに連れて行って」と日本語で発話します。それを聞いた自動搬送ロボットBはロボットAを乗せて協働型ロボットアームC「COBOTTA」(生成AI搭載のJullie: デンソー／デンソーウェーブ) のところに移動します。

連携して協働するデモ3

カプセルトイに
連れて行って

了解、
カプセルトイに
移動しますね

会話ロボットAは自動搬送ロボットBに「カプセルトイのところに連れて行って」と日本語で依頼し、自動搬送ロボットBはロボットAを乗せて移動を始めます。

●会話ロボットがロボットアームに来場者の情報を伝達

到着すると自動搬送ロボットBはロボットAに「到着しました」と告げて、それを合図にロボットAは協働型ロボットアームCに対して、来場者の様子 (明るい／落ち着いた感じなど) や声のトーン、好みの予想などを日本語で伝えます。

3-7 メーカーが異なるロボット同士が日本語でコミュニケーション — ユカイ工学

連携して協働するデモ4

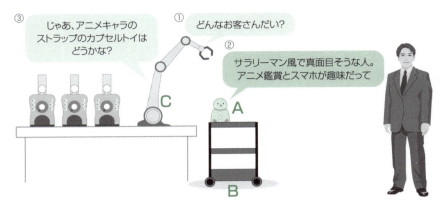

会話ロボットAはロボットアームCに来場者の好みを伝えます。ロボットアームCはその情報を分析して、3種類あるカプセルトイの中から最適なものを提案します。

　その情報を聞いてロボットアームCは来場者に最も合っていると思われるカプセルトイのガチャを回してカプセルを渡します。会話ロボットAは再び自動搬送ロボットBに依頼して、来場者の元に景品を持って戻ります。

連携して協働するデモ5

会話ロボットAが同意すれば、ロボットアームCはカプセルトイを回して取り出します。

ここで重要なのは、人とロボット、そして3台のロボット同士のやりとりがすべて日本語で伝達されていることです。

▶▶ 異種のロボットたちが自由に会話する未来

今までであれば、ロボットは通信などでオンライン接続され、プログラム言語とロボット同士が共通のコマンド（API）でやりとりする専用のシステムが必要でした。

では、私達人間の場合はどうでしょうか。日本語という共通の言語あって、日本語を通じてやりとりして、作業を共同して行なったり、コミュニケーションをとったり、意思の疎通をしています。AIと人間が大規模言語モデルを通してコミュニケーションできるようになるということは、ロボットやAI、コンピュータ同士であっても、大規模言語モデルを通して、まるで人間がやっているように日本語によるコミュニケーションが可能になります。それはメーカーや用途が異なるロボットであっても、初対面のロボット同士であってもコミュニケーションが成立する可能性が高いのです。

プログラマーとAIが協働

AIは既に簡単なプログラミングコードを書くことができるようになっていて、多くのプログラマーが活用しています。また、プログラミングの経験がない人がAIを使ってプログラムを作成するケースも出てきています。

AIは、多くのプログラミング言語のソースコードを大量に学習し、自然言語をプログラミング言語に変換する技術が使われています。大雑把に言えば、日本語から英語やスペイン語などに翻訳するのと同様に、日本語から特定のプログラミング言語に変換するのです。また、「このPythonをJavaScriptに変換して」と言ったように特定のプログラミング言語から別の言語への変換も可能になってきています。

プログラマーにとっても、1から10までコードを自分で書くより、簡単な部分はAIに任せて、複雑な部分を自身で書いた方が効率的です。このようにプログラミングも人とAIの協働が重要な時代になっています。

3-8

自動巡回ロボットと生成AI活用の
メリット（警備/製造業/プラント）― ugo

警備・点検業務は慢性的な人手不足に陥っています。そこでAIとロボットによる作業の自動化が期待されていて導入が進められています。このようなユースケースでは、AIはどのように活用されているのでしょうか。また、生成AIは今後、どのような変化をもたらすのでしょうか。

▶▶ 工場の巡回点検作業をAIとロボットで自動化

2024年6月、ugo株式会社（ユーゴー）と株式会社日立プラントサービス、株式会社日立システムズは、自律走行する業務DXロボット「ugo mini」を使って、工場の巡回点検作業を自動化するサービスを発表しました。

「ugo mini」は工場やプラントの敷地内で、予め指定されたルートを自律的に巡回走行し、所定のメーターを読み取り、その数値をシステムに保存、解析します。

自動巡回ロボット「ugo mini」1

工場やプラントで自動巡回業務を行うロボット「ugo mini」。指定されたメーターを読んで数値を記録していきます。メーター自動読み取りシステムには日立の高精度な「CYDEEN」が利用されています。

3-8 自動巡回ロボットと生成AI活用のメリット（警備/製造業/プラント） — ugo

自動巡回ロボット「ugo mini」2

「ugo mini」に搭載したカメラでメーターを読み取っているところ

自動巡回ロボット「ugo mini」3

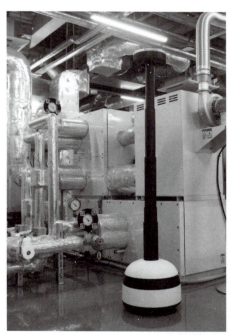

高い位置にあるメーターも、「ugo mini」は自動でカメラのアーム機構を伸ばして読み取る

　大規模な工場やプラントでは、異常がないか定期的にメーター類やガスの濃度等を確認する作業があります。従来、この巡回・確認作業は人手によって行われてきましたが、

人手不足のため、ICT技術による自動化が要望されています。

　また、製造業、物流倉庫、オフィスなど、多くの分野において巡回警備業務が全般的に人手不足のため、ロボットによる自動化は進められています。

　AIはまず、巡回の自動走行で活用されています。ロボットは施設のマップデータを持ち、巡回ルートが設定されますが、工場内では人が通行していたり、障害物となるモノが走行ルート上に置かれていたりする場合があり、その際は衝突を避けて走行する必要があります（自動運転の技術です）。ロボットには複数のセンサーが搭載され、人や台車、器材などをAIが適切に認識して安全に走行します。

　AIはメーターの解析にも使用されます。カメラ画像からメーターの針（アナログの場合）や、数値（デジタルの場合）を読み取り、異常な数値を示している場合は、すぐにスタッフに通知します。また、ガスの濃度を測定するなど、各種センサーもロボットには搭載されていて、異常がないかの確認に使われています。

▶▶ 将来は会話によってロボットに指示

　今後は生成AIによって、スタッフとロボットが日本語での会話によってやりとりできるようになることが期待されています。例えば、ロボットの巡回ルートを変更したり、緊急で確認して欲しい場所に移動を指示する場合、現在はパソコンやタブレット等を使い、専用のアプリで指示をしたり、技師によるプログラミングが必要です。しかし、大規模言語モデルの登場により、将来的にはスタッフがロボットに「今回は巡回の帰りに工場Aに寄って、メーターBを確認してきて」や「一番奥の工場の濃度を調べてきて」など、日本語でロボットに指示できるようになると考えられています。

3-9
コールセンターのオペレータ支援

コールセンターやコンタクトセンターのオペレータは、顧客や社員からの質問に迅速、かつ的確に回答する非常に難しい業務をこなしています。時にはそれほど詳しくない内容の質問を受けたり、新人は熟練オペレータのお手本を必要としたりするケースもあります。これをAIが支援する、そのような取り組みはずいぶん前から始まっています。

▶▶ コンタクトセンター業務と対話型AI

ソフトバンクが100％出資する企業のGen-AX（ジェナックス）は、2025年1月、コンタクトセンターやバックオフィス部門向けに、照会応答業務を生成AIが支援する生成AIクラウドサービス（SaaS *）「X-Boost（クロスブースト）」の提供を開始すると発表しました。

コンタクトセンター業務や照会応答業務には、大きく分けて2種類があります。ひとつは社外のユーザーからの問合わせに答えるコールセンターやサポートセンターです。消費者向けに開設されているものも多く、利用したことが誰でもあると思います。

もうひとつが社員からの問合わせに対応する社内向けの総務的な業務です。法律、社内規則、就業、休暇、売掛や請求、支払いなど、内容は多岐に渡っています。

専門のスタッフやオペレータが、メールや音声で問合わせに対応しているものの、人手不足に加えて、業務負荷が大きいため、人材確保に苦心しているのが実状です。また、新人と熟練者など、応対するスタッフのスキルによって品質のバラツキにも課題があります。

---

* 「SaaS」（サース）は、Software as a Serviceの略称で、サービスを提供する事業者（この場合はGen-AX）がソフトウェアとサーバを稼働させて、インターネット経由でユーザーが利用できるサービスを提供する、クラウドサービスのひとつです。

3-9 コールセンターのオペレータ支援

コールセンターの応対業務

出典：Gen-AX

　そこで対話型AIが登場してからずっと、これらコンタクト業務をAIが支援することが検討されてきました。そして大規模言語モデルの登場によって対話型AIの性能が格段に向上したために、再び期待が高まっているのです。

▶▶ 問合わせ内容から最適な回答を生成AIが提案

　最終目標は、音声やテキストによる問合わせに対して、AIだけで回答する「ほぼ完全自動化」です。Gen-AXはそのサービスを2025年度中に目指すとしています（AIでは回答できないケースはどのシステムでも一定数は必ず残ります）。

3-9 コールセンターのオペレータ支援

Gen-AX

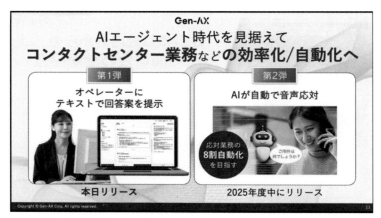

Gen-AXは2段階でサービス提供を予定。オペレータの画面に生成AIが提案する最適な回答案を表示するサービスをまず提供。
出典：Gen-AX

　Gen-AXに限らず、段階的に導入されているのが、質問に対して最適な回答をAIが提案してオペレータに表示する方式です。例えば、電話応対であれば、問合わせにスタッフが応対するものの、音声はAIも聞いていて、質問に対する回答を即座にAIが検索、大規模言語モデルによって生成した回答内容をオペレータのパソコン画面上に表示して提案するのです。

　もし応対したオペレータが新人や研修生であったとしても、熟練者の知識とスキルを学習したAIが回答を生成してオペレータに教えれば、回答のスキルレベルは高いレベルで保つことができます。

3-9 コールセンターのオペレータ支援

Gen-AXの「X-Boost」による回答提案の例

出典：Gen-AX

3-10
演じているのはどこにも実在しないタレント — バーチャルヒューマン事例 伊藤園

「お～いお茶」で知られている伊藤園が、2023年に日本で初めてTV CMに「AIタレント」を採用しました。「AIタレント」は、一般のタレント起用と比較して、コストが削減できたり、契約期間がない、スキャンダルなどのトラブルや不祥事の心配がない、多言語に対応できる点などのメリットがあげられています。

▶▶ 伊藤園がAIタレントをTV-CMに日本で初めて起用

2023年9月、伊藤園は『お～いお茶　カテキン緑茶』のリニューアル発売に際し、日本初の試みとしてTV CM「未来を変えるのは、今！」篇にAIタレントを起用しました。AIタレントは、AIが生成した実在しない人物で、最近ではCMやドラマなどに起用され始めています。伊藤園のCMでは、あまりにも自然な動きと表情で違和感を感じないため、AIが生成した実在しないタレントとは、ほとんどの視聴者は気づきませんでした。AIタレントの技術を提供した企業AI model社の発表によって明らかになりました。AIタレントのように、デジタル社会（バーチャル世界）だけに存在し、現実には実在しない人物を「バーチャルヒューマン」（デジタルヒューマン）と呼びます。

AIタレント

伊藤園の『お～いお茶　カテキン緑茶』に出演したAIタレント。　出典：伊藤園、AI model

3-10 演じているのはどこにも実在しないタレント― バーチャルヒューマン事例 伊藤園

　伊藤園は続いて2024年3月、「AIタレントを起用した「お～いお茶 カテキン緑茶」のTV-CM第二弾！新作TV-CM「食事の脂肪をスルー」篇」を配信しました。前作と同様にAIタレントが出演し、約30年後の未来の自分と現在の姿で出演しています。更に第二弾では、同製品の機能性をAIタレントが語りかけるセリフも披露しています（クチの動きにAI（CG）らしいところがあります）。

　同社はプレスリリースを通じて「本TV-CMに登場するAIタレントは、生成テーマをご覧いただく方の性別に拠らず、誰もが「健康的／活動的／進歩的／意志の強さを感じる」人物像としています。AI生成で出力された数多の顔から、上記の定義に近いタレント像を選定し、デザイナー・クリエイターが微調整しています」とコメントしています。

第二弾のTV-CM

第二弾のTV-CM「食事の脂肪をスルー」篇のカット。約30年後の未来の自分と現在の姿で出演している。
出典：伊藤園、AI model

▶▶ 製品パッケージのデザインにもAIを活用

　伊藤園は第二弾のCM発表と同時に、当該の特定保健用食品「お～いお茶 カテキン緑茶」の製品パッケージに、生成AIによるデザインを採用してリニューアル発売することも発表しました。製品のメカニズムを伝えるためのデザインを生成AIとともに取り組んだことを明らかにしています。（株式会社プラグがパッケージデザイン用に改良した『パッケージデザインAI』の生成AIサービスのパイロット版を活用。生成された画像を参考に、イラストやデザインをデザイナーが作成しなおし完成させたパッケージを採用した、とのことです）

　このように、製品パッケージ等のデザイン案の検討に生成AIを活用するケースは増え

3-10 演じているのはどこにも実在しないタレント― バーチャルヒューマン事例 伊藤園

ています。

AI生成を参考にした新デザイン

「お〜いお茶 カテキン緑茶」の新パッケージ。伊藤園は「本製品の「おいしさ」を一層表現しつつ、「お〜いお茶」ブランドであることの視認性を最大限に引き出すため、AIにより生成した新たなデザインを参考に新たなパッケージデザインを採用しました」とコメントしています。

 ## 宮崎銀行もAIタレントを起用

　宮崎銀行は2024年11月、AI model株式会社が提供する独自AI技術で生成した2人のAIモデルを、専属のオリジナルAIタレントとしてCMに起用しました。「今後もさまざまな業務で生産性向上のみならず、ブランドイメージ向上においても生成AI技術を積極的に活用してまいります。第2弾として、2人のAIモデルを起用した動画作成にも着手しており、これからも魅力ある広告を発信してまいります。引き続き、お客さまのニーズに幅広くお応えし、新たな取り組みにも挑戦しながら地域経済の発展に貢献してまいります」と語っています。

　左、名前：ドリームAI（アイ）、イメージソング「夢に逢いに行こう」が名前の由来、同銀行のシンボルカラー（濃紺）をイメージした髪色、新しいものを積極的に取り入れ発信する。右、名前：ひなたこ、宮崎出身の行員、子どもからお年寄りまで誰にでも優しく接する、地域の人が安心して過ごせる街づくりが夢。

3-11

レジェンドを生成AIでデジタルヒューマン化 ― AI美空ひばり

亡くなった故人と会話がしたい、歌姫の新曲を聴いてみたい、そんな思いは誰でも抱くことでしょう。過去の写真や映像、音声や歌声のデータからAIによる高精度でそっくりな映像や歌声を創り出す試みがおこなわれています。それには倫理的な課題もあり、充分な議論が必要です。

▶▶ NHKとヤマハが美空ひばりをAIで蘇らせる

2019年9月、NHK（日本放送協会）は「NHKスペシャル AIでよみがえる美空ひばり（仮）」（発表当時のタイトル）という番組を制作し、ヤマハが開発を進めている、ディープラーニング（深層学習技術）を活用した歌声合成技術『VOCALOID:AI』（ボーカロイド：エーアイ）を使い、故人である美空ひばりさんの歌声を再現し、秋元康氏がプロデュースした新曲「あれから」のライブを実現する取り組みを発表しました。いわゆる「AI美空ひばり」です。

「NHKスペシャル AIでよみがえる美空ひばり」ヤマハのVOCALOID:AIのホームページより
https://www.yamaha.com/ja/stories/new-values/vocaloid-ai/

3-11　レジェンドを生成AIでデジタルヒューマン化 ― AI美空ひばり

　『VOCALOID:AI』はヤマハが独自に開発。AI技術を搭載した歌声合成技術（歌声を生成する技術）です。あらかじめ目標となる歌手の歌声をデータ収集し、そこに含まれる音色や歌いまわしなどの特徴をディープラーニングによって学習させることで、その歌手独特の癖やニュアンスを含んだ、そっくりな歌声を、任意のメロディーと歌詞で作り出すことを可能にしています。

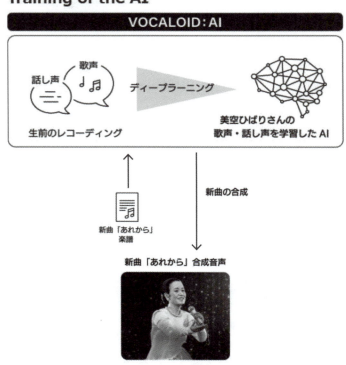

ヤマハのVOCALOID:AIのホームページより
https://www.yamaha.com/ja/stories/new-values/vocaloid-ai/

バーチャルシンガーによる歌声制作の技術として広く知られていますが、同社が独自の歌声合成技術「VOCALOID」（ボーカロイド：2003年発表）として発表した技術と比較すると、『VOCALOID:AI』ではAI技術を使用することで、特に音色変化の表現が格段に向上しています。

また、4K・3Dの等身大のホログラム映像も制作され、ステージ上に本人のAI映像も出現させました。そしてNHKスペシャルの番組放送終了後、AI美空ひばりは2019年末のNHK紅白歌合戦にも出演しました。

更に2020年、森美術館（六本木ヒルズ森タワー53階）で「未来と芸術展：AI、ロボット、都市、生命 ― 人は明日どう生きるのか」が開催され、AI×美空ひばり「あれから」が展示されました。

なお、「[NHKスペシャル] AIでよみがえる美空ひばり」は、執筆時点（2025年1月）もYouTubeで動画を観ることができます。
https://www.youtube.com/watch?v=nOLul7nPQWU

AI美空ひばりは大きな反響を呼び、賛否が分かれました。故人を人工的に再現するという行為には倫理問題や著作権上の問題など、たくさん議論の余地を残しています。

3-12
実在のタレントをAIでデジタル再現 — バーチャル若大将

　歌手で俳優の加山雄三さんは脳の病気のため、軽度の半身麻痺と言語障がいがあることを公表しました。そこで、自身が希望し、加山雄三さんの歌声や姿をAIで生成して未来に残すことを決心。デジタルヒューマン「バーチャル若大将」の開発が始まりました。

▶▶ 「バーチャル若大将」が加山雄三さん本人と共演

　加山雄三さんは2022年9月、東京国際フォーラムで公演「加山雄三ラストショー ～永遠の若大将～」を行いました。永遠の若大将の、一般のホールとしては最後となるコンサートです。その公演には、AIによって生成した加山雄三さんのデジタルヒューマン「バーチャル若大将」が登場し、加山雄三さんとのデュエット「旅人よ」を共同で歌唱しました。また、「バーチャル若大将」の単独歌唱による新曲「そして陽は昇りつづける」を披露しました。

「バーチャル若大将」が本人と共演①

「バーチャル若大将」が、加山雄三さん本人と共演（テクノスピーチや3dig、コエステらが開発協力）
出典：3dig

3-12 実在のタレントをAIでデジタル再現— バーチャル若大将

「バーチャル若大将」が本人と共演②

　「バーチャル若大将」の発端は、2021年8月21〜22日にかけて日本テレビ系列で放送された番組「24時間テレビ44」でした。そこでは「病から復活…加山雄三の挑戦！AI技術で"バーチャル若大将"」が放送され、加山雄三氏のデジタルヒューマンが登場しました。
　開発協力したのはテクノスピーチなどの音声や映像を制作する企業です。AI技術によって超高精度な音声合成や歌声合成を実現する技術を提供しました。
　加山雄三さんの姿や動きなどの映像、話し声や歌声をバーチャル化して再現しました。加山雄三さん自身によるディレクションのもと、新しいエンターテインメントの可能性を追求したものとして話題になりました。
　人間の声質・癖・歌い方を高精度に再現できるAI歌声合成技術を用いて、加山雄三さんが過去に収録した歌声をディープラーニングし、歌詞つきの楽譜があればどんな曲でも本人そっくりに歌わせることができるシステムとなっています。

▶▶ YouTubeチャンネル「バーチャル若大将」

　加山雄三さんは自らの発案で、2021年にYouTubeに「バーチャル若大将」チャンネルを開設しました。AI技術によって生成された自分の話す声や歌声、映像によって、自身をバーチャルヒューマン「バーチャル若大将」として後世に残すプロジェクトです。チャンネルでは「リンダリンダ」（THE BLUE HEARTS）、「やさしくなりたい」（斉藤和義）、「シングルベッド」（シャ乱Q）など、「バーチャル若大将」による歌唱でカバー曲が投

3-12 実在のタレントをAIでデジタル再現— バーチャル若大将

稿されています。

YouTubeチャンネル「バーチャル若大将」の画面
https://www.youtube.com/@バーチャル若大将

▶▶ タレントのデジタルヒューマン化が加速

　冨永愛さん、堀江貴文さん、ひろゆき（西村博之）さん、足立梨花さんなど、実在のタレントや有名人から生成したデジタルヒューマンを制作する流れが生まれています。故人の場合は過去の映像や音声データから生成するしかありませんが、実在するタレントであれば本人の全身をスキャンしてデジタルヒューマン化する手法もとられています。

　生成AIの活用することによって、デジタルタレントが話す音声や映像を迅速に、かつローコストで映像を制作でき、外国語に「多言語翻訳」して発話することも可能になります。広告領域をはじめとして、デジタルヒューマンが生み出す新たな価値と可能性が広がっています。

3-13

本物そっくりなAIボイスと
倫理問題

AIが自然なイントネーションで話す技術が進み、駅や施設のアナウンスなどで活用されています。また、本人そっくりな音声を生成する技術も進んできました。有名人やタレント、声優の声に似せた音声で話す技術も大きく進歩し、最近では数10の会話を録音してAIに解析させるだけで、簡易的に本人にそっくりな音声を作れるようになりました。

システムが音声で発話するメリット

コンピュータが人の音声を作り出す技術を「音声合成 (Speech Synthesis)」と呼び、テキストを読み上げる技術を「テキスト・トゥ・スピーチ (Text to Speech : TTS)」と呼びます。スマホではiPhoneの「Siri」やAndroidの「Googleアシスタント」、スマートスピーカーではAmazonの「Alexa」等で会話ができますが、これらコンピュータが発話する際には音声合成とTTSが使われています。

現在は、これらの技術にもニューラルネットワークが使われていて、人間が話しているかのように自然な発話ができます。例えば、駅の構内や、施設内の館内放送のアナウンスでは、入力したテキストの通りに、迅速に音声に変換し、自然で流暢にコンピュータが読み上げます。駅や構内アナウンスを注意深く聞いてみると「今まで気づかなかったけれど、これコンピュータの声だ」と感じる人もいるでしょうし、「人とまったく区別がつかない」と感じる場合も多くなりました。

3-13 本物そっくりなAIボイスと倫理問題

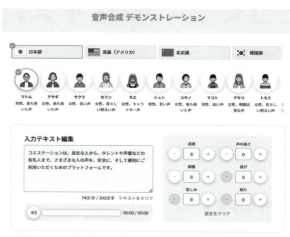

声を選び、話す速度や声の高さなどを指定すると、その声でテキストを読み上げることができる「コエステーション（coestation）」の音声合成サービス。

https://coestation.jp/

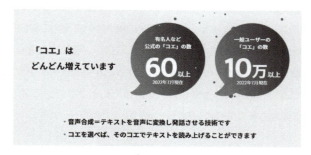

声を選び、テキストを入力すると「音声合成エンジン」が文字を声に変換して読み上げます。

タレントの声をニュースの読み上げに活用

　ニューラルネットワークの技術を使うと、特定の人の音声に似せてAIボイスを作成することが可能です。例えば、人気タレントの声を機械学習させて声色やアクセントなどの特徴量を解析し、多少の違和感を感じる場合があるものの、テキストの通りにタレントの声に似せて発話させることができます。

　音声ニュースサービス「朝日新聞アルキキ」が、クロちゃん（安田大サーカス）、高柳明音さん（元SKE48）、May J.さんの声をもとにした合成音声で朝日新聞のニュースを読み上げ、1日1度配信する実証実験「コエステNEWS」を2020年から行いました。

AIボイスの乱用に歯止め、人気声優が音声合成ソフトを発表

　このようなAIボイスは倫理面で問題を起こすこともあり、その対策に声優が自ら乗り出す事態に発展したケースもあります。

　『進撃の巨人』のエレン・イェーガー役などで知られる人気声優の梶裕貴さんは2024年、自身の声を公式に活用できる音声合成ソフトを発表しました。実は、一部のファンによって、梶さんの声が勝手に生成AIで創られたAIボイス化され、その声で楽曲を歌わせた音声ファイルや動画がSNSに無断で投稿される「無断AIカバー」が乱立したのです。梶さんはこの被害を問題視し、世間に向けてやめるように、苦言を呈していたのです。（そよぎフラクタルプロジェクト（CeVIO AI）公式サイト https://soyogi-fractal.com/）

　本人の意思に反してAIボイスを作成し、無断で文章を読ませたり、歌わせたりすることは、とても迷惑な行為です。状況によってはタレントのビジネスを阻害する要因になることもあります。AIはタレントのそれにそっくりなコンテンツ（映像や音声など）を作る技術が確立されてきましたが、それが悪用される危険性も持っています。

3-13 本物そっくりなAIボイスと倫理問題

トークボイス解禁にあたって梶裕貴さん コメント

「AI技術の発展と普及により、現在、無法地帯となってしまっている"声の権利"問題。

私自身、この問題について、日頃から頭を悩ませておりました。

そのため、悪用のリスクを懸念し、当初は『CeVIO AI 梵そよぎ ソングボイス』のみの開発に留める考えでした。しかし、今回のクラウドファンディングを通して、本当に多くの方々からあたたかいご支援とご声援をいただき…

また同時に、本プロジェクトに対する大きな期待値を感じ、少しでも音声AIの明るい未来に貢献できるならと、この度、『CeVIO AI 梵そよぎ トークボイス』の販売を決意するに至りました。今、あらためて、新しいエンターテインメントの可能性を確信しております。

声優業をしている中で――とりわけ朗読劇などに出演した際に、声や音、その限られた表現だからこその可能性を強く感じます。視覚を必要としない世界だからこその自由。たった一言で安心させることもできるし、逆にものすごく不安にもさせてしまう。"言霊"という言葉があるように、声にも、それだけ大きな力が宿っていると思うんです。そして、そんな声の表現に特化した能力を持つ人のことを"声優"と呼ぶのでしょう。だからこそ、私はその無限の可能性を今回の試みを通して、もっと突き詰めていきたいですし、文化や言葉の壁を越えて、世界中の人たちに伝えていけたらと考えているのです。

昨今、AIとの向き合い方について、しばしば議論されていますよね。クリアしていかなければならない問題も多々あると思います。それでも私は、AIと敵対するのではなく、共存すべきだと考えています。AIという技術自体に善悪はない。あくまで、それを使用する人間側のモラルにかかっている。

だからこそ、あえて私の声を持つ『梵そよぎ』を解禁することで、"正しい音声AIの在り方"を証明できるのではないかと考えたのです。

今回の決断が、あらゆるクリエイティビティの幅を広げ、新しいエンターテインメントの開拓に繋がることを祈っています。」

3-14

受付に生成AI導入の
ユースケース

　ここまで紹介してきたように、既にAIのユースケースは多岐に渡っています。特に「生成AI」を業務に活用する場合は、高いレベルに達した「自然言語会話能力」に注目するべきでしょう。人とコンピュータが会話する業務にAIを利用する「AIチャットボット」や「AIエージェント」等と呼ばれる分野です

受付業務の「AIチャットボット」活用例

　「AIチャットボット」や「AIエージェント」の最もポピュラーなのは受付や案内業務です。受付や案内はとても重要な業務ですが、経営側からするとスタッフを常駐させるには多額のコストがかかります。また、現場では人手不足でスタッフを募集しても集まらないという声も聞きます。インバウンド（観光客）が増えたことに伴い、多言語での対応スキルが重視されると、求人募集は更に困難になります。

　そこで「AIチャットボット」を活用するケースが増えています。例えば、スタッフが常駐する2つの窓口のうち、ひとつに「AIチャットボット」を設置します。質問したい内容が決まっていたり、季節や時期的に集中するよくある質問については「AIチャットボット」に誘導します。複雑な相談や、「AIチャットボット」で解決できない内容であれば、スタッフが常駐する窓口に会話を転送して応対します。

　窓口がひとつの場合、まずは「AIチャットボット」が応対し、適切な回答ができない場合は、オペレータがオンラインで応対するという方式もポピュラーです。オペレータはテレワークで対応することができますし、オペレータの手配を含めて「AIチャットボット」システムをサービス提供している企業もあります。

利用者を増やす施策も重要

　「AIチャットボット」の見た目にはいろいろなものがあります。私達が案内窓口を探すときに、従来のカウンターとスタッフの景色をイメージして探すため、それ以上に目立

第3章　AI技術のビジネス活用

213

3-14　受付に生成AI導入のユースケース

たないと利用者が案内窓口として認識してくれません。そのため、「AIチャットボット」には大きなサイネージ（大画面ディスプレイ）のもの、ホログラムのような目立つキャラクターのもの、ロボットなどが使われます。また、サイネージであっても、実際のスタッフの顔が表示されるもの、アニメ風キャラクター、ご当地キャラ、リアルなバーチャルヒューマンなどのアバターがあります。

　キャラクターが応対する場合、オペレータに切り替わってもスタッフの顔がライブ映像で表示されるのではなく、別のキャラクターに変えて表示するケースもあります。現在は、AIがオペレータの表情や口の動きをカメラで認識し、窓口のキャラクターに同じ表情や口の動きをさせることも可能です。その場合はテレワークのオペレータは案内業務の制服を着たり、接客用の化粧をしたりする必要等もなく、スタッフの応募がしやすい働き方改革の例として注目されています。

▶▶ 神奈川県警察運転免許センターでアバター式リモート案内サービスを実証実験

　2024年11月、神奈川県警察運転免許センターが実証実験でアバター式リモート案内サービス「TAZUNE」を導入しました。パナソニック コネクトが開発したシステムです。運転免許の受験・更新の申請手順や、外国免許からの切替えに関する内容、コンビニやATMなどの施設情報について、ディスプレイ上のアバターが案内します（4か国語対応／日・英・中・韓）。また、画面タッチ式のボタン操作（よくある質問）と、音声による問い合わせに対応しています。音声の場合、画面上のアバターに話しかけると、AIが問い合わせ内容を理解して自動的に応答します。

3-14 受付に生成AI導入のユースケース

アバター式リモート案内サービス「TAZUNE」

出典：パナソニック コネクト

画面タッチによる問い合わせ

3-14 受付に生成AI導入のユースケース

音声での問い合わせ

ChatGPTや画像生成AIと連携「AIさくらさん」

　実証実験を含めて、多数の導入実績があるのがティファナ・ドットコムの「AIさくらさん」です。ChatGPTや画像生成AIなど最新の生成AI技術と連携し、施設の案内、観光案内、乗換案内などに活用されています。実証実験を含めた実績では、三井ショッピングパーク ららぽーと新三郷、品川駅、海浜幕張駅、空港第2ビル駅（成田空港）、新今宮駅、八王子駅、関西大学東京センター、那須塩原市役所、住友不動産 ショッピングシティ 羽田エアポートガーデン、須磨パティオ、国富町役場（宮崎）などがあります。

すすきの駅に配置された「AIさくらさん」

出典：ティファナ・ドットコム

3-14 受付に生成AI導入のユースケース

「AIさくらさん」の活用例

「AIさくらさん」の実証実験

空港第2ビル駅（成田空港）。2020年の実証実験の様子。

　最近の事例では、2024年12月札幌市交通局の地下鉄南北線すすきの駅があります。すすきの駅ではインバウンド対応の強化と駅業務の効率化が課題となっていて、多言語対応のほか、多くの実績、クライアントの業務内容に合わせて短期間で独自カスタマイズして納品（クライアントは設定不要）、運用やメンテナンスの作業は完全自動化などの

3-14 受付に生成AI導入のユースケース

特徴が評価されました。乗換案内として路線情報、最適なルート案内を提供、観光案内として札幌市内の観光地や周辺施設、開催中のイベントなどについて詳細な情報提供を行なっています。

　札幌では2024年12月に大通駅にも設置され、「AIさくらさん」は生成AI技術を活用し、多言語でのリアルタイム応答や交通案内、観光地情報の提供を行うことができます。札幌駅にある「北海道さっぽろ観光案内所」の職員と、「AIさくらさん」を通じてリモート通話を行う機能も備わっています。AIが応対するのには難しい内容については、人による案内を受けることが可能となっています。

地下鉄大通駅に新設された「アイヌ文化PR・AI観光案内コーナー」に設置された生成AI技術を活用した「AIさくらさん」。AIとの対話だけでなくスタッフと会話する機能も備えています。

3-14 受付に生成AI導入のユースケース

▶▶ その他、活用事例

大阪ヘルスケアパビリオン Nest for Reborn

全長153cm、スマートロボティクスが開発した広告ロボット「AdRobot」にアウトソーシングテクノロジーが開発するデジタルコミュニケーションプラットフォームを搭載した生成AIコンシェルジュロボット「ミライア・リンクス」（サイネージを使用）。多言語の音声に対応し、2025年日本国際博覧会（大阪・関西万博）において、大阪府・大阪市が産官学民で連携しオール大阪で出展する「大阪ヘルスケアパビリオン Nest for Reborn」にて展示が予定されています。
出典：アウトソーシングテクノロジー

3-14 受付に生成AI導入のユースケース

AIアバター遠隔接客サービス「KSIN」(イメージ図)

知ってほしい・伝えたい
アンケート型プロモーション

サイネージから**音声と文字で呼びかけ**、AIアバターが自然な会話を通して、お客様の情報を収集しつつ、商品や企画の魅力を伝えます。

Point
- 話しかけやすくて、注目を集めやすいAIアバター
- 商品や企画をお客様に見てもらいながら魅力を伝える
- 会話ログ分析レポートをカスタマージャーニー作成に活用

通ってほしい・知りたい
公式アプリ登録支援

お客様の手元を確認しながら、スマートフォン操作を助言します。**よくある質問はAIで対応**、難しいものはお客様の手元を書画カメラで確認しながら有人遠隔対応する切り替えが可能。

Point
- 優しい表情だから、お客様が気おくれせずに利用しやすく、スタッフのカスハラ対策にも
- 店舗に常設しやすいのでイベントに限らず、普段のお買い物機会に利用可能

納得して購入してほしい
共感型購入支援

AIアバターが自然な会話を通して**潜在的な需要を言語化**しつつ、適切な商品を**リストから選択**してお客様に提示します。お客様に合わせて**使用言語を変える**ことも可能。

Point
- お客様に寄り添った会話が顧客体験向上に貢献
- 商品リスト更新が簡単。Webサイト連携等で自動化も可能
- 複数言語対応だから外国語を使うお客様が多いシーンにも

ユニキャストと、円谷フィールズホールディングス傘下のデジタル・フロンティアが共同開発した、OpenAIの大規模言語モデル「GPT-4o」を活用したAIアバター遠隔接客サービス「KSIN」(イメージ図)。シナリオによるQ&A対応だけでなく、「GPT-4o」との連携によって柔軟な自動応対が可能になりました。

出典:ユニキャスト/デジタル・フロンティア

3-15

次世代「AIエージェント」の開発に大手企業が注力

2024年、AIを開発している企業からは「AIエージェント」というキーワードが多く聞かれる年でした。「AIエージェント」の定義は曖昧ですが、人に寄り添って、質問に応えたり、アドバイスをくれたりする、AIチャットボット的な存在だと考えられていました。ただ「次世代型」AIエージェントはそれにとどまらないようです。

▶▶ 従来のAIエージェントと次世代型との違い

NECは2024年12月、自律的に遂行する「AIエージェント」を翌年1月から順次提供することを発表。同社のクローズドイベント「NEC Innovation Day 2024」の展示ブースでデモを公開しました。

次世代「AIエージェント」は、ユーザーからの質問に対して意図を理解した回答を返す従来の「AIエージェント」が持っている機能だけでなく、人が与えた目標に向かって自律的に判断し、行動までしていくAIシステムになっています。

生成AIをはじめとする様々なAIやITサービスと連携し、高度な専門業務を自動化し、生産性向上の実現を目指します。ユーザーの介入を最小限に抑えて、業務プロセスを効率化、あるいはビジネスプロセス全体を自動化し、意思決定支援から目標達成までを自動的におこなうものになっています。

例えば、「NEC Innovation Day 2024」の展示ブースでは、「製造業のDX担当者です。最新のデータ基盤を担当しています。キャリア採用者の育成戦略を作りたい」とAIエージェントに依頼するデモが稼働していました。ユーザーが「育成戦略を作りたい」と依頼すると、AIが自律的にタスクを分解し、必要な業務プロセスを設計します。そして、設計するだけでなく、それぞれのタスクに最も適したAIやITサービスも自律的に選択し、業務を自動で実行し、「育成戦略の概要」と具体的な「育成プログラムの内容」を作成。提案に至った多角的なプロセスを明示しました。AIエージェントに対して、これで実行して良いとすれば、実行までを自律的におこないます。

NECは、経営計画や人材管理、マーケティング戦略など、社内外の情報を包括的に検

3-15 次世代「AIエージェント」の開発に大手企業が注力

索し、意思決定が求められる業務のプロセスを自動化するサービスを提供していく考えです。

「AIエージェント」とのやりとり

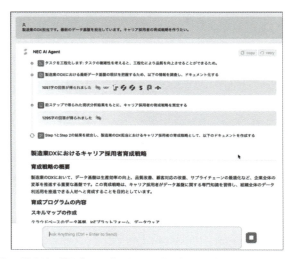

「NEC Innovation Day 2024」の展示ブースで公開された次世代「AIエージェント」とのやりとり。

AIが自律的にタスクを分解

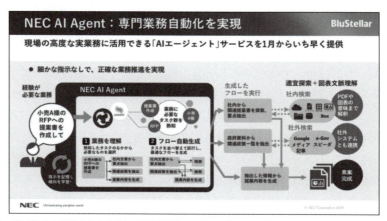

ユーザーが依頼したい業務を入力すると、NECが開発した生成AI「cotomi（コトミ）」が自律的にタスクを分解します。更に、必要な業務プロセスを設計し、それぞれのタスクに最も適したAIやITサービスなどを選択、業務の実行まで自動で行う。業務プロセスまで自動化が実現します。

3-15 次世代「AIエージェント」の開発に大手企業が注力

▶▶ 次世代はAIエージェントの重要性や役割が顕著に

　OpenAIも、自律的に連携するシステムをAIが動かし、複雑なタスクを順次実行していくAIエージェント「Operator（オペレーター）」を発表し、AIエージェントの役割は、業務支援から業務の自動化を目指すものに変わってきています。

　この流れは、NECだけでなく、NTT、アクセンチュアなども追従していく姿勢を見せています。次項では「アクセンチュアが描く「パーソナルAIエージェント」（AIバディ）構想」を詳しく解説します。

COLUMN　AIエージェントの活用事例

1. カスタマーサポート（チャットボット）
顧客からの問い合わせ対応をAIエージェントが行う。複雑な質問には有人サポートへの引き継ぎを実施。

2. AIコンシェルジュ（ホテル・旅行業界）
宿泊客からの質問対応や観光案内、施設の案内など。道の駅で周辺の観光案内。

3. 医療診断支援（ヘルスケア）
医療画像の解析、症状のチェック、診断支援で医師をサポート。

4. スマートホーム（家庭向け）
家電の操作、スケジュール管理、音楽再生などを音声で制御。

5. AI面接官（採用・人事）
応募者の表情や話し方を分析し、適性評価を行うAIエージェント。

6. AI教師・学習アシスタント（教育）
生徒の学習データを分析し、個別最適化された学習プランの立案。

7. 安全運転支援（自動車・交通）
運行管理・交通状況の予測、車内のドライバー居眠り防止など安全支援。会話ナビ。

8. 法務アシスタント（リーガルテック）
契約書の自動レビュー、法律相談の自動化、訴訟リスクの分析。

3-16

働き方改革、社員全員にパーソナルAIエージェント ― アクセンチュア

業務DXやAI戦略をグローバルで展開しているアクセンチュアは、2014年12月に開催した報道関係者向け発表会で、今後も引き続き「生成AI」の実践に軸足を置き、社員ひとりひとりに寄り添う個別の「AIエージェント」(AIバディ)を開発していくことを表明しました。

▶▶ アクセンチュアが描く「パーソナルAIエージェント」(AIバディ)構想

アクセンチュアはさらに、同社では既に、ほぼすべての社員が個別の「パーソナルAIエージェント」を活用していること、AIエージェントが成果を出し始めていることを発表しました。

アクセンチュアは、世界的に展開するグローバル企業で、全世界で従業員は77万4千人。49カ国200都市に展開しています(2024年時点)。社員数は過去10年間で2倍に増加し、うち日本法人の従業員数は2万7千人です。日本に初めて事業所を構えたのが1962年なので、これまで62年の実績を積んできました。なお、グローバルでの売上高は約10兆円。本社という概念がなく、ヘッドクォーターが実質存在しない総合コンサルティング会社です(米国の企業ではありません)。経営や戦略コンサルティングで知られていますが、ソフトウェアやプラットフォームのシステム開発やSIer事業まで、幅広く手がけています。

● 【アクセンチュアのAIエージェントの現状】
1. 業務に取り入れる:ほぼ全員
2. 生成AIを使って新たな業務を生み出す:目下トレーニング中。徐々に成果を出す社員が出ている。
3. 自ら生成AIを作る:一部に留まる(1〜2割程度)。

アクセンチュアは、社員ひとりひとりにパーソナライズした「AIエージェント」が付いて、個人や担当するビジネス、社会状況などを考慮し、適切なアドバイスや発想を提供す

る環境を目指しています。また、あたかも社員同士が集まって会議をするかのように、「AIエージェント」が社員の代わりとなってシステム内（仮想空間）に集い、高精度のレベルで意見を交わし、議論を深めていく、コミュニケーションと判断の自動化をおこないたい考えです。その上で、次世代のAIエージェントの開発に着手し、頼りになる相談相手として、既にほぼすべての社員向けに導入を済ませていることは、注目に値する発表となりました。

▶▶ 社内だけでなくサプライチェーンにも

アクセンチュアの「AIエージェント」（AIバディ）による次世代プロジェクトは、社員向けに留まりません。

アクセンチュア株式会社の江川昌史社長は「クライアント企業様もAIエージェントをそれぞれ持ち、営業のAIエージェントはお客様の企業のAIエージェントと交渉して、今月の発注数や金額をある程度決めます。おそらく人間が交渉して決めるのと、ほぼ同じレベルで決めることができます。それが決まったら、営業のAIエージェントは次に生産管理のAIエージェントに交渉内容を受け渡し、生産管理のAIエージェントがそれを元にどこの工場でいつまでにいくつ生産すればいいのかを検討します。

生産計画が決まれば、購買のAIエージェントに受け渡され、購買のAIエージェントは社外のサプライヤーと交渉して部材の発注と入荷について検討し、営業から生産、部材の発注管理まで、AIエージェントやロボットだけで完結するようになります。

そんなことは夢物語だと思われるかもしれませんが、今現在、既にほぼできる状態になっています。おそらく3年後ぐらいには普及して、夢物語が当たり前の時代になるでしょう。我々はこれを「エンタープライズ・デジタルツイン」と呼んでいます」と語っています。

3-16 働き方改革、社員全員にパーソナルAIエージェント ― アクセンチュア

「エンタープライズ・デジタルツイン」コンセプトの概要

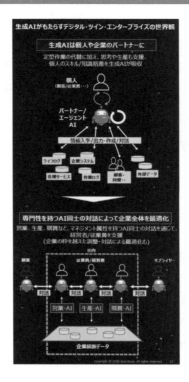

出典：アクセンチュア

▶▶ 生成AIとAIエージェント、AI同士による討論が体験できる施設

　アクセンチュアは2024年11月、京都市に「アクセンチュア・アドバンスト・AIセンター京都」を開設したと発表しました。ここは、生成AIを中心とした世界先端のAI技術を駆使し、顧客の抜本的な変革を支援する施設で、クライアントが「生成AI」「AIエージェント」「AIエージェント同士の対話」を具体的に体験することができます。個人に寄り添い、個人を理解している「パーソナルAIエージェント」が最良のバディとして存在する社会を実現するための社会に向けたメッセージといえるでしょう。同社は「AIにおいては日本でナンバーワン、AIの知識が集積していく一番の拠点」と表現しています。

　特別に招待された来訪者は、まずこの拠点を司る「セントラルAI」との対話から体験が始まります。セントラルAIは、音声やデジタルサイネージ上でのキャラクターだけでな

3-16 働き方改革、社員全員にパーソナルAIエージェント ― アクセンチュア

く、物理的なロボットとしても姿を現し、滞在中、終始来訪者をエスコートします。発表会では動画内でセントラルAIが登場し「AIと人、AIとロボット、AI同士の共演まで、さまざまなインタクションを提供します」と流暢な日本語発音で語りました。

セントラルAI

「アクセンチュア・アドバンスト・AIセンター京都」のエントランス。デジタルサイネージ上での「セントラルAI」が見える。

犬型AIロボット

リアル世界の案内役と登場した犬型AIロボット。このロボットもセントラルAIが操作している。

3-16 働き方改革、社員全員にパーソナルAIエージェント ─ アクセンチュア

　来訪者はここで「生成AI」がもたらすインパクトを体感し、ビジネスへの応用に向けたインスピレーションを得ることができます。

　例えば、来訪者の経営計画や、それを支える現在の組織・人員体制、市場動向などの情報に基づき、生成AIが即座に最適な人材リソース配分を提示します。科学的な根拠で提示された未来図をもとに、来訪者はアクセンチュアのプロフェッショナルと共に、理想的な人材資産構成や企業組織の構築に向けた議論を行い、戦略的なロードマップ策定につなげることなども可能、としています。ここで生成AIを活用、「アクセンチュアの専門家を模したAIエージェント」が登場し、ビジネスのビジョンやアイディア等の意見を交わしたり、相談したりすることができます。画像は実在するアクセンチュアの執行役員でAIセンター長の生成AIエージェント（バーチャルヒューマン）です。AIセンター長の豊富な知識と体験データをもとに学習しているため、来訪者は同社の上級コンサルタントに相談するのと同様の体験ができるとしています。

専門家のデジタルヒューマン

アクセンチュアの専門家のデジタルヒューマン「AIエージェント」と会話し、意見を交わすことができます。

　AIによる予測も体験でき、更には、対立した意見でAIがディベートする討論会場もあります。ディベートには来訪者も参加・発言することができます。来訪者の企業の実際の情報をシミュレーションしながら、AI同士が議論・反論、ファシリテーターAIがまとめる、といった体験も可能ということです。

3-16 働き方改革、社員全員にパーソナルAIエージェント ― アクセンチュア

センターでの体験はすべてCentral AIが制御

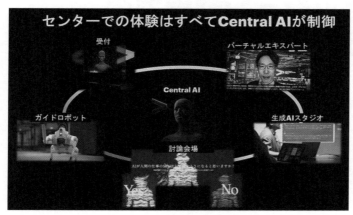

来訪者の企業の実際の情報をシミュレーション、AI同士・来訪者で討論もできます。また、生成AIが画像やテキスト、データなどを生成する生成AIスタジオも用意されています。

 COLUMN　個人のスキルを反映した相棒「AIバディ」

　「AIバディ」とは、私生活でも職場でも、人間の相棒や秘書、パートナーとして寄り添うAIエージェント。使えば使うほど個人の好みや仕事内容を理解していき、情報の提供やアドバイスをしてくれます。ルーチンワークを自動化し、作業時間を短縮するのに役立ちます。また、体調や感情の変化を記録、異常を検知したらアラートを出すなど、ヘルスケア分野でも活用が期待されています。
　将来は自分に変わって打合せに参加したり、オンライン会議に参加して議事録を作成するなど、分身のような役割を担うことを目標に開発されています。

　特徴：
　・ユーザーの行動や好みを理解したパーソナル・エージェント。
　・リアルタイムでの対話と提案（音声やテキスト）
　・使えば使うほど賢くなる学習機能

3-17
ファッション業界での生成AI活用事例

生成AIは、イラストや写真、動画などをリアルに生成することができるため、クリエイター業界やファッション業界にも大きな変革をもたらしています。例えば、「Midjourney」や「ChatGPT」など、生成AIを活用したファッションデザインの新たな可能性を追求し、新しいファッションの世界を切り開くことを目的としたコンテストも開かれています。

▶▶ ファッション業界に生成AIの新風

生成AIを活用したデザインコンテストのひとつ「AIファッションチャレンジ」は、2023年4月に開催されました。画期的なデザインが400通以上集まり、受賞者には賞金総額4,000ドルが贈られました。ファッションテックのDX企業、株式会社OpenFashion（当時の社名はオムニス）が発表しました。

生成AIのツールを使うと、自分のアイディアをプロンプト（テキスト）によって具現化することができるので、専門的な技術を持たなくても生成AIを通して自分だけのデザインを表現することが可能になったのです。

AIファッションコンテスト

2025年1月時点でAIファッションコンテストは第10回を数えています。「accelerando.Ai CONTEST #10：Formal Item」 出典：OpenFashion

3-17　ファッション業界での生成AI活用事例

　2023年7月にもAIファッションチャレンジ第2弾としてコンテスト「accelerando.Ai – AI FASHION CHALLENGE #2」（アッチェレランドドットエーアイ）が開催され、画像生成AI「Midjourney（ミッドジャーニー）」によってわずか6日間で2,000以上の画期的なデザインが生まれたとしています。

生成AI活用プラットフォーム「Maison AI」（Stable Diffusion V3）で生成した画像で生成デザインした例
出典：OpenFashion

▶▶ 生成AI活用プラットフォーム「Maison AI」をリリース

　その後、OpenFashionはファッション業界に特化した生成AI活用プラットフォーム「Maison AI（メゾンエーアイ）」をリリースしました。AIによるデザイン、商品企画を行うことでより創造的で、大量の企画を短時間に行うことができる、としています。

　2024年6月に実施された「Maison AI」アップデートでは、高精度な画像生成を実現する「Stable Diffusion V3」が使用できるようになりました。テキストから次のよう画像が生成できます。なお、生成AIとの会話は「GPT-4o」と連携しています（2025年1月時点）。

231

3-17 ファッション業界での生成AI活用事例

Maison AI

ファッション業界に特化した生成AI活用プラットフォーム「Maison AI」
出典：OpenFashion

Stable Diffusionの新旧の比較

MaisonAI連携の画像生成AI「Stable Diffusion」の「Stable Diffusion XL」と最新版「Stable Diffusion V3」を使用した場合の比較（上：旧バージョン「Stable Diffusion XL」　下：最新バージョン「Stable Diffusion V3」）
出典：OpenFashion

3-17 ファッション業界での生成AI活用事例

　AIに指示したテキスト（プロンプト）「デザイン、エンターテインメント、現実の民主化、様々な視点と用途、ハイファッションの編集写真、背景色は白。3人の女性はそれぞれ青、白、赤の衣装を着ている（左の女性：青、中央の女性：白、右の女性：赤）」

　「3人の女性」「背景色は白」「それぞれ青、白、赤の衣装を着ている」というプロンプトに対して、「Stable Diffusion V3」は正確に画像を生成。

Stable Diffusionで生成したロゴデザイン

Stable Diffusion XL

新ver：Stable Diffusion V3

「Maison AI」と連携した「Stable Diffusion」で生成したロゴデザイン。（上：旧バージョン「Stable Diffusion XL」下：最新バージョン「Stable Diffusion V3」）

3-17 ファッション業界での生成AI活用事例

【プロンプト】
ロゴの名前：「Stylish Shirts Co.」
デザインスタイル：モダンでシンプル
フォント：サンセリフ、太字
色：深い青と白
アイコン：シャツの小さなシルエット
レイアウト：アイコンが上、ロゴが下、円で囲まれている
背景：白

　「Stylish Shirts Co.という文字」「シャツの小さなシルエット」「アイコンが上、ロゴが下、円で囲まれている」というプロンプトに対して、「Stable Diffusion V3」は正確にロゴ画像を生成。

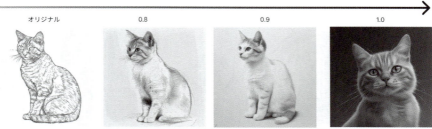

修正の強弱を調整できるようになった

最新版では生成した画像を再度AIで修正する際、修正の強弱を調整できるようになりました。元画像の構図やポーズを維持しながら、好みに合わせて調整することが可能です。(修正プロンプトを強めると、右の猫のように写実的に変更できます)

オリジナルのプロンプト：ラインアート、猫、全身
追加修正のプロンプト：猫、写実的

▶▶ 複数の生成デザインのパターンを比較

　「デザインはそのままに色だけを変えたい」「デザインの素材を一部変えたい」「自分がすでに持っている商品画像に修正を加えたい」。

3-17 ファッション業界での生成AI活用事例

クリエイターにとって、いくつかのパターンを作成して比較検討することは重要です。その点、生成AIを活用するとちょっとしたコツを掴めば、まるで仕事の速い優秀なスタッフのように、生成AIはテキストで指示したとおりに数10秒〜数分で変更したり、別の提案を作成することができます。

アップロードした左の画像にカーディガンを追加

出典：OpenFashion

ワンピースにポケットデザインを追加

3-17　ファッション業界での生成AI活用事例

バッグの一部のみ色と素材を変更

モデルの顔変更

モデルの顔や髪の色を変更することで、同じ服でも雰囲気の違いなどを確認

コーディネートの変更

左のTシャツをベースに、丈の変更や、ワンピースやビスチェの重ね着など、様々なコーディネートイメージを生成して比較

ファッション業界向けのAIスタッフサービス

　また、「ファッションデザイナー」や「スペシャリスト」など、専門職を意識した「AIエージェント」や、ファッション業界向けに特化した新しいAIスタッフサービス「AI STAFF by Maison AI（β版）」を2024年5月末にリリースしています。

　これにより、生成AI技術を活用してモデル、顧客とのコミュニケーション、商品販売のすべてを一体化し、業務効率化と顧客体験の向上を実現するとしています。

3-17 ファッション業界での生成AI活用事例

OpenFashionの「Maison AI」

OpenFashionの「Maison AI」（AI STAFF by Maison AI（β版））。AIが生成したモデル（バーチャルヒューマン）を活用したり、同じ着用画像でモデルの顔を差し替えて、シーンに応じたカスタマイズが可能です。生成AIならではの短期間での生成と、コストパフォーマンスの高さが特徴です。

出典：OpenFashion

コミュニケーション機能

「AI STAFF by Maison AI（β版）」のコミュニケーション機能。AIスタッフがファッションをはじめ、仕事やキャリア、友人関係、恋愛など、様々なユーザーからの相談に対応します。SNSに投稿されたアイテムやショップの商品をAIスタッフが紹介し、ネットショップの紹介を効果的にサポート。フォロワーの購買意欲を刺激し、売上向上に貢献するとしています。

3-18

世界トップの高性能な生体認証 (声/指紋/顔/虹彩etc) — NEC

「生体認証」とは、顔や指紋、声、虹彩など、身体の一部を識別して個人を認証する技術で、「バイオメトリクス認証」とも呼ばれます。最も身近なのが、スマートフォンでの生体認証です。AndroidやiPhoneには「指紋認証」が採用され、「顔認証」に対応している機種もあります。

▶▶ 生体認証とは

「生体認証」の利点はパスワードを覚える必要がなく手軽なこと、パスワードは漏洩すると大きな問題に繋がることがありますが、生体認証では漏洩の心配はありません。なりすましの可能性はありますが、AI技術の進歩とともに格段に精度が向上しています。

なお、本書内の説明でAIが特徴量をみつけるのに優れていることは説明してきましたが、生体認証にはディープラーニングによる機械学習がとても有効です。

様々な「生体認証」

マルチモーダルで多彩なニーズに対応

| 指紋 | 掌紋 | 静脈 | 顔 | DNA | 虹彩 | 音声 |

| テロ対策 入国管理 国民ID | 本人証明 PCログイン 勤怠管理 | 入退管理 ウォーク スルー | 電子決済 | VIP検知 |

セキュリティ　　　　　　　　　　　　　　　　　　マーケティング

既に様々な「生体認証」が開発され、身近で使われているものも多い

生体認証にニューラルネットワーク技術（AI）が導入されるようになり、精度と認証速度が格段に向上しました。生体認証には「指紋」「掌紋」「静脈」「顔」「DNA」「虹彩（こうさい：眼球の色のある部分）」「音声」などが知られていて、現在、身近で実用化されているのは「指紋」「顔」「音声」です。今後は「虹彩」も増えそうです。

「指紋」は手袋をしている時は使用できませんし、「顔認証」もマスクやサングラスに対応してきたものの、場合によって認識できない場合もあるので、使用環境によってどの生体認証が好きかは個人によって異なるようです。また、電話で認証する場合は「声」しか方法はありません。

認識の精度は認証方式によって様々ですが、AppleがiPhoneに「顔認証」を導入した際の発表によれば「顔認証が誤認識する確率は約100万分の1で、指紋認証と比べると10倍以上の高精度」とのことでした。"一般論"でいえば、声→指紋→顔→虹彩のような順番で個人の識別精度は高くなります。

認証には「レベル」が重要です。例えば、社員であれば誰でも入れる「休憩室」の出入り口と、企業機密や個人情報、重要なデータが蓄積されている「サーバルーム」では入退室できる権限「レベル」が異なります。業務内容によっても認証レベルは異なります。電子決済や金銭の授受に関する認証は、より厳重な生体認証が使われるべき、ということになります。

なお「音声認証」の活用は、複数の出席者がいる会議中の音声をテキスト変換（文字起こし）する際、誰が話した会話なのかを識別するのにも使われています。

その意味では、今後、スマートスピーカーやスマートフォン、ロボットが家族や社員達と会話する日常生活がやってきたとき、私達は「誰が話したのか」を声から識別できるように、ロボット達も声で識別できる機能は当然のように必要になります。

▶▶ 顔認証のしくみ

例えばスマートフォンの「顔認証」では次のように複数のセンサーが稼働して、3次元で（立体的に）捉えて認証しています。以前の2D技術での顔認証の頃は平面のみしか認識できないため、本人の写真でも認証ができていましたが、現在は3D技術を使っているので、写真で認証されてしまう心配はありません。また、睡眠時に悪用される懸念を考

慮して、目を開いた状態でないと認証できないものが大半です。

・近接センサー
　　本体と顔の距離（近づきの度合い）を検知し、通話の有無を識別するセンサー。
　　本体の前面にあるカメラにのぞき込むと自動で顔を検知します
・ドットプロジェクター
　　瞬時に数万点以上の赤外線（IR）を顔に照射
・IR カメラ
　　赤外線が顔に当たっている様子から顔の立体的なデータを得ることができるカメ
　　ラ
・投光イルミネーター
　　暗い場所でも赤外線によって正確に測定できます

　なお、顔認証データは、スマートフォン内部で暗号化され、本体のメモリーに保存され
るため、高い安全性があります。
　スマートフォンの「顔認証」を初体験した時、感激した人も多いと思いますが、実はス
マートフォンでの認証は、認証技術の中では比較的簡単なしくみです。というのも、「既
に登録されているデータ」に対し、「今、目の前の人の顔がそれと同一か」という１体１の
認証にすぎないからです。例えば、オフィスの入退室ゲートの前で「今、目の前の人の顔
は社員か」という認証をおこなう場合、社員が3,000人いたとしたら、システムによっ
ては「１対N」、この例では１対3000で解析する必要があります。社員が10人だとし
たら、１対10でシステムとしてはずいぶん軽いものになります。

　よくドラマなどで「イベント会場の入口に設置されたセキュリティカメラに数10人
がゾロゾロと写っている」映像から、「10人のテロリストチームのメンバーがいないか
をリアルタイムで解析する」とか、「無数の指名手配犯のデータベースから該当者をみつ
ける」なんてシーンがありますが、それを実現するには、スマートフォンの「顔認証」と
はまるでレベルの異なる驚異的な規模の解析システムが必要になることは想像できるで
しょう。

3-18 世界トップの高性能な生体認証(声/指紋/顔/虹彩etc) ― NEC

▶▶ 生体認証では世界トップレベルのNEC

　日本電気(NEC)は、生体認証についての研究に40年以上の歴史があります。特に「指紋認証」では1971年から取り組みを始め、NIST(アメリカ国立標準技術研究所)が主催する国際的な技術評価等において、世界No.1の精度を複数回記録した実績も持っています。「顔認証」や「虹彩認証」でも高い評価を得ています。

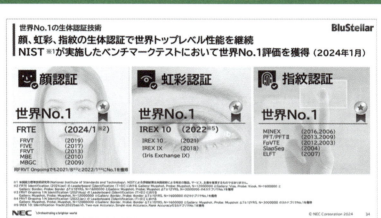

　NECは数年前から、テーマパークの年間パスやファンクラブ会員が対象のコンサートの際に、顔認証システムを活用してきました。また、よく知られているところでは、成田空港や羽田空港(Face Express)、フランクフルト国際空港、インド空港局(4空港)など、世界では延べ80超の空港で顔認証システムが導入され、出入国管理や税関申告、搭乗手続き、おもてなし等、さまざまな用途で既に活用されています。

▶▶ 1分間に100人のリアルタイム認証

　顔認証はとても便利で高速化が進められていますが、テーマパークやオフィス、工場などに多人数が集中した際、1人1人認証しているとフラッパーゲートや警備員のいる通用門を通過するための長い行列ができるなどの混雑が発生することがあります。このような入場時の混雑緩和の実現に向けて、「顔認証技術と身体の特徴から人物を照合する技術」を用いる技術が開発されています。あらかじめ設定した入場エリア内の人物をスピーディに検出し、混雑下でもその人物を継続して認識し続けることができます。ま

た、多人数が立ち止まらずに自然に歩きながらでも検出することができるため、1分間に100人のリアルタイムな認証を実現するとしています。これまでの入場管理システムのように、一人ずつ順番に通過させるためのゲートがなくとも、ゾロゾロと歩く大勢の人から次々と認証し、認証できない（無許可の人を含む）人だけを警備員やスタッフにサイネージ画面等でシステムが通知するしくみです。これにより、認証時間と利用者のストレスを軽減するスムーズな入場を実現することができます。

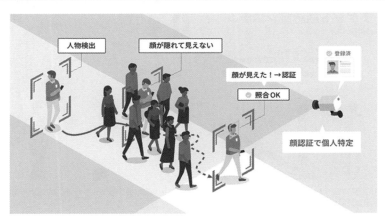

1分間に100人のリアルタイム認証を実現するシステム
出典：NEC

大阪・関西万博で国内最大級の顔認証

2025年4月13日〜10月13日に開催される「2025年日本国際博覧会」（大阪・関西万博）では、会場内での買い物には、原則として現金を使用しないことが2024年5月に発表されました。利用者の利便性向上のため、支払いは全面的にキャッシュレス、電子決済が前提で、入場ゲートや支払いレジではNECの顔認証システムが導入されると発表されました。

万博の期間は184日間連続、想定来場者数は2820万人の巨大規模のイベントでの運用はこれまで前例がなく、顔認証としては国内最大級となる見込みです。

なお、入場時の認証は、スマホなどで「QRコード」を提示するとともに顔認証での認証が原則として必要ということです。入場チケットには一定期間使用が可能な「通期パ

3-18　世界トップの高性能な生体認証（声/指紋/顔/虹彩etc）— NEC

ス」や「夏パス」等があり、貸与などによる不正入場（なりすまし入場）を防ぐため、顔認証が導入されます。「顔認証」だけでなく、「QRコード」＋「顔認証」としたのは、システムがQRコードで特定の顔認証データを参照し、カメラで確認した顔の特徴量と一致すれば本人と認定するしくみのためです。前述したとおり、「顔認証」だけの認証だとデータベース検索に膨大なステップが発生してトラブルのもとになってしまいかねません。

入場時の顔認証

チケットに記載のQRコードをゲートにかざしたうえで更に、ゲートに設置するカメラを用いた顔認証の追加確認を行います（追加認証）

決済時に顔認証

店舗レジに専用端末「stera terminal」を設置。カメラで顔認証が行えます

▶▶ 顔＋虹彩認証が高速に

　NECは2024年11月、顔と虹彩を使ったマルチモーダル生体認証技術を開発したと発表しました。世界No.1の認証精度を持つ「顔認証技術」と「虹彩認証技術」を迅速なスピードで実現しています。

　既存のパソコンやタブレット端末にカメラモジュールを接続するだけのコンパクト性で、数千万人規模の認証を屋内外問わず高速かつ高精度に実現することができます。

　今後はこの技術の開発・実証を進め、金融、リテール、エンターテイメント業界の決済、入退管理などの用途を見据えて、2026年内の提供を目指しています。

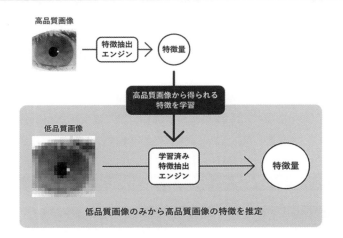

ノイズを多く含む低解像度の画像でも虹彩認証が可能に

3-18　世界トップの高性能な生体認証（声/指紋/顔/虹彩etc）— NEC

タブレット端末での利用イメージ

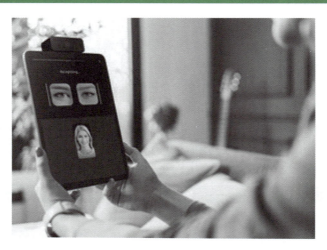

　筆者もイベントで早速、体験してみましたがそのスピードに驚きました。なぜなら、映画やドラマのシーンで見る虹彩認証は、目をカメラの数cmの距離に近づけて、何度かスキャンして認識するというものでしたが、顔認証と兼用のこの機器は、顔認証をおこなうような数10cmも離れた距離から、一瞬で顔だけでなく虹彩まで認識できました（顔認証用のカメラで撮影したノイズを多く含む低解像度の画像でも虹彩認証が可能）。

「マルチモーダル生体認証」体験ブース

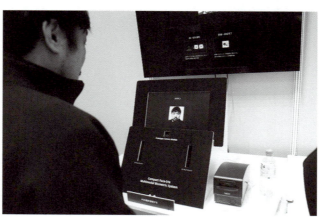

NECの顔認証と虹彩認証を併用した「マルチモーダル生体認証」体験ブース。この距離で、顔＋虹彩認証が瞬時に完了します。

3-19

増える無人AI決済店舗、
そのしくみとメリット

日本国内でも「無人AI決済店舗」(無人店舗) が増えてきました。無人店舗とはデジタル技術を活用することで、受付やレジを自動化したお店のことです。バックヤード (倉庫管理や品出し、清掃、トラブル時の対応など) でスタッフは必要ですが、表向きは人がいないので「無人」店舗と表現しています。現金の信用度が比較的低い中国でも、無人店舗が急激に増えています。

▶▶ 「無人AI決済店舗」の変遷

日本国内でも「無人AI決済店舗」が増えてきました。無人店舗とはデジタル技術を活用することで、受付やレジを自動化したお店のことです。バックヤード (倉庫管理や品出し、清掃、トラブル時の対応など) でスタッフは必要ですが、表向きは人がいないので「無人」店舗と表現しています。

店舗運営側のメリットは人手不足の解消や人件費削減につながり、利用者にはレジに並ばずに自動で支払いが完了する利点があります。

最初に注目を集めたのは、米Amazonの「Amazon Go」です。2016年12月に1号店がAmazonの新本社内にオープンしました。商品を手に取り、Amazon Goアプリで表示されているバーコードをかざして出口 (フラッパーゲート:電車の自動改札のようなもの) を出るだけで決済が完了する動画が衝撃的でした。サンフランシスコ、シアトル、ニューヨーク、シカゴ、ロサンゼルスなど米国で26店舗にまで拡大 (2020年6月)、その後は店舗数が緩やかに減少しています。

日本で早期に注目されたのは、2018年10月にJR赤羽駅のホームに設置された実験店舗の「無人コンビニ」です。AI技術を活用して、それまでのキオスクを自動化する位置づけですが、当初は入店できるのが1人だけに制限していたため先進性はあったものの、実用性やメリットは感じにくいものでした。

247

3-19 増える無人AI決済店舗、そのしくみとメリット

JR赤羽駅のホームに登場した「無人コンビニ」

出典：JR東日本グループ

　本格的な無人AI決済店舗のユースケースとして知られているのは、2020年春にJR山手線「高輪ゲートウェイ駅」構内で開業した「TOUCH TO GO」です。通常の駅中コンビニに近い規模になり、多くの利用者が同時に利用できるようになりました。また、当時はコロナ禍ということもあり、店員と対面しないしくみとしても注目されました。

無人AI決済店舗

無人AI決済店舗
「TOUCH TO GO@JR高輪ゲートウェイ」

2020年、JR山手線「高輪ゲートウェイ駅」構内で開業した無人AI決済店舗
出典：TOUCH TO GO

3-19 増える無人AI決済店舗、そのしくみとメリット

▶▶ カメラ・センサー・AI技術を使った無人AI決済店舗のしくみ

　「無人AI決済店舗」は、カメラやセンサーを使って来店した顧客の動きをリアルタイムで追跡、購入しようとしている商品を自動的に記録するしくみです。顧客の動き、商品を手に取る、顧客のエコバッグに入れる（手に持ったまま移動する）、商品を棚に戻す、などの一連の動作はAIが映像から解析します。システムによってはカメラ映像だけでなく、棚にセンサーを設置して、商品を手にとったかどうかを重さやセンサーで判別するものもあります。また、アルコール類の年齢確認販売にも対応したものもあります。

「TOUCH TO GO」の入店から決済までの主な流れ

入口のフラッパーゲートを通過して入店します。
出典：TOUCH TO GO、YouTube動画より

棚から商品を手に取ります。

3-19 増える無人AI決済店舗、そのしくみとメリット

天井に設置されたカメラと、商品棚のセンサーが連動して、来店客と紐付けています。

無人レジで決済します。

　TOUCH TO GO（タッチ・トゥ・ゴー）は、JR東日本スタートアップ株式会社とサインポスト株式会社の合弁会社として設立されたスタートアップ企業です。現在では、ファミリーマートや紀ノ國屋等と連携、日本郵政や鉄道会社、観光施設などとも連携して事業展開しています。

3-19 増える無人AI決済店舗、そのしくみとメリット

▶▶ 無人決済店舗をホテル業界で日本初導入

　ホテル構内に「無人AI決済店舗」を構え、ルームキーと決済を連動するしくみも登場しています。宿泊客はルームキーで入店して買い物、チェックアウト時に精算します。

　導入したのは東急リゾーツ＆ステイの運営するホテルタングラムで、LMCUとCloudpick Japanが開発協力しています。

24Hレジレスコンビニ

「タングラムスマートストア（24Hレジレスコンビニ）」の店舗入口。ルームキーで入店と買い物ができます（24時間対応）。

▶▶ 顔認証を組み合わせた無人決済店舗も

　北海道小樽市で無人古着店舗販売店「STORAGE ZERO」を運営しているストレージは、2025年2月に3店舗目となる店舗を横浜の青葉台に出店すると発表しました。この店舗の特徴は、入店時にAIカメラを用いて自動で顔認証する点です。

　店舗の入口・出口ともにドアは電子施錠がされていて、ドア横のカメラ付きのモニターに顔を近付けて認証して解錠、入店するしくみです。

　利用者にとっては「完全会員制」で入店時に多少の手間がかかるものの、今まで「万引きの件数はゼロ」ということで、セキュリティ対策に重点をおいたしくみです。

251

3-20

人間拡張コンソーシアム設立
― ドコモ・ソニー・トヨタ・ホンダなど

2024年12月、H2L、NTTドコモ、ソニーコンピュータサイエンス研究所、TOPPAN、トヨタ自動車、本田技術研究所、ミズノ、三菱総合研究所の企業8社と学術専門家4人は、「人間拡張コンソーシアム」を発足し、活動を開始したことを発表しました。

▶▶ 「人間拡張技術」とは

「人間拡張技術」とは、次世代6G通信技術やAIなどを活用し、ネットワークを通じて人間の感覚や動作を拡張すること。教育格差や労働人口の減少、伝統文化の衰退など、多くの社会課題を解決する手段として、建設、観光、教育、製造、医療などの多くの業界で注目を集めています。

発足時の「人間拡張コンソーシアム」参加企業（50音順）

 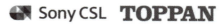

　例えば、身体動作の拡張によって、スポーツや楽器演奏の指導効果を高められる可能性があります。女優の綾瀬はるかさんとプロピアニストの角野隼斗さんを起用したNTTドコモのCM「あなたと世界を変えていく。」を見たことがある人も多いと思います。
　そのCMは次のような内容です。

　カメラに目線を向けて上手にピアノを演奏する綾瀬さんの姿。画面は筋肉の動きなどの情報を取得するセンシングデバイスを腕に装着した角野さんがピアノ演奏をしている場面に切り替わります。そして次のシーンは角野さんの手の動きをセンシングデバイスで動作データに変換している角野さんの周りにいる研究者たち。

3-20 人間拡張コンソーシアム設立— ドコモ・ソニー・トヨタ・ホンダなど

綾瀬さんがピアノを弾くことができていたのは、遠くにいる角野さんの手の動きを電気信号に変えて転送し、他者と共有できるドコモが開発している「人間拡張」の技術を活用し、角野さんの動きとシンクロすることで、綾瀬さんが流暢にピアノを演奏する、少し先の未来の姿でした。

「人間拡張技術」によって、指導者と生徒がネットワークに接続されたウェアラブルデバイスを通じて「身体動作を共有」。生徒は指導者の筋肉や関節の動きを自身の身体で直接体験し、学ぶことが可能となるといいます。また、プロ野球選手の動きを子どもに転送するような場合も、骨格や体格の違いを計算して伝送することなどが可能ということです。

これにより指導者が近くにいない地域の生徒が、効果の高い指導を受けられるようになり、教育格差の解消につながる可能性があります。

ここまでの例は、スポーツや演奏のコーチやプロなどの身体的な動きを共有する「身体能力の拡張」の例ですが、他にも、力覚や固有感覚のフィードバックによって現場と変わらない操作感を実現する「遠隔操作の発展」、メタバース上など遠隔地でも触覚や味覚・嗅覚などを再現して共有する「感覚の共有・保存」、「感情や感動の共有」などが、人間拡張の実現イメージとしてあげられています。

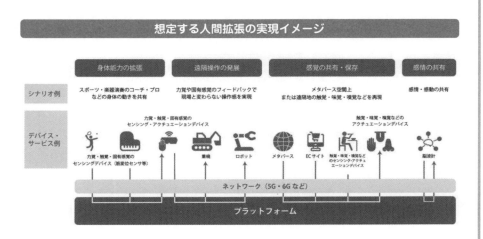

想定する人間拡張の実現イメージ

3-20 人間拡張コンソーシアム設立— ドコモ・ソニー・トヨタ・ホンダなど

▶▶ 「人間拡張コンソーシアム」とは

　「人間拡張コンソーシアム」は、人間拡張のためのエコシステムの形成と拡大、それらを通じた人間拡張技術による社会課題の解決に、様々な産業分野の企業が業界横断、産官学連携で取り組むことを目的とした組織です。内閣府主導の国家プロジェクト 戦略的イノベーション創造プログラム（SIP）第3期「バーチャルエコノミー拡大に向けた基盤技術・ルールの整備」の一環で発足しました。

　参加する企業と学術専門家が連携し、人間拡張技術の構成要素であるアプリケーション、デバイス、プラットフォームの実証・接続性の検証や、国際標準化、シンポジウムの開催やホワイトペーパーの発行などによる情報発信といった活動に取り組むとしています。

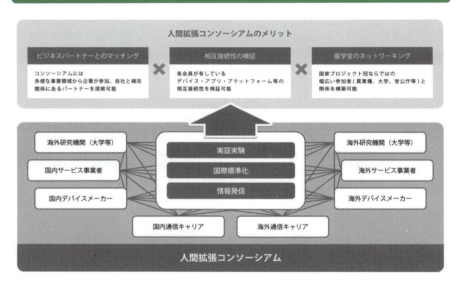

「人間拡張コンソーシアム」の活動内容

3-21

日本中にAIグリッドを構築「AI-RAN」構想 ― NVIDIAとソフトバンク

「AIグリッド」とは、AIの計算を効率的に行うために、GPUコンピューティングの巨大な計算ネットワークを張り巡らせることです。ソフトバンクは日本中にあるスマホなどの通信基地局すべてに、AIコンピューティングを設置する計画を立て、NVIDIAと連携することを発表しました。既に慶應大学SFCで試験稼働が始まっています。

▶▶ AI普及社会に向けた日本全国「AI-RAN」構想

　NVIDIAは2024年11月に開催した「NVIDIA AI Summit Japan」において、ソフトバンクと連携して高度なAIを通信基地局に搭載する「AI-RAN」（エーアイ・ラン）構想を発表しました。イベントの前日、ソフトバンクも慶應義塾大学SFCにおいて、AI-RANサービスの次世代プロダクト「AITRAS」（アイトラス）を発表して、NVIDIAの発表に呼応しています。

AIがモバイルユーザーにも浸透する近い未来を見据えて

ソフトバンクはAIがモバイルユーザーにも浸透する近い未来を見据えて「すべてのモバイルユーザーが低遅延で高速なAIを利用できる通信環境に作り直す」考えを示しました。

3-21 日本中にAIグリッドを構築「AI-RAN」構想 — NVIDIAとソフトバンク

　現在、スマホやモバイル機器を使用する際、端末は通信基地局と通信して、インターネット（クラウド）やSNSが利用できるしくみなのはご存じかと思います。端末とやりとりする通信は、基地局を通してソフトバンクの専用通信網を通ってインターネットの様々なサイトに接続できます。

スマホがインターネットに通信するしくみ（簡略図）。

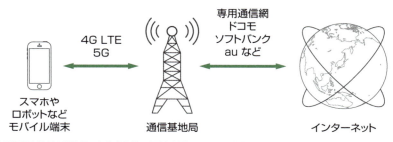

スマホは通信事業者の基地局に無線（電波）で通信、基地局は通信事業者の専用通信網を使ってインターネットに接続されています

　その基地局すべてにAI機能を持ったコンピュータ（サーバ）を置くのが「AI-RAN」構想です。一般には「MEC」（メック：Multi-access Edge Computingの略称）と呼ばれる形態のひとつです。

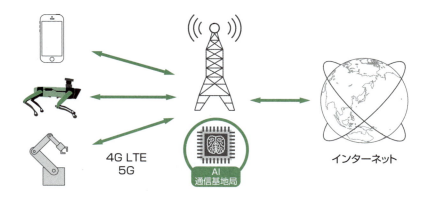

256

3-21　日本中にAIグリッドを構築「AI-RAN」構想 — NVIDIAとソフトバンク

▶▶「AI-RAN」のメリット

「AI-RAN」のメリットは、スマホやロボットなどのモバイル端末でも、近い基地局との通信だけでAI機能がフルに使えるようになることです。

メリットのひとつは通信やプラットフォーム、複数のAIモデルやアルゴリズムを、基地局に設置したAIで効率化、最適化することです。「AIオーケストレーター」(AIオーケストレーション)と呼び、異なるAIモデルを組み合わせてワークフローを自動化したり、資源の有効活用したりできることです。資源の有効活用の解りやすい例だと、今まで基地局で一度に通信処理できるスマホ台数の限界が50台だったとして、AIオーケストレーションで通信と処理の効率化をはかることで、100台が一度に利用できるようになる(台数はあくまで例です)などです。

ほかのメリットとして、モバイル環境において今よりもAI活用が身近になることです。AI推論には計算資源(リソース)を多く必要とするため、処理速度が比較的非力なスマホやロボットではAI機能を十分に活用できない場合があります。

クラウド上の強力なコンピュータを使えばAIの高度な演算が可能ですが、データ通信に時間がかかるためにタイムラグが発生します。用途によっては反応速度が遅くなって利便性を損なうケースも考えられます。例えば、わかりやすい例では反応速度の遅いゲームです。「使いものにならない」と感じるでしょう。ロボットや自動運転などではとっさの判断と対処が必要な場面がありますが、その処理に時間がかかっていたり、反応速度が遅かったりでは対応することができません。

3-21 日本中にAIグリッドを構築「AI-RAN」構想 — NVIDIAとソフトバンク

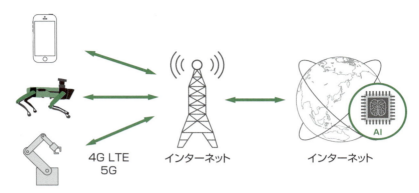

スマホやロボットではAI処理能力が低く、クラウド上のコンピュータを使用するとタイムラグが課題となります。

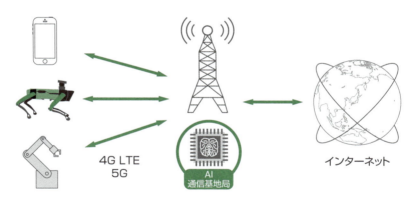

基地局にAI処理コンピュータを搭載すれば、その通信事業者を利用しているユーザーは、スマホやロボットと基地局の通信だけで高速で高精度なAI機能を使用することができるようになります。

　ソフトバンクの宮川潤一CEOは、2024年11月に慶應義塾大学SFCで開催した報道関係者向け発表会で「AI-RANでネットワーク、全国20万基地局をすべて作り直す」と発言しています。ソフトバンクは慶應義塾大学SFCの施設の中に「AI-RAN」環境を既に構築して実証実験をはじめていて、報道陣にその様子も公開しています。また、「AI-RAN」環境でのデモを公開し、生成AIや大規模言語モデルを、犬型ロボットや自動運転バスと組み合わせて高いレスポンス性能を活用するユースケースを提示しました。

3-21　日本中にAIグリッドを構築「AI-RAN」構想 — NVIDIAとソフトバンク

AI-RAN「AITLAS」サーバ

慶應義塾大学SFCに設置されているAI-RAN「AITLAS」サーバ。1基のNVIDIA Grace Hopperサーバだけで20基分のアンテナのデータを高速処理しています

第4章

超入門かんたん解説
AI関連技術と専門用語

ニューラルネットワークや機械学習など、AIの基礎技術や、AIが学習するしくみを、図解を交えて説明します。

　基礎的な内容ではありますが、ある程度のしくみを体系的に理解しておくと、AIの理解度が高まり、AIを実践活用する際の手助けにもなります。

4-1

学習することで
判断できるようになるAI

AIは人間の脳のしくみをIT技術に反映したものです。そのため、人間が学習していく
プロセスに非常に似ています。AIの機械学習、AIモデルの作成、AI推論のしくみを少し
詳しく解説します。また、技術的な用語にも触れていきます。

▶▶ AIの機械学習の基本

第1章「AIの開発、機械学習・AIモデル作成・推論」で、「従来のプログラムは、プログ
ラマーがパソコンに向かってプログラム言語によってコード等を記述して開発していま
す。一方で、AIの開発は「機械学習によってAIモデルを生成し、生成したAIモデルを
使ってAI推論をおこなうことで動作する」と解説しました。すなわち、AIは反復して学
習することで高精度に判別できるようになり、高精度の判別ができるからこそ、次の判
断や予測が、より正しくできるようになるのです。

現代のAIが最も得意とするのが画像の解析です。AIの学習方法は人間のそれと非常
によく似ています。例えば「犬」の画像を大量に見せる（入力する）うちに「犬」を学習し
ます。人間も動物の中で「犬」かどうかを見分ける時には、理屈ではなく今まで見てきた
経験から、なにかしらの犬の特徴を理解していて、それをもとに識別しています。

従来のプログラムと機械学習

従来のプログラムは、プログラマーがコード等を記述して開発していた

↓

AIの開発は「機械学習によってAIモデルを生成し、AI推論をおこなうことで動作する」

↓

AIは学習することで高精度に判別できるようになる

「犬」特徴量を理解する

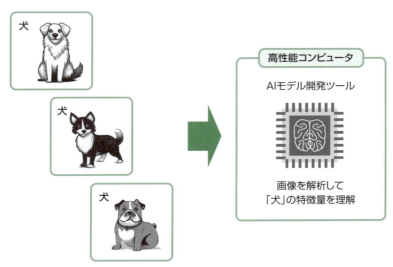

大量の「犬」の画像を入力することで、AIは「犬」の特徴量を理解するようになる

　同じ「犬」でも、柴犬やブルドッグ、ダックスフント、ポメラニアンなど、犬の種類別に見せるうちに、犬であり何の種別かを識別できるようになります。

　この例では画像データに「犬」という名前（正解）が付け加えられています。これを専門用語で「ラベル」と呼びます。種別まで判別させたい場合は、画像に「犬」に属する「柴犬」といったラベルを付加します。このようにラベル（正解）付けしたデータを「教師データ」、教師データを用いて学習させる方法を「教師あり学習」と呼びます。正しい答えを教えてもらいながら学ぶAIの学習方法です。日本語では「教師あり」という単語にこだわってしまうとわかりにくいですが、正解＝教師、ラベルあり＝教師あり、という意味で「教師あり」を捉えると覚えやすいかもしれません（詳しく後述します）。

4-1 学習することで判断できるようになるAI

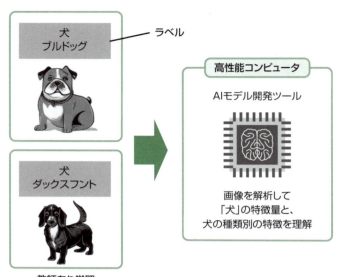

この特徴を持った存在が「犬」であることをAIに教える必要があります。それがラベルです。これが「犬」であること、そして種別はなんであるかなど、分類したい属性をデータにラベルを付けて学習させます。それを「教師あり学習」と呼びます。

▶▶ AIの識別機能の基本

「犬」の画像を大量に見せるうちにやがてAIが「犬」の特徴を学習するように、AI開発ツールに「猫」の画像を大量に見せるうちにやがて「猫」を覚えます。こうして、犬と猫を学習して生成したものが「AIモデル」（犬と猫を識別できるAIモデル）です。更に、猫の種類別にラベル付けした画像データで学習すれば同様に猫の種別も見分けられるようになります。こうして、犬と猫、そして各種別を学習して生成したものが「犬と猫を見分けて、種類までわかるAIモデル」です。

犬と猫の違いを区別する「AIモデル」に画像を見せると、犬と猫かを区別して、正解の確率を添えて回答します（例：「正答の確度90%で犬です」など）。種類を聞けば、種類も答えるでしょう。もしも、画像では判別しにくかったり、ほとんど学習していない種類の犬や猫の画像を見せたりした場合、憶測だということも含めて低い確度で解答します（例：「正答の確度10%で薩摩犬です」など）。

4-1 学習することで判断できるようになる AI

▶▶ AIの高度な分類機能の活用例

　犬と猫の識別例では、それほど社会の役に立つような機能には感じないかもしれません。しかし、有識者や学者、詳しい人が作成した教師ありデータから学習した識別能力ならどうでしょうか？ 活用する分野によっては大きな力になり、命を救うこともあります。

　例えば、強い毒性を持った蟻「ヒアリ」（南米原産の特定外来生物）が港や街で発見されて話題になりましたが、蟻は一般の人が見てもそれが「ヒアリ」かどうかはすぐに判断できません。しかし、専門家ならすぐに判別できます。専門家が監修して作成した大量の教師ありデータ（ヒアリの正解データと、ヒアリではないデータ）で学習したAIモデルは瞬時に判断することができ、万が一ヒアリだった場合に危険を回避したり、通報することができます。

　また、MRIやCT、レントゲン写真等から病巣をみつける診断作業には、熟練の医師や、いわゆる権威と呼ばれる医師が監修した教師データが有効です。「優秀な医師が首都圏に集中している」とか「MRIやCTの機器はあるけれど、その画像を解析する医師が足りない」こともあります。患者からすると、こうした状況下だと特に、熟練の医師にも画像を診てもらいたい、セカンドオピニオンを希望する、といった人もいるでしょう。その場合、MRIやCT画像を熟練の医師の教師あり学習で生成された「AIモデル」で解析することによって、今まで解らなかった病気を発見することができる場合があります。

4-2

機械学習と特徴量

人工知能関連技術として注目されているのは「機械学習」（Machine Learning）です。人間が学習するのと同様に、機械自身が訓練データやビッグデータを解析して学習し、画像や音声の認識、会話分析、さまざまな統計解析、未来予測などを高い精度で行うことを目指して開発されました。

▶▶ 「特徴」を増やす

ニュースで話題の「ディープラーニング」や「ニューラルネットワーク」などのキーワードも、この「機械学習」の分野に含まれます。そこで、機械学習の特徴から解説していきましょう。

まずは頭の体操を兼ねて、モノ当てクイズゲームの話から。

親子の会話遊びのひとつに、出題者があるものを頭に思い浮かべ、それに関連するヒントを言って、相手が答えを推理して当てるゲームがあります。例えば、出題者がヒントに「赤い」というと、消防車、郵便ポスト、火、リンゴ、花などが思い浮かびますが、もちろん「赤い」だけでは回答の限定はできません。そこで次のヒントが「フルーツ」であれば、リンゴやイチゴ、さくらんぼなどが思い浮かびます。更に次のヒントが「ヘタに葉っぱがある」「ツブツブがある」と続けば、答えは「イチゴ」だとかなり高い確度でわかります。このヒントを仮に「特徴」と呼ぶことにします。

このクイズゲームをコンピュータ化し、コンピュータが回答して当てるシステムを作るとします。ヒントとして出題された「赤い」もの、「フルーツ」に分類されるもの、「ツブツブがあるもの」等の特徴から、当てはまるのは「イチゴ」という答えを導き出すしくみになります。ヒントが「赤い」と「フルーツ」ではまだ曖昧ですが、「ヘタに葉っぱがある」「ツブツブがある」など、ヒントとなる特徴が増えていくことで正解がわかってきたり、正解の確率が上がったりします。

4-2 機械学習と特徴量

特徴と推理

[ヒント（特徴）]	[コンピュータの推理 / 回答]
赤い	火、リンゴ、血、花……
フルーツ	リンゴ、イチゴ、さくらんぼ……
ヘタに葉っぱがある	イチゴ
ツブツブがある	イチゴ（きっと間違いない）

　今まで利用されてきたルールベース型の場合、このようにイチゴの特徴や条件をできるだけたくさん人間が登録しておくことで、イチゴをより正確に回答できるようになると考えられます。ただし、会話で行う場合、「ツブツブ」は「プツプツ」、「てんてん」と表現する人もいるでしょう。そういった多くの曖昧な部分（言葉の揺らぎ）も考慮してシステムは作られなければいけません。

　例えば、誰かにイチゴの特徴をいろいろな表現でたくさん喋ってもらうとします。それをコンピュータが聞いていて、すべて文字に変換して特徴をデータベースに自動で登録してくれれば、開発者の作業は簡単だし、なんだか未来的な雰囲気ですね。
　また、「イチゴ」と指定するとコンピュータが自動的にインターネット上を駆け巡り、Wikipediaや百科事典サイト、オンラインショップ、X（旧Twitter）やFacebookなどの情報を解析して、機械自身がイチゴの特徴を学習するようになったら、もっと開発作業が簡単で未来的ではないでしょうか。

クイズ回答システムの開発

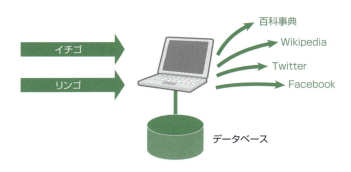

4-2　機械学習と特徴量

▶▶ 画像の「特徴」を登録する

　次は少し視点を変えて、画像認識を例にしてみましょう。

　ある画像を入力すると、その画像が何かを言い当てるシステムを作るという課題で考えてみましょう。お題としてコンピュータがイチゴの写真を見せられたとき、画像を解析し、画像全体あるいは画像の一部の形状や模様等が同じものがデータベースにあったとしたら、同一のものと判断して回答として返す、という技術が主に使われてきました。パターンマッチングです。

　具体的には、例えばイチゴ全体の写真を撮ってデータベースに登録しておきます。お題の画像がまったく同じものであれば確実に当てられるでしょうし、それに近い画像であれば高い確率で「イチゴ」と回答できるでしょう。しかし、全く異なる角度や構図で撮られた写真であれば当たる確率は下がると思います。ここで、もっと当たる確率を上げようと思えば、ツブツブ（タネのように見える部分：実際にはここが果実）やヘタの部分など画像の一部を切り出したり、四方八方から撮ったりした写真を登録しておきます。そのいずれかに合致した模様や形があれば、コンピュータがそれをイチゴだと回答する確率は高くなります。

　言葉のゲームの場合は単語や表現を条件にして、画像認識の場合は画像やその一部を条件にして、合致するものを回答として抽出するしくみは同じです。そして、いずれの場合もそれら条件になる特徴は人間によって登録しておく必要がありました。

　例えば、熟す前のイチゴの実は緑や白ですが、その条件を人間が追加しない限り、一般にコンピュータは緑や白のイチゴはイチゴとして認識しません。したがって、ビニールハウスで時期を待つイチゴもイチゴだと認識させるには、それもまた人間が条件を与えなくてはいけません。

　こうした登録作業を人間が行うのは大変です。果物だけを対象とした「フルーツ当てクイズ」システムならまだしも、なんでも対象にした質疑応答システムにするとなると、品物も特徴も膨大な数になり、その登録には大変な労力が必要になります。

▶▶ 機械学習による「特徴の登録」の自動化

　そこで、特徴の登録を自動化できないだろうか、という発想が必然的に生まれます。その回答のひとつが機械学習です。機械自身が特徴をみつけて登録（学習）していくこと

で、どんどん賢くなる——機械学習なら、人間が条件を登録していく必要がなくなるかもしれません。

また、開発者が知らないことを機械が学習するかもしれない、そんな可能性もあります。

「白イチゴ」というものがあることをご存じでしょうか。Xで話題になって注目を集めたのでXユーザーなら知っているかもしれませんが、一般には白いイチゴの存在を知らない人は多いでしょう。しかし、もし機械学習がXのデータを収集して学習するとしたら、コンピュータは赤いイチゴとは別に白いイチゴがあることを理解しているに違いありません。例え開発者が知らなくても。

▶▶ ニューラルネットワーク

機械学習の一種にニューラルネットワークがあります。そして、ニューラルネットワークの一種にディープニューラルネットワーク、ディープラーニング（深層学習）があります。

機械学習とニューラルネットワーク

「機械学習」のひとつとして使用する「ニューラルネットワーク」の中に「ディープラーニング」があります

4-2　機械学習と特徴量

押さえておきたい人工知能関連技術のキーワード

- ●ルールベース（知識ベース）
- ●機械学習
- ●分類問題
- ●回帰問題
- ●強化学習
- ●ニューラルネットワーク
- ●形式ニューロン
- ●特徴量
- ●教師あり学習 / 教師なし学習
- ●ディープラーニング
- ●過学習
- ●バックプロパゲーション
- ●オートエンコーダ
- ●CNN（コンボリューショナル・ニューラルネットワーク）
- ●RNN（リカレント・ニューラルネットワーク）
- ●人工感性知能

4-3

ニューラルネットワークと
分類問題

　「機械学習」は、機械が膨大なサンプルデータを解析したり、訓練データを反復したり、規則、ルール、表現、条件、判断基準などを自ら抽出したりしてデータベースに蓄積して学習します。認識や分析が必要なデータが入力された場合、機械は蓄積したデータベースをもとに、データを分析したり、識別したり、関係性を考えたり、予測したりして、人間が普段から行っている「考える」作業を代替します。

▶▶ 「分類問題」と「回帰問題」

　機械学習には大別して「分類問題」と「回帰問題」があります。ここでいう「問題」とは「problem」ではなく「question」と考えた方が理解しやすいでしょう。

　「分類問題」は、文字通り何かを分類することで、既に実用化が進んでいます。例えば、何かを分類する機能と考えると、はじめはわかりやすいと思います。画像認識を例にすると、スキャンした画像が何であるか、「猫」「犬」「お茶」などと識別する、その分類です。テキストならSPAMメールか正規のメールか、ニュースのジャンル分類、データ分析なら売れ筋商品やリコメンド商品の分類などがほんの一例です。

　分類問題は、予測対象が犬やネコなどの離散値（連続していない値）であるのに対して、「回帰問題」は、予測対象が1.05m、40.14$などの実数値である問題のことです。計算によって算出される数値、推測や未知のデータの予測など、更に時系列で変化する株価データなどです。もう少し解りやすい例で言うと「数値を予測するためのルールを作る方法」においてAIモデルを作ります。例えば、人の身長と体重の平均的な相関関係です。たくさんの人の身長と、その人の体重のデータを集めれば、ある人の身長が○cmの場合、体重は概ね×kgだという予測ができます。

　特定のアイスキャンデーがあるコンビニで一日に売れる本数と、毎日の気温の推移のデータがたくさん蓄積していくと、気温とアイスの販売本数の相関関係から「気温○度なら、アイスは×本売れる」と予測できます。

　「回帰」の基本的な考え方は、このような数値的な相関関係をみつけてルールを作ることです。今の例は変数がシンプルすぎる例ですが、「もしも○だったら」の事柄が多数あ

第4章　超入門かんたん解説AI関連技術と専門用語

271

ると計算が複雑になりますが、AI回帰モデルは得意です。気象予測、売上予測、金融・マーケット予測、膨大な数値データから相関関係をみつける分野等で活用されています。

▶▶ ニューラルネットワーク

「機械学習」の種類は様々ありますが、人工知能関連技術として注目されているのが、人間の脳を模した「ニューラルネットワーク」です。

ニューラルネットワークのしくみは後述しますが、その最大の特徴のひとつ「人間と似た方法で学習する」という意味を解説します。それはモノの「特徴量」を算出（抽出）する方法です。

まずは問題を出します。一緒に考えてみてください。
次のいくつかの画像を見て「犬」と「猫」に分類してください。これは前述の「分類問題」のシンプルな例です。

分類問題

それぞれの画像を犬と猫に分類してください。

4-3 ニューラルネットワークと分類問題

　画像認識で成果を上げている機械学習のニューラルネットワーク、とりわけディープラーニングでは、このような分類問題は得意分野になりつつあります。性能の良い分類システムなら次のようにきちんと分類できるでしょう。

それぞれの画像を分析し、コンピュータは犬と猫に分類することができる。

4-3 ニューラルネットワークと分類問題

では、ニューラルネットワークで行っていることの、どの部分がすごいのでしょうか？

ニューラルネットワークがほかと異なるのは、膨大な学習によって、分類する要素を機械自身が発見するところです。

例えば、先ほど皆さんがこの問題を出されたとき、犬と猫をどうやって区別したでしょうか？　みなさんはどこを見て犬か猫かを判別していますか？

従来のコンピュータシステムでは、判別する条件や基準、ルールを人間が指定する必要があることは前述しました。これが**ルールベース**等と呼ばれる由縁ですね。

「耳が三角形」「鼻が突き出ている」「長いヒゲが多数ある」「毛でモフモフしている」といったようなルール（基準）です。ところが、今挙げた条件に、具体的な犬や猫が当てはまるとは限りません。垂れた耳の種類もいますし、鼻が平たい種類、毛は長い種類のものも短いものもいます。犬や猫にはたくさんの種類があって形状は様々です。言葉で条件づけするのは困難ですが、人間は容姿のどこかを見てだいたい犬か猫かを判別しています。

耳が垂れていると犬っぽい、カラダが長い犬の種類がある、黒目が縦長だと猫っぽい、など、実際にはどことなく何かしらの特徴から判断して、人間は犬か猫かを区別できます。しかし、どこを見たら区別できるの？　と、あらたまって区別の方法やそのルールを問われると「うーん、見ればわかるでしょ？」と曖昧に答えるかもしれません。これは人間の脳が、今までの経験からそれが犬なのか猫なのかを判断するためのなんらかの「特徴」を経験や学習から持っていて、それをもとに判別していることを意味しています。

これがニューラルネットワークでは重要なポイントです。

機械学習のニューラルネットワークでは、識別して分類するために人間が提示したルールではなく、「ある『特徴量』を算出」します。そしてその特徴量が「犬」だと教えれば、犬に分類します。これを繰り返すと、機械自身が特徴量を算出して、犬に分類すべき情報が増えていきます。こうして学習や訓練、トレーニングを重ねると、犬にはいろいろなパターンがあることを学習するとともに、どのような特徴量のものを「犬」と分類すれば良いかを理解します。コンピュータが扱っている特徴量は実際には数値（ベクトル値）なのですが、ニュアンスとしては人間のように「犬か猫かは見れば解る」と同様に、どこがど

4-3 ニューラルネットワークと分類問題

うというのではなくて、「なんとなくわかるでしょう、これは犬ですよ」という曖昧な「特徴量」から見分けられるようにもなるわけです。また、これらの特徴は訓練によって機械が自動的に学習するので、開発者は従来のように細かなルールを定義する必要から解放されるのです。

訓練データで「犬」を学習する

たくさんの犬の画像から特徴量を算出し、機械が自ら犬の特徴を学習する。

　こうして完成した分類システムに「この画像は犬か猫かどっちですか?」と画像を入力すると、その画像の特徴量をコンピュータが分析し、犬の特徴量の範囲と合致していれば犬であると判断し、猫の特徴量と合致していれば猫と判断して分類するというわけです。そして、繰り返しますが、重要なのは犬の判断基準(特徴量)は人間が作って与えた

4-3 ニューラルネットワークと分類問題

ものではなくて、機械が学習によって自分で割り出したもの。これを可能にしたのが機械学習のニューラルネットワークであり、高い精度で認識するのがディープニューラルネットワークです。「ディープラーニングでは機械学習によって特徴量を学習する」とか「ディープラーニングで何かしらの特徴量を算出する」という意味は、こういうことを示しています。

ニューラルネットワークのどの部分がすごいのか？

膨大な学習によって、分類する要素を機械自身が発見するところ

みんなどこを見て犬か猫かを判別しているのか？

従来のコンピュータシステムでは、判別する条件や基準、
ルールを人間が指定する必要がある。「ルールベース」

機械学習のニューラルネットワークでは、識別して
分類するために「ある『特徴量』を算出」する

学習や訓練、トレーニングを重ねると、どのような特徴量のものを
「犬」と分類すれば良いかを理解する

機械が自動的に学習するので、開発者は細かなルールを
定義する必要から解放される

4-4

ニューラルネットワークのしくみ

前節で触れたニューラルネットワークは、人間の脳にどのように似ているのでしょうか。
ここでは、そのしくみを解説します。

▶▶ 脳の基本構造

人間の脳のしくみはまだ解明されていません。少しずつわかってきたこととしては、脳自体がすごい計算・認識能力を持っているわけではなく、300億を超える膨大な数の脳神経細胞（ニューロン、Neuron）が様々に結合し、情報を伝達したり処理したりすることで、記憶したり考えたり、モノを判別したり、会話したりしているのではないか、ということです。

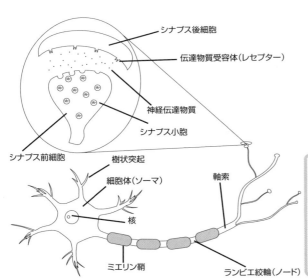

神経細胞の構造図解

樹状突起、細胞体、核などで構成された神経細胞（ニューロン）は、神経伝達物質によってシナプス（細胞間の結合）を形成する。脳は、神経細胞の情報伝達による共通のパターン認識と処理によってすべての能力をこなしているという理論がある。

「ニューラルネットワーク」(Neural Network) は、このニューロンのしくみをコン

4-4 ニューラルネットワークのしくみ

ピュータで模倣することに挑戦したものです（ニューラルネットワークは「NN」と略して呼称されることもあります）。ニューラルネットワークという言葉は、生体や生物学、神経学の分野でも用いられるため、人工知能やコンピュータ業界で脳のしくみをシミュレートしたシステムのことをいう場合はあえて「人工」という言葉をつけて「人工ニューラルネットワーク（人工神経回路網）」「ANN」と呼んで区別することがあります。

第1章でも触れましたが、脳は神経細胞の巨大なネットワークだと言われています。

ネットワークを構成しているニューロンは無数にあり、その数は100億〜300億個超という説もあります。神経細胞の役割は情報処理と、他の神経細胞への情報伝達（入出力）です。他の神経細胞へは神経伝達物質によるシナプスの結合によって情報の伝達が行われ、記憶や学習など知能的な処理を行っています。

脳科学の「たった一つの学習理論」（One Learning Theory）によると、脳はさまざまな機能を持っているように思えますが、実は共通のパターンを認識して処理していると言います。

詳しくは脳科学の専門書をあたって欲しいのですが、ごく簡単に言うと、人間はモノを見たり聞いたり、会話したり、何かを感じたり、感情を抱いたり、回答を考えたり、推測したりと様々なことをこなしているので、脳にもそれぞれに適した構造の部位があって、複雑な処理をしているように想像します。しかし、実は脳の内部ではすべて同じパターン認識によって情報処理されているという理論なのです。

そして、ニューラルネットワークがそのパターン認識を模倣できれば、脳と同様に、画像認識でも音声認識でも、計算でも分類でも推論でも、そして学習や記憶でも、何にでも汎用的にこなせる可能性があるのではないか、という考えです。それを実践しているのがニューラルネットワークとそのアルゴリズムなのです。

人工ニューラルネットワークのしくみ自体は新しいものではありません。人工知能は古くから研究されていて、「形式ニューロン」の発表は1943年、視覚と脳の機能をモデル化した「パーセプトロン」の発表は1958年に遡ります。

4-4　ニューラルネットワークのしくみ

▶▶ ニューラルネットワークの基本

　ニューラルネットワークは脳と似たしくみを単純化して、コンピュータで再現したものです。コンピュータ上で脳神経細胞をシミュレートする「**形式ニューロン**」や「**ノード**」を配置します。入力された情報は各ニューロンで処理され、別のニューロンに伝送されます。情報を受け取った別のニューロンは処理を行ったうえで、また別のニューロンに情報の伝達をします。この処理を繰り返すことで「特徴」（特徴量）が算出され、なんらかの処理結果を出力するしくみが「ニューラルネットワーク」の基本です。なんらかの処理結果とは曖昧な表現ですが、ものの認識であったり、分析や予測であったり、会話であったりと様々です。

▶▶ 入力層と出力層

　コンピュータでは、単純化した模式図として次の図がよく用いられます。

ニューラルネットワーク　入力層-出力層

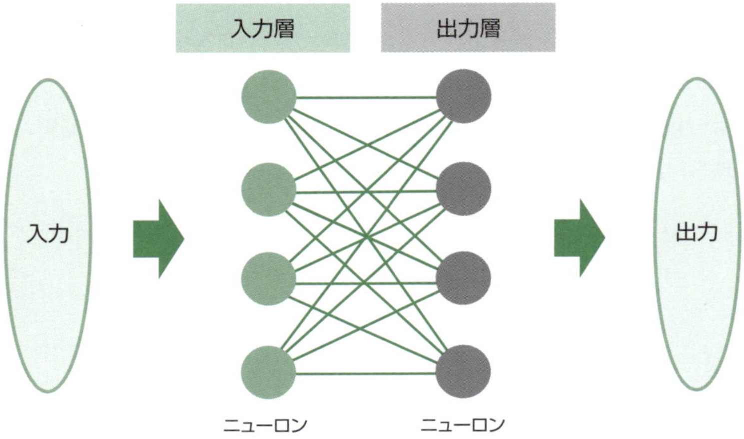

入力層　　　出力層

入力　　　ニューロン　　ニューロン　　　出力

図の●は形式ニューロンやノードを表す。入力された情報は、入力層の無数のニューロンが処理して別のニューロンに情報を伝達し、出力層の無数のニューロンが処理した結果を出力する。

　多数のニューロンが存在すると言いましたが、それらは層に分かれて役割を果たしています。もっとも単純な形態は「**入力層**」と「**出力層**」です。入力された情報に対して、ま

ず入力層にある多数のニューロンが情報を処理し、その結果を出力層のニューロンに伝達し、出力層で判断を行って回答を出力する、というものです。

　入力に対してどう反応するかが出力となります。例として最適かどうかはわかりませんが、人間で言えば、手をつねられたら（入力）、手を引っ込める（出力）、といったことです。これらは脳の機能に基づいているので、入力層は「感覚層」、出力層は「反応層」とも呼ばれることもあります。

▶▶ 中間層（隠れ層）

　脳は、感覚的な処理だけでなく、ものを識別したり、計算したり、考えたり、記憶を呼び覚ましたり、いろいろな働きをしています。ニューラルネットワークでは複雑な情報を処理するのに、入力層と出力層の間に「中間層」を設けます。中間層を隠れ層と呼ぶ場合もあります。

　中間層があることで、処理を行うニューロン群の層が増えます。すなわち思考を深くするのです。前項で解説した入力層と出力層だけで構成されたネットワークより、入力層 - 中間層 - 出力層で構成されたネットワークの方が中間層のニューロンが増えて情報処理が増えた分だけ、回答の確度が上がったり汎用性の高い回答が得られたりすると考えられます。

　入力層は、中間層にある多数のニューロン群に対して情報を伝達し、中間層のニューロンが処理し、出力層のニューロンに伝達して処理します。

4-4 ニューラルネットワークのしくみ

ニューラルネットワーク　入力層 - 出力層

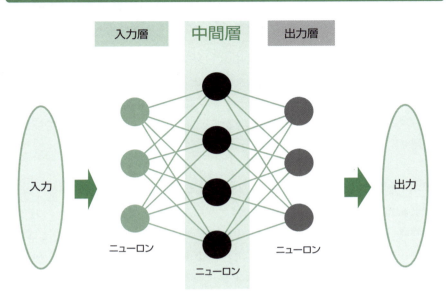

入力された情報は入力層で処理し、その情報は特徴量を算出する中間層の各ニューロンに伝達する。そこで多数の処理を行った後、出力層の各ニューロンに情報を伝達して出力結果(回答)を返す。

4-5

ディープラーニング（深層学習）

　もっと思考を増やすにはどうしたらいいでしょうか。中間層を二層にしてニューロンの層を増やすことが考えられます。一層よりもっと深く思考するのです。こうして中間層に多層のニューロン層を持つものが「ディープニューラルネットワーク」と呼ばれ、ディープニューラルネットワークで機械学習することをディープラーニングと呼びます。深く思考する「深層学習」とも呼ばれています。

▶▶ 「ディープニューラルネットワーク」で更に深く考える

　本章冒頭の親子の会話から答えを連想するゲームを思い出すと、ヒントとして提供された特徴が「赤い」と「フルーツ」だけのとき、まだ回答が「イチゴ」だとは絞りきれていません。次の「ヘタに葉っぱがある」という特徴を聞いてイチゴかもしれない、更に「ツブツブがある」という特徴でイチゴに違いないと確信しています。

　このように、特徴量が多い方が回答は正確性を増します。特徴量の質も重要です。「どこかに葉っぱがある」といった曖昧な特徴や、「ツブツブ」のような具体的なものではなく「表面に何か模様がある」といった特徴量では、正確に把握しているとは言い切れません。

　また、「犬」と「猫」のイラストを分類した例で言えば、かなりたくさんのイラストで訓練しないと、「犬」か「猫」かを判断する特徴量を機械が見つけて学習するのが難しいことは、容易に想像できると思います。

　特徴量はニューロンの処理によって算出されるものですが、多数の訓練データを読み込ませて処理することで学習させることができます。理論上は訓練データが多ければ多いほど未知のデータに強くなり汎用性が増します。

　人間がひとつのことをじっくり考えることを「深く考える」などと言いますが、「中間層を多層にしてニューロンの数（情報伝達と処理）を増やせば、もっとたくさん深く考えられるのではないか」と考えたのが「ディープニューラルネットワーク」です。

中間層を増やして深層化するディープニューラルネットワーク

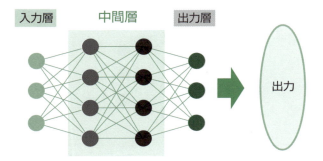

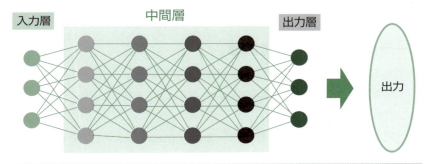

ディープラーニングは、中間層を多層にしたディープ・ニューラルネットワークで行う。ニューロンと層が増えることで、情報伝達と処理を増やし、特徴量の精度や汎用性を上げたり、予測精度を向上させたりする可能性がある（図の例では、上は中間層が2層、下は中間層が4層のディープ・ニューラルネットワーク。実際には10～20層の構成も多く使われる）。

「分類問題」の話を前述しましたが、コンピュータに「これは犬である」という正解（**ラベル**）を付けたたくさんの犬の画像を入力して学習させると、特徴量をコンピュータが自分で抽出して「犬」を分類できるようになります。こうして、犬や猫、人間などの特徴量を学習すると、そのコンピュータは様々なモノを認識したり識別したりできるようになり、更には犬が何をしている、どこにいる、などの状態も把握できるようになると言います。

4-5 ディープラーニング（深層学習）

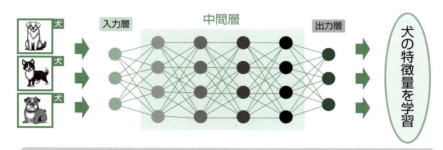

犬を学習するディープニューラルネットワーク

「犬」という正解（ラベル）を付けた犬の画像を大量にコンピュータに入力して学習させると、犬の判別ができるようになる。正解付きデータで学習させる方法は「教師あり学習」と呼ばれる。

▶▶ ニューラルネットワークの訓練

　特徴量と確度を理解するために別の例、手書き文字認識を例にしてその「イメージ」を想像してみましょう。入力するのは手書きした文字をスキャンした画像、出力は何の文字かという答えです。

　入力された画像は細かく複数分割したり、あるいはコントラストや明度を上げたり下げたり、反転したり、画質を調整したりして分析するとします。それら試行した情報の結果を中間層にある多数のニューロンに伝達します。受け取ったニューロンは別の方法でその情報を分析します。

　「A」という文字を書いたとすれば、直線だけでできているとか、三角形があるとか、頂点がとがっているとか、交点はいくつあるとか、その交点は上と中間の高さにあるとか、実際には様々な角度から分析されて、その情報を出力層のニューロンに伝達します（実際はベクトル数値で行われるので表現はあくまで架空のものです）。こうして処理を行った結果、入力した文字は「A」であると回答する（出力する）という流れです。

　こうして考えても、たくさんの特徴量を見つけて、その情報を持っていた方がより正確性が上がることが想像できます。しかも、この特徴量を算出するためのデータが多ければ多いほど、算出した特徴量の正確性が上がるでしょう。ニューラルネットワークでは、このようにチューニングしたり、トレーニング（訓練）で多くの訓練データを処理させたりすることによって、特徴量の正確性が上がり、正解を導き出す確率が高いシステムに成長します。

4-6 教師あり学習と教師なし学習

　機械学習では、どうやって学習したり、訓練したりするのでしょうか？　代表的な学習の仕方が、機械に質問と回答を同時に教える方法です。4-5節の例で言えば、犬の画像に「分類は犬である」という正解を付けたデータを分析させます。これを「ラベル付きデータ」(正解付きのデータ)と呼びます。

▶▶ 手本を見せる学習手法

　では、正解がわかっているのに機械は何を分析するのかというと「どうしてそれが犬に分類されるのか？」ということを考えさせるのです。つまり機械に「特徴量」を自ら発見させる→それは「犬」に分類される→その特徴量のものは「犬」である、ということです。

ラベル付きデータによる訓練学習

ラベル付き訓練データ　　（特徴量を割り出す）

訓練データとして、正解付きの画像(ラベル付きデータ)を入力する。正解は犬だとわかっているので、機械は分析した特徴量が「犬」の特徴であることを学習し、大量に学習することで犬に分類すべき特徴量が蓄積され、精度が上がっていく。

　しかし、画像を一枚だけ解析して特徴量を覚えたシステムだと、ほかの犬の画像を見せても、よほど似た犬の画像でなければ同じ犬の種類だとは判別できないでしょう。では、犬のラベル(正解)付きデータ画像を、仮に1000万枚読み込ませて訓練させたとしたらどうでしょうか。1000万通りの犬の特徴量を学習すれば、膨大な特徴量から照合

4-6　教師あり学習と教師なし学習

することで、「犬」を識別できるようになる確率は高くなるでしょう。

　これがニューラルネットワークの勉強法 (のひとつ) であり、学習するためには膨大なビッグデータが必要になる理由です。この犬の例のように、ラベル付きのデータで学習させる方法を「教師あり学習」と呼びます。

　機械学習には「教師あり学習」(Supervised Learning) のほかに「教師なし学習」(Unsupervised Learning) があります。

　教師あり学習は、この画像は犬であるとか、この場合の1時間後の株価はいくらである、というように入力データと正解が1対1で紐づいている訓練データを使って学習することです。

　「教師なし学習」は、入力画像はあるけれど、その正解データは与えられないものです。予測は未来のことなので正解はありません。このように推論、分析など、正解がない、正解が解らない問題で学習することを教師なし学習と呼びます。

　教師あり学習と教師なし学習を混在させる方法もあります。まずは機械に対して教師あり学習で特徴量を学ばせて、それ以降は教師なし学習で膨大な訓練データを与え、自動的に特徴量を算出させながら繰り返し学習する方法です。これを「半教師あり学習」(Semi-Supervised Learning) と呼ぶこともあります。

　機械学習の用途や利用法によって、最適な学習方法も異なりますので、最もパフォーマンスが上がると見込まれる学習プロセスを利用することが重要です。

▶▶ 教師あり学習の例：手書き文字・数字の判定

　「教師あり学習」は、すでに述べたように、ラベル付きのデータで学習させる方法です。

　前述の「犬の画像に『分類は犬である』という正解を付けたデータを分析させ、特徴量を学習させる」という例も、典型的な教師あり学習です。

　同様に、手書きの文字や数字を機械が判定するシステムを例に見てみましょう。

　入力は、手書きの文字や数字をスキャンした画像です。出力 (回答) は、その画像を認識した結果ということになります。教師あり学習で機械学習を行う場合、手書きの文字画像に正解を付けて入力します。

楷書で書かれた文字や数字は機械にとっても正しく識別しやすいのですが、崩して書いた文字の判別は機械にとって最初はとても困難です。特に「2」や「7」は形状が大きく異なるものも実社会では普通に使われています。このように明確な正解があって、その正解率を向上させるには、教師あり学習が適しています。

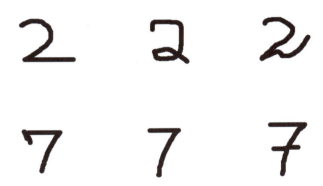

判別が難しい数字

例に挙げた数字が同じ「2」や「7」であることをコンピュータになんの情報もなく学習させるより、正解がわかっていて特徴量を理解させる方が効率的です。崩して書かれた文字と正解のある**訓練データ**(Labeled Data)を予めいくつかのパターンで用意しておいて学習させます。

4-6 教師あり学習と教師なし学習

教師あり学習

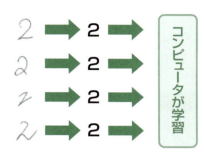

手書き数字の訓練データに正解の情報（ラベル）を付けて学習させる。コンピュータは崩して書かれた状態やクセなどを特徴量として学習し、どの手書き数字も正しく認識する確率が高くなる。

やがて任意の手書きデータを入力するとコンピュータは数字を識別できるようになります。次の段階では、例えばより多くの手書き画像を入力してみてコンピュータの判定結果をディスプレイに次々に表示させ、それを見て人間が正しく認識できたかどうかを確認（採点）します。間違っているなら正解は何か、を教えることで、特徴量を新たに覚えていきます。

教師が結果を判定

機械が出した回答を人間が見て正否を判定するトレーニング。

「教師あり学習」の弱点

「教師あり学習」にはいくつかの欠点があります。

まず、教師ありデータを用意するために大量のラベル付きデータセットを用意する必要があります。この作業を専門用語で「アノテーション」と呼びます。データを収集し、ラベルを付加する「ラベリング」には多くの労力と時間がかかります。人手をかければコストが高くなります。医療や特定の専門分野など、有識者による知識が必要なデータの場合、そのコストはさらに増大します

次に「バイアス」の課題です。バイアスとは「偏り」のことで、教師データに思想的なものが入る可能性がある場合、作成する人の思想の偏りがAIの学習と、作られたAIモデルに影響する、ということです。これはAIモデルの公平性や精度に悪影響を与える可能性があるので避けなければいけません。

教師なし学習

「教師なし学習」は、正解のないデータで機械学習を行うことです。正解がない予測や分析、解析等の分野で使われたり、膨大なデータの中からコンピュータ自身に何かを発見させたり、膨大な訓練データを繰り返して学習させたりする際などに用いられます。

教師なし学習はコンピュータに画像や音声、数値など膨大なデータを読み込ませて、特徴量を求め、それに従ってパターンやカテゴリーに自動分類したり、クラスター分析、規則性や相関性、特徴、特異性、傾向等を解析させたりします（主成分分析、ベクトル量子化/標本化サンプリング等）。

また、データマイニングなど、未知のデータの特徴を発見したり予測したりする分野では、必然的に教師なし学習の手法をとるケースが多くなります。

なお、教師なし学習を行う場合でも、最適と思われる初期値を与えて学習をはじめた方が効率的と言われています。

4-6　教師あり学習と教師なし学習

教師あり学習と教師なし学習

	訓練データ	方法	長所 / 短所
教師あり学習	ラベルあり（正解付き）	正解付きデータを機械に自動的に解析させ、算出した特徴量を正解に分類させることで正解と特徴量の関係性を学習する。ものの認識や解析等を行う定義を導いたりする	分類問題では効率的に学習できる。初期段階では学習成果を出しやすい。膨大なラベル付きデータを用意するのに手間がかかる
教師なし学習	ラベルなし	膨大なデータを自動的に解析させるが、正解がないので算出した特徴量から構造、法則、傾向、分類、定義などを導き出す。傾向分析、未来予測などにも応用できる	機械自身が特徴や定義を発見するため、データが膨大にあれば、ラベル付きデータを用意する必要や手間がない。正解がない代わりに報酬（得点）などを設定する必要がある。オートエンコーダなどで事前学習を行った方が効率が良い場合が多い

▶▶ 教師あり学習と教師なし学習の使い分け

　「Googleの猫」の事例では、YouTubeの動画データを中心に膨大な量の画像データを一週間、教師なし学習させることで、コンピュータが「猫」を認識するようになったとされています。一般に、「猫」を判別するシステムを作りたい場合、前述のように教師あり学習で「猫」の正解付き画像をたくさん見せる学習方法をとります。しかし、Googleの猫は画像や映像を教師なし学習で解析させ、「猫」という存在を認識したというから驚きが走ったのです。

　その後、教師あり学習で訓練を行って画像認識精度を向上させました。分類機を作ってこのニューラルネットワークを評価すると、従来の認識率より相対比70%以上の精度向上が見られたといいます（当時）。ディープラーニングは、とりわけ画像や音声の認識には大きな成果を上げていて、多くの分野で実用化が始まっています。画像や音声認識以外でも、会話チャットボット、さまざまなデータ分析や予測等で活用される見込みです。

　第1章で解説した、世紀の囲碁対決で知られるGoogleの「AlphaGo」は、まずインターネット上の囲碁対局サイトにある3000万「手」に及ぶ膨大な棋譜データを読み込ませて学習させました。最初は人間が教える言わば「教師あり学習」です。しかし、それ

では学習データが足りないということで、次にAlphaGo開発チームはコンピュータ同士で囲碁の対局を自動で行わせました。教師なし学習で経験値とも呼べるデータを新たに学習・蓄積させました。その対局数は3000万「局」とも言われています。これが「強化学習」で、キーワードとしても注目されました（「強化学習」については次項で解説します）。

　また、Google DeepMindの「DQN」は、ブロック崩しゲームのルールを自分で学習し、人間よりも高得点が得られるようになった話も紹介しました。この例では教師なし学習が最初から用いられました。コンピュータは最初、意味もわからず落ちてくるボールを見過ごしていましたが、偶然ボールをはじいてブロックに当たったことで得点が入ることを学習します。このように、教師なし学習では機械がただ漫然と解析を繰り返すのではなく、正解やステップアップのための目標が必要になります。

　そこで重要になるのが「報酬」です。テレビゲームで言えば得点や「クリア報酬」みたいなものですが、機械学習ではこの得点を与えることが重要となります。そのしくみは後述します。

4-7

強化学習

　「強化学習」は機械学習の一種ですが、教師なし学習に含まれます（ただし、教師あり学習にも教師なし学習にも含まないという説もあります）。AIが「試行錯誤しながら、自分で最適な行動を学ぶ」方法で、あえて日常の学習にあてはめるならば、「習うより慣れよ」、「体得」することで理解する学習方法に似ています。

▶▶ 試行錯誤で学ぶ「強化学習」

　「強化学習」（Reinforcement Learning）は、トレーニングによる試行錯誤からはじまり、直近の目標を達成して次のレベルを目指すことを繰り返しながら上達していく学習方法に似ています。

　コンピュータは人間が作成したプログラムの内容を正確に実行することに長けていることはご存じだと思います。プログラムの多くは英数字を使ってコードで記述されることから、プログラムを作成する作業を「コーディング」（Coding）と呼びます。コンピュータでは一般に、基本的な処理手順はもちろん、様々なケースを想定してそれに応じてあらゆる対処・処理の方法をプログラマーが記述していく必要があります。人間もマニュアルに従って行動したり、学習したりしますが、コーディングとはそのマニュアルのようなもので、コンピュータにとっては行動の規範になる最も重要なものです。言い換えれば、マニュアルに書かれていないこと、プログラムに記述されていないことには、対処できません。

　人間の学習の中にはマニュアルに記述できないものもあります。例えば、初めて自転車に乗ることを考えてみましょう。

　マニュアルに自転車の乗り方が載っていて、それを読んだとしても自転車に乗れるとは限りません。おそらく乗れないでしょう。実際に自転車に乗って目的地まで移動できるようになるには、自転車の乗り方を十分に体得する必要があります。子供の頃、何度か転びながらも、1mから5m、10m、50mと少しずつ自転車で移動できる距離が長くなっていき、やがて完全に乗るコツを理解した経験がある人も多いと思います。

4-7 強化学習

「強化学習」には「報酬」と「ペナルティ」が必要

「強化学習」も同様です。コーディングによって記述するのではなく、機械に試行錯誤させて失敗と成功から学習していく方法です。ところが、ただ膨大な訓練問題を渡して機械にやらせたとしても、機械には何が成功なのかがわからず、それでは学習もはかどりません。学習目標として、成功と判断するための要素を何か与える必要があります。そこで成功や成果に対してスコアを与えます。これを「報酬」や「得点」と呼びます。失敗した場合はマイナスのスコアを与え、これを「ペナルティ」（罰則）と呼びます。

AIは最も報酬が多い方法でクリアし、ペナルティを受けないように試行錯誤して学習していきます。

自転車の例で言えば、1m走って転倒するより、10m移動できた方が高いスコアとします。

もっと長時間、転ばずにバランスをとり続けたらもっと高いスコアを与えます。コンピュータはスコアが高いほど成功したと見なし、実行を繰り返すことでより高いスコアが得られる方法やルールを自律的に学習できるようになります。

「強化学習」は、開発の上ではとても効率的な一面があります。例えば、自転車に乗れるロボットを開発する場合、プログラミングやコーディングで姿勢の制御を行おうとした場合、左右や前後の傾き、速度、重心、ペダルに対する脚力のオン／オフなど多くのセンサーと連携して情報を細かく分析し、あらゆる体勢を考慮に入れて、バランスやペダルをこぐ力を調整するプログラミングが求められるでしょう。考えただけで気が遠くなる思いです。また、雨が降った後で路面が滑りやすいとか、自転車そのものが完全に直進せずにやや右に曲がるくせがある等、あらゆる事態を想定してプログラミングすることが理想ということになります。実際にやってみて微調整や修正等の繰り返しも必要でしょう。

これを強化学習で行うと、人間があらゆる状況や事態を想定してプログラミングするのではなく、センサー等の情報を元に、最適なバランスを取る方法や転ばずに前に進む方法などを自律的に学習して修得させることもできるかもしれません（転ぶたびにロボットが壊れていては効率が良くないので、転ぶ直前までで学習させる方法が必要ですが）。

たとえバランス制御やそれを機械が修得するのに長時間かかったとしても、ロボット

第4章 超入門かんたん解説AI関連技術と専門用語

293

4-7 強化学習

が自律的に学習するのであれば、放っておけば自律的に学習するので、人的な開発コストや労力は大幅に削減することが期待できます。

▶▶ エージェントと報酬

　強化学習の説明を読むと難解な表現が並んでいて、難しい印象を受けることが多いと思います。例えば、Wikipediaでは「ある環境内におけるエージェントが、現在の状態を観測し、取るべき行動を決定する問題を扱う機械学習の一種。エージェントは行動を選択することで環境から報酬を得る。強化学習は一連の行動を通じて報酬が最も多く得られるような方策 (policy) を学習する」とあります (2016年5月時点)。

　具体的に理解するために、ここで説明されている「エージェント」「環境」「行動」「報酬」の意味を簡単に解説します。強化学習で重要となるワードです。

　ラットやモルモット等の実験例で「スキナーの箱」を使った説明がよく知られています。

　例えば、あるボタンを押すと透明のエサ箱からエサが流れ出てくるという仕掛けを設置したゲージにラットを入れたとします。ラットはエサを見つけて興奮しますが、透明なエサ箱に入っているので食べることができません。そのため、最初はどうしていいかわからず、どうにかしてエサを得ようと透明なエサ箱を動かそうとしたり、かじって壊そうとしたりするでしょう。そして、あるとき偶然にもボタンを押すことによってエサを得ることができます。何回かその体験をすることによって行動パターンが強化され、やがてボタンを押すことでエサが得られるというルールを学習します。

　このときのラットが「エージェント」、仕掛付きのゲージが「環境」、かじったり動いたりが「行動」、成功して得られるエサが「報酬」です。主にこの4つの要素を設定し、コンピュータに繰り返し学習と経験をさせることが強化学習のポイントです。

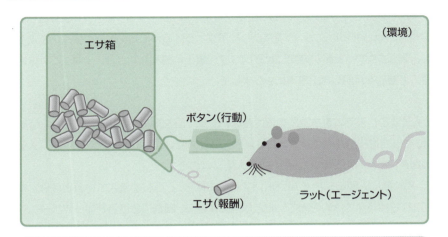

ラットとエサ（スキナーの箱）

「報酬学習」（オペランド条件付け）の説明でも有名な例「スキナーの箱」。ここでは「強化学習」に重要な「エージェント」「環境」「行動」「報酬」の例として示している。

　ラットの例での報酬は、エサがもらえる、エサが食べられるということでしたが、行動によっては痛い思いをすることがあるかもしれません。透明のエサ箱に登ってみたら滑って落ちて痛かったとか、エサ箱をかじったら歯が痛かった等です。

　行動によっては報酬が達成できなかっただけでなく、かえってマイナスの結果を生む場合もあります。自転車で転んだ経験もエサ箱から落ちた経験も、それを体験することでスコアがマイナスになることをやがては理解し、次からはそうならないように学習します。

　これらの経験を繰り返せば繰り返すほど、生物はおそらく「賢者」になっていきます。それと同様にコンピュータもまた、トレーニングを繰り返すほど経験を積んで賢くなると考えられます。

　また、生物と異なり、コンピュータは同じような対戦やトライを繰り返しても苦になりませんし、疲れることもありません。数をこなすには時間はかかるものの、放っておくだけで時間の経過とともに学習していくという強みがあります。

▶▶ 強化学習で強くなったAlphaGo

第1章で紹介した「AlphaGo」は、自動で対局する「強化学習」を行って強くなりました。実際にAlphaGoは、人々の漠然とした予測よりはるかに短い期間で多くのことを学習し、予測よりずっと早い時期に世界的なプロ棋士に勝利したと言えます。これは機械学習の可能性を証明した出来事になりました。

ただ、ここまで本書を読んだ皆さんは、もう「人工知能が人間を超えた」という表現には、きっと違和感を覚えることでしょう。人間に勝ったのは人工知能ではなく「人工知能の開発にあたったエンジニアチーム（人間）」なのです。

「瞬く間に人間の知能をAIが凌駕するのでは？」と心配する人もいるとは思いますが、これも現時点では的を射ているとは言えません。囲碁におけるディープラーニングの活用や強化学習による訓練が、専門家の予測よりもずっと効果的に作用して、実用的だったと捉えるのが妥当で、「人工知能、恐るべし」という思いに繋げる必要はありません。

COLUMN　AlphaGoと強化学習

強化学習では最初、コンピュータ同士で対戦させてある程度のスコアが実現できるようになると、次はプロ級のプレイヤーと対戦させて新しい発見をさせたり、プロが指した手を高スコアの基準として加えたりして経験させていきます。しかし、相手が人間だとプロ級のプレイヤーが何人いても疲れてしまいますから、ある程度までいったら再びコンピュータ同士や自分との対戦を行います。これは何億回繰り返しても人的な負担にならず、繰り返すほど様々な着手や経験を学習していきます。

4-8

バックプロパゲーション（誤差逆伝播法）

　ニューラルネットワークの根幹技術に「バックプロパゲーション」というものがあります。コンピュータが出した誤差を元に出力層側から逆に情報を伝達していき、ニューラルネットワークを学習させる手法です。

▶▶ バックプロパゲーションとは？

　「バックプロパゲーション」（誤差逆伝播法、Backpropagation）とは、コンピュータの出した回答が正解ではなかったり、期待している数値とはかけ離れていたりする場合などに、その誤差を出力側から逆方向に分析させて、各ニューロンの誤りを正したり、誤差を少なくするロジックです。私達の生活の中で例えるなら、計算問題で出した回答が間違いだったとき、回答から計算式をさかのぼって計算間違いを見つける」、間違った計算箇所がわかったら、間違わないように修正することで次回からは正解率が上がるだろう、といった感じでしょうか。

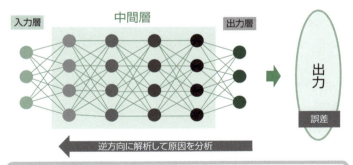

バックプロパゲーション（誤差逆伝播法）

出力が期待とは違う場合、正解（最適解）との誤差情報を逆方向に伝搬させ、各ニューロンの誤差を分析させる。

4-9

ニューラルネットワークを
もっと深く知る

ディープラーニングの考え方や手法は新しいものではありません。ではなぜ、ここ数年間で、急激にディープラーニングが注目されるようになったのでしょうか。ここでは、現在のニューラルネットワーク技術の新しさについて、解説します。

▶▶ ディープラーニングの課題「過学習」の回避

既に解説した「Googleの猫」「DQN」「AlphaGo」や、世界的な画像コンテスト「ILSVRC」でも、ディープラーニングは好成績をおさめました。これほどの成果を上げはじめたのには、ブレークスルーと言えるような技術的な進展がありました。それは、コンピュータのスペックが向上したこと、ビッグデータが利用できるようになったことと、そしてディープラーニング特有の課題「過学習」を回避できるようになったことです。

ディープニューラルネットワークは中間層を多層化にすることで、より深く考えることができます。多層になるほどニューロンの処理と伝達、算出される特徴量が増え、回答の確度が上がるだろうということは以前から研究され、理論的に有効であることはうたわれていました。

「過学習」(over-fitting) と呼ばれる問題は、ディープニューラルネットワークをむやみに多層化して、パラメータの数が多くなりすぎると発生しやすくなると考えられています。

過学習がもたらす悪影響は、見慣れた訓練データに対しては確度が高い回答ができる一方で、訓練データにはない未知のデータに対しては精度が下がる (訓練データの影響を受けすぎる) という現象です。

つまり、訓練のときには好成績なのに、実践では成果が出せない、そんな状態です。これは汎用性に欠けるという課題を生み、ディープラーニングにとっては停滞期とも呼べる時間の経過がありました。

4-9　ニューラルネットワークをもっと深く知る

▶▶ 畳み込みニューラルネットワーク（CNN）

この課題の具体的な解決策が、「畳み込みニューラルネットワーク」（CNN）です。

ニューロンが多くて複雑化すると本来は無関係な結合も増えて、それが悪影響を及ぼして「過学習」の原因になることもあります。機械の正解率を上げるためには、層を増やす一方で「無関係な結合を切る」ことが重要になります。しかし、無数のニューロンの結合のうち、どれが有効でどれが無関係かをどうやって判断させれば良いでしょうか。

また、バックプロパゲーションによって出力側から誤差を確認させる方法も紹介しましたが、全て結合させて多層にした状態でバックプロパゲーションをしてしまうと誤差伝播が分散してしまい、全然学習が上手くいかないので、それを回避するためには無関係な結合は切ってしまおう、という発想もあります。

「畳み込みニューラルネットワーク」の特徴のひとつが、無関係な結合を切って関係性が高い結合を残すことです。実際、畳み込みニューラルネットワークではパラメータの数は激減し、多くの場合で成果が向上します。

「畳み込みニューラルネットワーク」（コンボリューショナル・ニューラルネットワーク、Convolutional Neural Networks）はCNNと略されます。「畳み込み」という名前の意味から畳み込みのしくみを理解しようとするのは困難です。というのも「畳み込み積分」などの数学用語としてよく用いられる言葉から来ていて、一般に「畳む」や「折り込む」等から受ける言葉の意味とは異なるからです。

では、「畳み込みニューラルネットワーク」とはどういうしくみでしょうか。詳しく理解したい場合は技術者向け専門書を読んで欲しいと思いますが、その特徴を表すと、次ページの図のようになります。画像解析を例に解説します。

第4章　超入門かんたん解説AI関連技術と専門用語

299

画像の畳み込み

画像解析を例にした畳み込み。画像の一部の領域（A）を解析し、その領域の窓をスライドさせて次の領域（B）、更に次の領域（C）と繰り返していく。

　画像の情報をニューロンに伝達する際、画像の一部の範囲に絞って解析して、その範囲を少しずつスライドさせながら解析を繰り返します。ペンギンの画像例で言えば、画像の左端から特定のピクセル数で一部の範囲を切り出して情報を解析、その窓をスライドするように次の範囲に移動して解析、これを繰り返すことで、全体像を解析していくイメージです。

　これは、画像で言うと空間を把握する効果も伴います。例えば、次の画像では次ページの図のように遠く離れた領域Aと領域Zの関係性は薄く、AとZを結びつけたところで、正解を導くのにはあまり役には立たないとします。

4-9 ニューラルネットワークをもっと深く知る

空間を把握する

AとZの領域の関係性は薄いと考えられる。

旧ディープラーニングでは、Aの領域の情報もBの領域の情報も、すべて次の層の同じニューロンに伝えていました。

過学習の原因になる可能性が高い

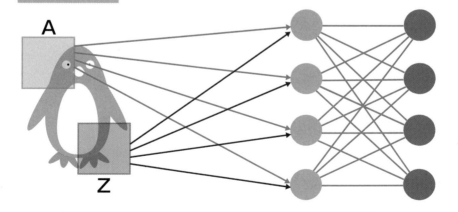

すべてのニューロンに伝搬することで、無関係な結合を生みやすい。

4-9 ニューラルネットワークをもっと深く知る

　そこで、Aの領域の情報はAに関係の深いニューロンだけに、Bの領域の情報はBに関係の深いニューロンだけに伝えます。これは層間の結合を制限することになりますが、これによってバックプロパゲーションの効率も上がり、学習の成果が上がるケースが多く見られるようになったのです。「正解を導くことに無関係な結合を切った」ということです。

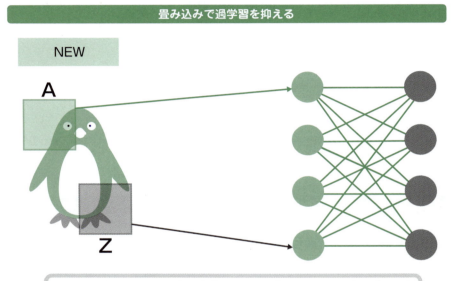

関係性の高いニューロンだけに伝搬することで学習の効果が上がり、ディープラーニングの成果につながった。

　畳み込みニューラルネットワークによって、機械学習やディープラーニングによる成果が大きく向上しました。

4-9　ニューラルネットワークをもっと深く知る

▶▶ 再帰型ニューラルネットワーク（RNN）

　最近は「リカレントニューラルネットワーク（Recurrent neural network、RNN）」、日本語で「再帰型ニューラルネットワーク」が注目されています。

　従来のニューラルネットワークは「静的データ」の扱いに向いていて、「動的データ」は不得手と言われてきました。静的データとは動きのない、あるいは動きの少ないデータのことで、例えば静止画、テキスト、数値、最新の統計データなどです。犬と猫の画像識別などは静的データです。

　一方、動的データとは、動きが大きい、または時間的な相関関係が重要なデータ、時系列データ等です。会話、動画、音声、時系列の統計データやログデータなどです。RNNはこの時系列解析を行うことを可能にした、動的データ対応のディープラーニングです。最近は、自然言語会話などの分野で成果が上がっているため、今後は「RNN」という用語をIT関連ニュースや一般の人工知能情報でも目にする機会が増えるかもしれません。

4-10

人の動きや行動から学ぶ「模倣学習」

「やって見せるから、よく見ててください」後輩や新人、学生などに何かを教えるとき、言葉で説明するより、やって見せる方が解りやすい（説明しやすい）、というケースは少なくないと思います。スポーツなどの身体的なもの、料理などさじ加減が重要なもの、テレビゲームのルールや攻略法などがその例です。AIでは「模倣学習」と呼ぶ学習法です。

▶▶ 手本を見せる学習手法

AIにも人間の行動や、他のエージェント（AI）の行動を観察し、真似をすることで学習させる手法「模倣学習」があります。AIに複雑なタスクを効率的に学習させたい時に有効です。「教師あり学習」と「強化学習」の中間的な手法と言う人もいます。

ヒト型AIロボット（ヒューマノイド）に、あるタスク（例: モノをつかむ・置く・重ねる・ずらす、モノを運ぶなど）を学習させる例を紹介します。ヒト型AIロボットは遠隔から人が操作できる仕様になっていますが、自律的にはまだ行動できません。人はVRゴーグルを装着し、ロボットの視点からの映像がVRゴーグルに表示されています。人の姿はカメラで映像として捉え、どのような動きをしたかは「骨格検知AI」で解析してデータとしてAIロボットに送られます（指の動きを特に学習させたい場合、人がロボットの指と連動したグローブを装着する場合もあります）。

すなわち、視界と身体を動かす情報が共有され、ロボットは人の動く通りに分身のように動作します。人はロボットの身体を通じて、モノをつかむ、置く、重ねる、ずらすなどのタスクを行います。AIはその動きを観察し、データを取りながら学習していきます。

4-10 人の動きや行動から学ぶ「模倣学習」

タスクを学習する「模倣学習」

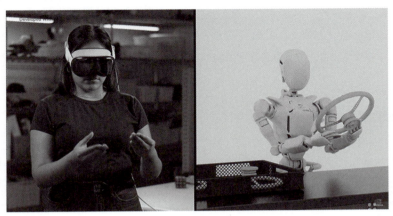

人の動きに合わせてロボットが動き、タスクを学習する「模倣学習」。ロボットは仮想空間（デジタルツイン）で学習している。アバターの学習にも「模倣学習」は有効です。
出典：NVIDIA

リアルなロボットで「模倣学習」している様子

出典：NVIDIA

　ゲームをAIにプレイさせる場合も、人間がプレイしている動画やデータをAIに見せて、基本的なルールや動きを学習します。AIはいくつかのゲーム動画を見るうちに最善（高い報酬が効率的に得られる）と思われる攻略方法を学習します。

4-10　人の動きや行動から学ぶ「模倣学習」

▶▶ 模倣学習のメリット

　「失敗しながら学ぶ」必要がなく、最初から上手な動きができる（お手本通りにできる）点で「強化学習」とは異なります。その点で「強化学習」ほどの大量のデータは必要ありません。模倣学習は人間の動きを学ぶので、比較的少ないデータで学習できます（効率的）。

▶▶ 模倣学習の短所

　模倣学習の短所としては、学習していない状況に遭遇すると上手に対応できないことがあります（お手本しか習っていないため）。また、作業における少しのズレが積み重なることで、大きな失敗に繋がる場合があることも指摘されています（ズレに対する気づきや補正の能力が低い）。

　失敗も経験しながら試行錯誤する「強化学習」との組み合わせで、不測の事態でもある程度対応したり、補正できるAIになるかもしれません。

模倣学習のメリット・デメリット

視界と身体を動かす情報を共有し、ロボットは人の動く通りに動作する

AIはその動きを観察し、データを取りながら学習していく

「失敗しながら学ぶ」必要がなく、最初から上手な動きができるメリットがある

学習していない状況に遭遇すると上手に対応できないデメリットがある

4-11

転移学習

　特定のタスクのために訓練したAIモデルのスキルをもとにして、他のタスク用の学習データで追加の訓練をおこなうことで、効率的にAIモデルを開発する手法を「転移学習」と呼びます。画像解析や会話AIのほか、ロボットや自動運転、アバターなどにも広く利用されています。

▶▶ 「転移学習」でAI学習を効率化

　機械学習を始める前のAIの知識は、人間で例えると赤ちゃんのようなものです。これまで解説してきたように、様々な手法で学習して訓練することでAIの頭脳は成長していきます。

　ただ、あるタスクに特化したAIモデルを開発する際、常に赤ちゃんの状態から学習を始めていたのでは効率が悪く、時間もかかってしまいます。

　そこで、基本的なタスクを習得した訓練済みのモデルの知識やスキルを基本にして、他のタスクの学習データを使って訓練を追加でおこなう手法があります。「転移学習」（てんいがくしゅう）と呼びます。

　また、開発したいタスク用の訓練データが少ない場合、他のタスクに特化したAIモデルをもとに転移学習をおこなうことで、開発したいタスクに対しても比較的高いパフォーマンスを発揮できるAIモデルを短時間で開発できるケースも多く見られます。

　また、GPTシリーズやBERT（Gemini）などの大規模言語モデルにも転移学習は活用されています。

　例：
　　自転車に乗る訓練済み　→　自転車に乗れるAIモデルを転移し、オートバイに乗るためのスキルや交通ルールを追加する（バランスの取り方など基本的な動作は自転車の経験を活かし、オートバイの操作を追加で訓練する）
　　犬と猫を見分けるAIモデルを作成　→　そのAIモデルからタヌキとアライグマ、アナグマを見分けるAIモデルを作成（転移学習）

第4章　超入門かんたん解説AI関連技術と専門用語

4-11 転移学習

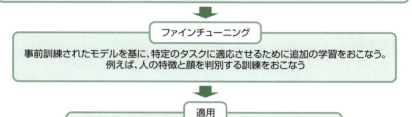

●**転移学習を使用するケース**

・訓練データが少ない場合。または、訓練データの収集が困難、コストが高い場合。

・効率的に訓練をおこない、開発期間を短縮したい場合。

4-12

GAN（敵対的生成ネットワーク）

人が競い合ってスキルを伸ばしていくように、2つのAIモデルが競うように訓練を高精度なものに進化させていく手法が「GAN」です。「Generative Adversarial Network」の略で、日本語では「敵対的生成ネットワーク」と呼びます。難しそうな名前ですが、非常に優れた技術で、生成AIの品質を向上させていくのにも有効です。

▶▶ 敵対する2つのAIが切磋琢磨

あるところにニセモノを作る人と、それを見破る鑑定人がいました。2人は机で向かい合っていて、ニセモノを作る人が鑑定人に自分の作品を見せます。鑑定人はそれをニセモノだと見破り、どこがおかしいのか、怪しい部分を指摘します。ニセモノを作る人はそれを聞いて改善を試みて、更に精巧なものを作って鑑定人に見せます。しかし、鑑定人はまたもそれをニセモノだと見抜きます。そしてニセモノだと判断した理由を言います。これを続けるうちにニセモノを作る人のスキルは向上していき、いつしか鑑定人がニセモノとは見抜けないモノを仕上げます。

これがGANの基本的なしくみです。ニセモノを生成するAIモデル「Generator」と、それを鑑定するAIモデル「Discriminator」が敵対し、競い合うことで、スキルを向上させていきます。開発者にとって好都合にやり取りが進めば、自動的にスキルがみるみる向上していきます。ただ、2つのAIモデルが噛み合わなかったり、開発者が予期せぬ方向に進む可能性があり、その場合はあまり成果が出ないこともあります。

画像や写真、動画などを生成するAIモデルにはこの技術が使われることが多く、リアルな生成での有効性が評価されています。また、画像生成の他にも、別のスタイルへの転移や変換（画像のスタイルを別の画像に適用）、データの拡張、画像の修復モデルなど、さまざまな分野に応用できます。

なお、教師データが少ない場合など、AI同士が競合により、勝手にスキルアップしてくれるケースがあります。

4-12 GAN（敵対的生成ネットワーク）

GANのしくみ

生成モデル（Generator）
リアルなデータを生成するモデル。最初は似ていなくても競争することにスキルが上がっていく。Generatorに見せた後、ニセモノと判別された場合は、更にリアルなものを生成する。

識別モデル（Discriminator）
「Generator」が生成したデータが本物か、偽物かを識別する。識別した結果を「Generator」に返す。

「生成モデル（Generator）」は識別モデル（Discriminator）を欺こうと、更にリアルなデータを生成します。識別モデルは生成モデルが作るデータを常に見破ろうとしてスキルを高めます。この競争を繰り返すうちに、生成モデルのリアルなデータを生成する能力が向上していきます。

GANの活用

画像や写真、動画などを生成するAIモデルにはこの技術が使われることが多い

↓

リアルな生成での有効性が評価されています。

↓

別のスタイルへの転移や変換、データの拡張、画像の修復モデルなど、さまざまな分野に応用できる

↓

教師データが少ない場合など、AI同士が競合により、勝手にスキルアップしてくれるケースがある

4-13

トランスフォーマーモデル

　2017年にGoogleが発表した「トランスフォーマー」(Transformer) は、ディープラーニングを使い、主に自然言語処理分野で活用されている技術 (アーキテクチュア) です。AIが会話の意図を理解し、高度な受け応えを処理するために画期的な変革をもたらしました。「GPT」や「Google Bard」などの大規模言語モデルの基礎になっています。

▶▶ 単語の重要度を判断する「自己注意」技術

　「トランスフォーマー」の特長のひとつが、文章の中で、どの単語が重要かを判断して処理する技術「自己注意 (Self-Attention)」を導入していることです。

　例えば、「探偵を黒い猫が見ていた。彼が青い眼をしていることに気づいた」という文章の場合、「青い眼」なのは「猫」なのか「探偵」なのか曖昧です。人はそれを理解するために、文頭から文末を順に読むだけでなく、文末から文頭にも見直して、単語の重要性に重み付けをしています。

　もうひとつの例は「彼女はバスケットボールが大好きです。でも、最近はテニスにも興味があるようです」という文章の場合、彼女の「好き」「興味がある」ものは「バスケットボール」と「テニス」であり、会話の中では現在の話としては「テニス」よりは「バスケットボール」の方が重要です。

　「トランスフォーマー」では同様の「自己注意」処理を行うことで、文章の中の単語の重要度を重みづけし、文章内の離れた単語同士の関係性も捉えられるようになり、文章全体を深く理解します。長文であっても、最初から最後まで全体を覚えていられます。

　なお、ここでいう「トランスフォーマー」は、AIが文章を処理するしくみ (アーキテクチュア) をさし、「大規模言語モデル (LLM)」はそのしくみを使った「言語モデル」のこと (実際のAIシステム) です。

4-13 トランスフォーマーモデル

▶▶ 複数の文、長文全体を理解

文全体を理解できるということは、会話の意図をより正確に理解できるだけでなく、長い文章や、複数の文章にまたがる関係性も理解できます。そのため「AIチャットボット」での会話の理解と回答がより適切なものになり、高精度な受け応えができるようになります。小説で言えば、最初と最後のつながりを理解できるようになります。文章の生成でも章全体の構成を考慮したものが作れます。

そうなると、前後の文章との関連性も重要になる「翻訳」の精度も向上します。

▶▶ 高速な読解処理

解りやすく表現すれば、それまでのAIが「文頭から文末に単語を1つずつ順番に解析して読む」のに対して、トランスフォーマーは「文章全体を一度に処理して読む」ことができ、並列処理が可能なため、理解するスピードが圧倒的に速いのも特長のひとつです。

そのため、今まで考えられなかった学習量をこなすことができるようになりました。「ChatGPT」のバックグラウンドで動作しているトランスフォーマー（大規模言語モデル）「GPRT」シリーズは、「GPT-1」（2018年）は1億1700万パラメータでしたが、「GPT-2」（2019年）は約15億パラメータ、「GPT-3」（2020年）では約1750億パラメータに増えて、人々が驚くほどの高精度を実現しました。

▶▶ トランスフォーマーの短所

ただ、膨大な文章を高速に読解できる特徴が短所にもなっています。

「トランスフォーマー」の学習や回答（推論）に必要な計算量（演算量）は常に膨大で、学習には高度なスーパーコンピュータが必要で、運用するのに多額のコストがかかります。トランスフォーマーを活用した代表的な例のひとつ「大規模言語モデル」も、途方もなく膨大なデータセットを使って訓練された、超巨大サイズのAIです。

「大規模言語モデル」を運用するには、Google（Cloud）やAmazon（AWS）、Microsoft（Azure）など、高速なGPUを搭載したスーパーコンピュータで演算処理が可能なクラウドサービスを通して運用するのが主流になっています。

4-14

説明できるAI「XAI」

　これまで説明したAIの学習と推論のしくみから「AIがどうやって判別したのか」「何を根拠にその答えを出したのか」わからないと感じた人も多いでしょう。これは現在の「AI」の大きな課題です。AIの推論・予測・判断は鵜呑みにできるのか？ そこで推論のプロセスや判断の理由を説明できるAI「XAI」が求められています。

▶▶ AI推論の結果に至った理由やプロセスを明示

　「XAI」は「eXplainable AI」の略で、日本語では「説明可能なAI」と訳されます。AIが推論の結果をどのように判断したのか、私達が理解できるようにする技術です。

　人間が「犬と猫の見分け方」を言葉で説明できないように、AIは特徴量の判別や人間の感覚的なデータも判定の根拠のひとつに用いるため、その思考やプロセスはブラックボックス化されている（わからない）と言われています（ディープラーニング系の機械学習では特に）。

　しかし、医療分野や自動運転、金融など、信頼性が重視される分野でAIを活用する場合は特に、どのようなプロセスでAI推論の結果に至ったのかが重要になる場合が多々あります。AI推論に公平性や説明責任、透明性を求める声が強まり、「XAI」が検討されるようになりました。

　Google検索やBing検索では、検索したキーワードに対してAIが概要を返す仕様が盛り込まれています。これらのAIはインターネット上の情報に重みをつけて、それらをまとめ、構成して返します。その際、どのサイトから引用した情報なのかを明示しています。これも「XAI」が求められている潮流に応えるものです。

4-14 説明できるAI「XAI」

説明できるAIの必要性

AIは、その思考やプロセスはブラックボックス化されている

↓

医療分野や自動運転、金融など、信頼性が重視される分野でAIを活用する場合がある

↓

どのようなプロセスでAI推論の結果に至ったのかが重要になる場合が多々ある

↓

AI推論に公平性や説明責任、透明性を求める声が強まり、「XAI」が検討されるようになった

▶▶ 「XAI」のしくみ

「XAI」の標準的なしくみが確立されているわけではありません。

いろいろな手法で研究が進められていて、AIを開発・提供する企業が独自の機能として備えている場合もあります。

AIが何を見て判断したのかを画像やグラフで見せる方法も出てきました。

例えば、会話AIやQ&Aであれば、前述のように回答のもとになった情報を明示する方法、○×であり○×だから（理由）○×と判断（判断した理由）した根拠を明示、医療AIがMRIのデータを見て病気と判断した画像の箇所をハイライト表示する方法、などがあります。

推論したAIの学習内容を把握している別のAIが推論の根拠を推測するものもあります。AIが間違いや失敗をした場合も、改善して精度を更に向上させるためには、間違いや失敗の理由を知る必要があります。そのためには「XAI」の存在が重要になってきます。

●XAIの長所

・XAIの説明によって、AIの推論結果が信頼できる（安心）

・AIの間違いや失敗した理由が明確になる

・法律や倫理的な問題に発展した場合に対応しやすい（判断の根拠が明確）

4-15

AIが人間のように論理的な推論を行う「リーズニング」

「リーズニング」とは、AIが人間のように論理的な推論を行う能力や、それを実現した手法を指します。大規模言語モデルが人間のように知的な会話ができるようになった理由のひとつとしても注目されています。

▶▶ 「リーズニング」とは

AIモデルが推論において、人間のように高度で論理的な振る舞いができるようになった理由のひとつとして「リーズニング機能」(Reasoning Function) があげられます。

「リーズニング」は、今までのコンピュータに見られる「質問に対して直接的な回答を返す」というものではなく、1つの質問（入力）に対して複数の推論を実行し、思考の連鎖やコンセンサス、および検索方法を実行して、その重みの中から最適な回答を生成するものです。

これによって、AIは複雑な問題に対してもその意図を理解し、意味のある結論を導き出すことができます（複数の視点から最適な回答を導き出すAI）。

リーズニング機能を支える代表的な手法について例をあげて解説します。

●演繹的推論 (Deductive Reasoning)

「演繹」（えんえき）とは、一つの事柄から発展させ、複数の事柄を足し合わせて結論を導き出すことです。複数の事実から結論を出す「三段論法」を例にする人もいます。「AはBです」「BはCです」、であるならば「CはAです」というもので、「確実な事実」を「普遍的な規則」に適用して「未知だった事実」を導き出す手法です。

よく用いられる例が、「ソクラテスは人間である」と「人間はいつか死ぬ」いう確実な事実と普遍的な規則から、「ソクラテスはいつか死ぬ」という結論を導き出す、というものです。

第4章 超入門かんたん解説 AI 関連技術と専門用語

4-15　AIが人間のように論理的な推論を行う「リーズニング」

●帰納的推論（Inductive Reasoning）

特定の事実の関係性から一般的な推論を導く手法です。ビッグデータの解析で、強い傾向から推論の重みづける手法で、正解とは限りませんが一般的な認識に近い確度の回答となります。

演繹の例に照らすと、「ソクラテスは死んだ」「アリストテレスも死んだ」という複数の事実を基に、だから「人間は死ぬ」を結論とする手法です。

●アブダクティブ推論（Abductive Reasoning）

アブダクティブ推論（仮説形成）は、結果と仮説から原因を推測する手法です。「玄関を出ると道が濡れていた」「雨が降ると道が濡れる」、だから「雨が降った」と推論します。

人は日頃からこれらの推論を実践しています。そしてこれらの推論や結論が、スムーズな会話や、相手の言った意図を理解するのに大きく影響していることも感じます。従来のコンピュータは明確なルールや規則に基づいたルールベースの結論（推論）や、確実性や確率に基づく結論（ベイズ推論やマルコフ連鎖モンテカルロ法など）が主でしたが、これらリーズニング手法を取り入れることで、AIによる理解を深め、論理的な推論をおこなう機能が大きく展開できるようになったのです。

●リーズニングの長所

・複雑な問題の解決

複雑な問題に対して論理的かつ効果的な解決策を提供。複雑な問題を複数の要素に分解して解析、人間では困難な複雑な問題解決を可能にします。医療診断や金融市場の予測など、高度な専門知識や分析能力が求められる分野でも活用できるようになりました。

・大規模データの分析

大量のデータを迅速に分析し、確度の高い結論を導き出すことができます。人が処理できないほどの大量のデータを分析し、過去のデータや経験則からパターンを認識、将来の予測や意思決定に役立てることができます。

・継続的な学習能力

　学習データが増えるほど精度が高まりますが、成功（報酬）や失敗（ペナルティ）の経験を重ねるほど学習も進み、更に高い精度の推論が可能になります。

・創造性の向上

　生成AIは、学習した知識やデータをもとにして、デザインだけでなく、新しい発想やアイデアも生み出すことができます。

・自動化

　論理的な作業から反復的に自動化し、効率を向上させることができます。

・客観性と公平性

　大量のデータを解析すればするほど、偏った意見や感情に左右されずに客観的に判断できるようになります。偏りや矛盾を発見し、より公平で合理的な結論を導き出すことができるようになるでしょう。

※ただ、これらはリーズニング機能を備えたAIに関する理論であり、現実のAIは発展途上であり、まだ完全なものではありません。偏見や差別など倫理的な課題、プライバシーの問題や著作権などに常に留意しながら使用していく必要があります。

ゼロショット学習（Zero-shot Learning）

　機械学習は、AIが事前に学習したデータをもとにした推論しかできないのが通例でした。「ゼロショット学習」は、学習した知識を応用し、学習していないものや事柄についても論（予測や分類）を膨らませる技術です。

　例えば、鷲や鷹から鳥を学習したAIモデルが、スズメやツバメの画像を見て「これらは鳥の一種で、羽があるので飛べる」ことを推論します。特徴の共通性から推測し、大規模言語モデルの膨大なテキスト情報との関連付けを利用します。ゼロショット学習は、少ないデータで高度な推論が実現できるので、開発の効率をあげることが期待できます。

　ただ、あくまで学習したデータをもとに類似性から推論するため、まったく学習したことのない分野では、確度が落ちる点には注意が必要です。

　ゼロショット学習は、画像認識、言語処理、医療、翻訳、ロボットなど、広い分野での活用がはじまっています。今後のAIの進歩において、データ不足の課題を解決するための重要な技術になる可能性があります。

4-16

テストタイムスケーリング／テストタイムオーギュメンテーション

AIや機械学習モデルの性能を向上させるための手法に「テストタイムスケーリング（Test-time Scaling：略称 TTS）」や「テストタイムオーギュメンテーション（Test-Time Augmentation：略称 TTA）」があります。それぞれ別の概念ですが、目的としてはどちらもAI推論の精度を向上させるために用いる技術です。

▶▶ 「テストタイムスケーリング」とは

「テストタイムスケーリング」は、AIモデルが推論する際に、より多くの計算資源（計算能力や時間など）を投入し、AIモデルの精度を向上させることです。例えば、大規模言語モデルにおいては、推論する際にAIモデルの規模を大きくしたり、計算時間を長くしたりする（スケーリング）ことで、複雑な推論でもより高精度な結論を導きます。

短所としては、計算量を増やし、より多くの推論ステップを踏むことで、計算時間とコストが増加することです。

▶▶ 「テストタイムオーギュメンテーション」とは

「テストタイムオーギュメンテーション」（拡張）は、データに対して回転、反転、ノイズ付加などの変換を行い、複数の予測結果を統合することで、推論の確度やロバスト性（頑健性：汎用性）を向上させることです。

例えば、人間は2枚の同じ写真を少し角度を変えて見せられても同じ写真だと判断することができます。最初に見た写真の一部だけを拡大した写真を見せられても、最初の写真の一部を拡大したものだと理解できる場合も多くあります。

画像認識のAIモデルも学習する際に、学習データの画像を回転させたり、角度を少し変えたり、拡大・縮小したりした複数の画像を学習させることで、AIはそれらの結果を統合して特徴量を抽出することで、画像の多少の変化に影響されずに、高精度に判別できるようになります。

索 引
INDEX

数字
2045年問題 ················· 92

A
AGI ··················· 41
Agility Robotics ············ 178
AI ················· 10, 34
AI-RAN ················ 255
AITLAS ················ 259
AIエージェント ··········· 221, 224
AI観光案内コーナー ·········· 218
AI技術 ················ 161
AIグリッド ·············· 255
AIさくらさん ············· 216
AIタレント ·············· 200
AIチャットボット ··········· 213
AIバディ ··············· 224
Alexa ················· 109
AlphaGo ············· 49, 51
ANN ················· 278
Apollo ················ 179
Apptronik ·············· 179
Artificial Intelligence ········· 10
avatarin ··············· 174

B
Bard ················· 123
BERT ················· 108
BMW ················· 166
BPU ··············· 101, 104
Brain Processing Unit ········ 101

C
Canva ·············· 157, 158

ChatGPT ········· 18, 112, 118, 230
CNN ················· 299
coestation ·············· 210
Copilot ················ 23
cotomi ················ 144
CPU ·················· 79
CUE ·················· 45

D
Deep Blue ··············· 56
DeepMind ··············· 69
DeepSeek ·············· 125
Digit ················· 178
DQN ·················· 69
DX ··················· 28

E
ELIZA ················· 88
ewme ················ 174
Excel ·················· 25

F
Figure 01 ··············· 179
Figure AI ··············· 179
Fotor AI ··············· 159

G H
G1 ·················· 178
GAN ················· 309
Gemini ············ 109, 123, 162
Gen-AX ··············· 199
Google ················ 121
Googleアシスタント ········· 162
GPT ················· 118

GPU ⋯⋯⋯⋯⋯⋯⋯⋯⋯⋯⋯⋯⋯⋯ 79

I

IBM Deep Blue ⋯⋯⋯⋯⋯⋯⋯⋯ 56
ICT ⋯⋯⋯⋯⋯⋯⋯⋯⋯⋯⋯⋯⋯⋯⋯ 27
ILSVRC ⋯⋯⋯⋯⋯⋯⋯⋯⋯⋯⋯⋯⋯ 66
iPS細胞 ⋯⋯⋯⋯⋯⋯⋯⋯⋯⋯⋯ 102
IT ⋯⋯⋯⋯⋯⋯⋯⋯⋯⋯⋯⋯⋯⋯⋯⋯ 27

J K

Jetson ⋯⋯⋯⋯⋯⋯⋯⋯⋯⋯⋯⋯⋯ 82
Jetson Thor ⋯⋯⋯⋯⋯⋯⋯⋯⋯ 185

L

Large Language Model ⋯⋯⋯⋯⋯ 108
LHTM ⋯⋯⋯⋯⋯⋯⋯⋯⋯⋯⋯⋯⋯ 134
LLM ⋯⋯⋯⋯⋯⋯⋯⋯⋯⋯ 108 ,114

M

Maison AI ⋯⋯⋯⋯⋯⋯⋯⋯ 231 ,238
Microsoft ⋯⋯⋯⋯⋯⋯⋯⋯⋯⋯ 121
Microsoft Office ⋯⋯⋯⋯⋯⋯⋯ 23
Midjourney ⋯⋯⋯⋯⋯⋯⋯⋯⋯⋯ 230

N

NEC ⋯⋯⋯⋯⋯⋯⋯⋯⋯⋯ 144 ,239
Nest for Reborn ⋯⋯⋯⋯⋯⋯⋯ 219
neural ⋯⋯⋯⋯⋯⋯⋯⋯⋯⋯⋯⋯⋯ 10
NHK ⋯⋯⋯⋯⋯⋯⋯⋯⋯⋯⋯⋯⋯ 203
NLP ⋯⋯⋯⋯⋯⋯⋯⋯⋯⋯⋯⋯⋯ 108
NTT ⋯⋯⋯⋯⋯⋯⋯⋯⋯⋯ 136 ,172
NVIDIA ⋯⋯⋯⋯⋯⋯ 79 ,183 ,255
NVIDIA DRIVE ⋯⋯⋯⋯⋯⋯⋯⋯ 84

O

Office 365 ⋯⋯⋯⋯⋯⋯⋯⋯⋯⋯ 23
OpenAI ⋯⋯⋯⋯⋯⋯⋯⋯ 118 ,121
OpenFashion ⋯⋯⋯⋯⋯⋯⋯⋯ 238

Outlook ⋯⋯⋯⋯⋯⋯⋯⋯⋯⋯⋯⋯ 25

P Q

PARRY ⋯⋯⋯⋯⋯⋯⋯⋯⋯⋯⋯⋯ 88
PowerPoint ⋯⋯⋯⋯⋯⋯⋯⋯⋯⋯ 25
PUDU ⋯⋯⋯⋯⋯⋯⋯⋯⋯⋯⋯⋯ 180
PUDU D9 ⋯⋯⋯⋯⋯⋯⋯⋯⋯⋯ 181
Pudu Robotics ⋯⋯⋯⋯⋯⋯⋯ 181

R

RAG ⋯⋯⋯⋯⋯⋯⋯⋯⋯⋯ 130 ,131
Retrieval-Augmented Generation ⋯ 131
RNN ⋯⋯⋯⋯⋯⋯⋯⋯⋯⋯⋯⋯⋯ 303

S

SaaS ⋯⋯⋯⋯⋯⋯⋯⋯⋯⋯⋯⋯⋯ 196
SGI ⋯⋯⋯⋯⋯⋯⋯⋯⋯⋯⋯⋯⋯⋯ 41
Siri ⋯⋯⋯⋯⋯⋯⋯⋯⋯⋯⋯⋯⋯ 109
Stable Diffusion ⋯⋯⋯⋯⋯ 231 ,232

T

Takane ⋯⋯⋯⋯⋯⋯⋯⋯⋯⋯⋯⋯ 148
TAZUNE ⋯⋯⋯⋯⋯⋯⋯⋯⋯⋯⋯ 214
Teams ⋯⋯⋯⋯⋯⋯⋯⋯⋯⋯⋯⋯ 24
TOUCH TO GO ⋯⋯⋯⋯⋯⋯⋯ 249
Transformer ⋯⋯⋯⋯⋯⋯⋯⋯⋯ 108
tsuzumi ⋯⋯⋯⋯⋯⋯⋯⋯⋯⋯⋯ 136

U

ugo ⋯⋯⋯⋯⋯⋯⋯⋯⋯⋯ 172 ,193
Unitree ⋯⋯⋯⋯⋯⋯⋯⋯⋯⋯⋯ 178

V

VisionPose ⋯⋯⋯⋯⋯⋯⋯⋯⋯⋯ 78

W

Windows ⋯⋯⋯⋯⋯⋯⋯⋯⋯⋯⋯ 23
Word ⋯⋯⋯⋯⋯⋯⋯⋯⋯⋯⋯⋯⋯ 25

X Y Z

XAI	313
X-Boost	199
YouTube	207

あ行

アイヌ文化PR	218
アクセンチュア	224
アバターロボット	174
アバター式リモート案内サービス	214
アブダクティブ推論	316
アプリケーション	34
アルファ碁	49
囲碁	49 ,58
意思疎通	188
異常検知AI	76
一次監視員	15
意図	18
伊藤園	200
意図を理解	149
犬型AIロボット	227
イラスト	156
医療	86
受付業務	213
運転免許センター	214
映像認識	17
AI	10
エージェント	294
エキスパートシステム	54
エッジAI	82
エリクソン	169
絵を描く	20 ,156
演繹的推論	315
大阪	172
大阪ヘルスケアパビリオン	219
オプティマス	176
オペレータ支援	196
オルガノイド	101

オルツ	134
音声	209
音声合成	209
音声合成ソフト	211
オンプレミス	132

か行

回帰問題	271
回答理由	144
回答例	144
開発	36
会話	18 ,162 ,192
会話案内	172
顔	239
顔＋虹彩認証	245
顔認識	72
顔認証	240
過学習	298
学習	262
学習手法	285
隠れ層	280
仮想空間	30 ,167
画像生成AI	156
画像認識コンテスト	66
株	125
カメラ	249
加山雄三	206
感覚層	280
環境	294
観光案内	172
関西万博	172
関連技術	261
機械学習	36 ,37 ,68 ,262 ,266
技術的特異点	91
帰納的推論	316
キャンバ	157
強化学習	61 ,292
教師あり学習	264 ,285 ,286

教師なし学習 ····················· 285 ,289	次世代コンピュータ ···················· 101
協働 ································· 14	自然会話 ····························· 111
グーグルの猫 ························· 63	自然言語処理 ························· 108
グラフ ····························· 149	実践トレーニング ···················· 186
クローラ ····························· 98	実用化 ······························· 43
訓練 ···························· 37 ,284	自動運転 ···················· 15 ,17 ,84
訓練学習 ···························· 285	自動巡回ロボット ···················· 193
訓練データ ·························· 287	シナプス ····························· 96
形式ニューロン ······················ 279	指紋 ······························· 239
警備 ······························· 193	指紋認証 ····························· 72
警備分野 ····························· 76	社員 ······························· 224
ゲーム ······························· 77	社会 ······························· 107
虹彩 ······························· 239	社会課題 ····························· 27
工場 ······························· 166	修正 ······························· 234
行動 ······························· 294	重要度 ······························ 311
高齢者施設 ··························· 77	出力層 ····························· 279 ,280
声 ································· 239	巡回点検作業 ························· 193
コエステーション ···················· 210	少子高齢化 ··························· 27
コーディング ························· 292	情報伝達物質 ·························· 96
コールセンター ······················ 196	自律学習型汎用AI ···················· 69
誤差逆伝播法 ························· 297	進化 ································· 48
骨格検知AI ·························· 75	シンギュラリティ ····················· 91
骨格推定AI ·························· 75	神経細胞 ···························· 277
コネクテッド ························· 30	神経ネットワーク ····················· 10
コミュニケーション ··········· 111 ,188	人口減少 ····························· 27
コンタクトセンター業務··············· 196	人工神経回路網 ······················ 278
	人工知能 ························· 10 ,54
さ行	人工知能ブーム ······················· 63
再帰型ニューラルネットワーク········ 303	人工ニューラルネットワーク··········· 278
先読み ······························· 56	人材不足 ···························· 173
サプライチェーン ···················· 225	深層学習 ························· 269 ,282
三段論法 ···························· 315	身体性 ······························ 143
ジェネレーティブAI ·················· 18	図 ································· 149
識別AI ······························ 72	推理 ······························· 267
識別機能 ···························· 264	推論 ························· 36 ,39 ,315
試行錯誤 ···························· 292	推論トークン ························· 119
自己教示学習 ·························· 64	推論の結果···························· 313
自己注意 ···························· 311	数字の判定···························· 286

スーパーコンピュータ・・・・・・・・・・・・・・ 83	中間層・・・・・・・・・・・・・・・・・・・・・・・・・・ 280
スキナーの箱・・・・・・・・・・・・・・・・・・・・ 294	チューリングテスト・・・・・・・・・・・・・・・・ 87
すすきの駅・・・・・・・・・・・・・・・・・・・ 216	長文全体・・・・・・・・・・・・・・・・・・・・・・・ 312
頭脳戦・・・・・・・・・・・・・・・・・・・・・・・・・・ 56	強いAI・・・・・・・・・・・・・・・・・・・・・・・・・ 41
スポーツ・・・・・・・・・・・・・・・・・・・・・・・ 77	DX・・・・・・・・・・・・・・・・・・・・・・・・・・・・ 28
スマートシティ・・・・・・・・・・・・・・・・・・ 86	ディープシーク・・・・・・・・・・・・・・・・・・ 125
生成AI・・・・・・・・・・・・ 18 ,107 ,111 ,193	ディープニューラルネットワーク
生成能力・・・・・・・・・・・・・・・・・・・・・・ 109	・・・・・・・・・・・・・・・・・・・・・・・・・・ 269 ,282
製造業・・・・・・・・・・・・・・・・・・・・・・・・ 193	ディープラーニング・・・・・・・ 58 ,269 ,282
生体認証・・・・・・・・・・・・・・・・・・・・・・ 239	データマイニング・・・・・・・・・・・・・・・・ 289
製品パッケージ・・・・・・・・・・・・・・・・・ 201	手書き文字・・・・・・・・・・・・・・・・・・・・ 286
セキュリティカメラ・・・・・・・・・・・・・・・ 16	敵対的生成ネットワーク・・・・・・・・・・・ 309
説明できるAI・・・・・・・・・・・・・・・・・・ 313	デザイン・・・・・・・・・・・・・・・・・・・・・・ 201
センサー・・・・・・・・・・・・・・・・・・・・・・ 249	デジタルクローン・・・・・・・・・・・・・・・・ 135
セントラルAI・・・・・・・・・・・・・・・・・・ 227	デジタルツイン・・・・・・・・・・・・・ 30 ,166
専門用語・・・・・・・・・・・・・・・・・・・・・ 261	デジタルトランスフォーメーション・・・・・ 28
臓器・・・・・・・・・・・・・・・・・・・・・・・・・ 101	デジタルヒューマン化・・・・・・・・・・・・・ 203
ソサエティ5.0・・・・・・・・・・・・・・・・・・ 28	テストタイムオーギュメンテーション
ソニー・・・・・・・・・・・・・・・・・・・・・・・ 252	・・・・・・・・・・・・・・・・・・・・・・・・・・・・ 318
ソフトウェア・・・・・・・・・・・・・・・・・・・・ 34	テストタイムスケーリング・・・・・・・・・・ 318
ソフトバンク・・・・・・・・・・・・・・・・・・ 255	鉄道分野・・・・・・・・・・・・・・・・・・・・・・ 76
	手本・・・・・・・・・・・・・・・・・・・・・・・・・ 285

た行

大規模言語モデル・・・・・・・・・・・ 108 ,114	転移学習・・・・・・・・・・・・・・・・・・・・・ 307
タイムラグ・・・・・・・・・・・・・・・・・・・・ 258	電波・・・・・・・・・・・・・・・・・・・・・・・・・ 169
対話型AI・・・・・・・・・・・・・・・・・・・・・ 196	テンプレート・・・・・・・・・・・・・・・・・・・ 158
多言語・・・・・・・・・・・・・・・・・・・・・・・ 172	得意な仕事・・・・・・・・・・・・・・・・・・・・ 13
タスク・・・・・・・・・・・・・・・・・・・・・・・ 305	独自情報・・・・・・・・・・・・・・・・・・・・・ 130
畳み込みニューラルネットワーク・・・・・ 299	特徴・・・・・・・・・・・・・・・・・・・・・・・・・ 266
タッチ・トゥ・ゴー・・・・・・・・・・・・・・・ 249	特徴量・・・・・・・・・・・・・・・・・・・ 263 ,266
タレント・・・・・・・・・・・・・・・・・・・・・・ 200	得点・・・・・・・・・・・・・・・・・・・・・・・・・ 293
タレントの声・・・・・・・・・・・・・・・・・・ 211	ドコモ・・・・・・・・・・・・・・・・・・・・・・・ 252
知恵・・・・・・・・・・・・・・・・・・・・・・・・・ 98	特化型AI・・・・・・・・・・・・・・・・・・・・・ 42
チェス・・・・・・・・・・・・・・・・・・・・・・・・ 58	読解処理・・・・・・・・・・・・・・・・・・・・・ 312
知識・・・・・・・・・・・・・・・・・・・・・・・・・ 98	トヨタ・・・・・・・・・・・・・・・・・・・・ 45 ,252
知識ベース・・・・・・・・・・・・・・・・・・・・ 54	トランジスタ・・・・・・・・・・・・・・・・・・・ 94
知能・・・・・・・・・・・・・・・・・・・・・・ 10 ,98	トランスフォーマーモデル・・・・・・ 107 ,311
チャットボット・・・・・・・・・・・・・・ 89 ,213	ドリームラボ・・・・・・・・・・・・・・・・・・・ 158

な行

日本企業	134
日本経済	27
日本語LLM	134
ニュースの読み上げ	211
ニューミー	174
ニューラル	10
ニューラルネットワーク	10 ,58 ,269
入力層	279 ,280
ニューロン	96 ,277
人気声優	211
人間拡張技術	252
人間拡張コンソーシアム	252
人間に近いか	87
人間を超える	91
猫	63
ネコ型配膳ロボット	180
脳オルガノイド	101
脳細胞	101
脳神経細胞	96 ,277
脳とトランジスタ	95
脳の基本構造	277
ノード	279
ノーベル物理学賞	68

は行

バーチャルヒューマン	200
バーチャル若大将	206
覇権	121
バスケAIロボ	45
パターンマッチング	72 ,268
働き方改革	224
バックプロパゲーション	297
発話	209
パラメータ数	115
ハルシネーション	128
判断	262
反応層	280

汎用的	41
ビジネス	161
人型ロボット	175
ヒューマノイド	175 ,183
表	149
病院	77
ファッション業界	230
ファッションコンテスト	230
フィードバック	186
ブーム	63
複数の文	312
富士通	148
プラント	193
プロセス	313
プロンプト	152
プロンプトエンジニアリング	152
文章理解	109
文脈	18 ,108
分野	11
分類機能	265
分類問題	271
ペナルティ	293
ボイス	209
報酬	60 ,291 ,293 ,294
ボストンダイナミクス	177
ホテル業界	251
ホンダ	252

ま行

街	169
間違い	128
学び方	60
マルチモーダル	140
マルチモーダル生体認証	246
美空ひばり	203
ムーアの法則	94
無人AI決済店舗	247
無人コンビニ	248

無人店舗	247
目	15
メタバース	30
メルセデス	166
モデル	36 ,39
モバイルデバイス	83
模倣	52
模倣学習	304

や行

ヤマハ	203
ユカイ工学	188
用語	261
用途	11
弱いAI	41

ら行

ラベル	283 ,285
ラベル付きデータ	285
乱用	211
リアルタイム認証	242
リーズニング	315
離散値	271
理由	313
倫理問題	209
ルールベース	274
労働人口不足	27
ロボット	86
ロボット開発	186
論理的	315

わ行

若大将	206

参考文献・URLなど

● 参考文献

小林雅一、『AIの衝撃　人工知能は人類の敵か』、講談社現代新書、2015年

レイ・カーツワイル、『シンギュラリティは近い』、NHK出版、2016年

● 映像

NHKスペシャル、『医療ビッグデータ　患者を救う大革命』、初回放送2014年11月2日

NHKスペシャル、『ネクストワールド　私たちの未来』

　　第1回　2015年1月3日　「未来はどこまで予測できるのか」

　　第2回　2015年1月4日　「寿命はどこまで延びるのか」

　　第3回　2015年1月24日「人間のパワーはどこまで高められるのか」

　　第4回　2015年1月25日「人生はどこまで楽しくなるのか」

　　第5回　2015年2月1日「人間のフロンティアはどこまで広がるのか」

● 映像

一般社団法人　人工知能学会「What's AI」

http://www.ai-gakkai.or.jp/whatsai/

プロフィール

神崎　洋治（こうざき・ようじ）

　ロボット、人工知能、自動運転、IoT、5Gと6G、量子コンピュータ、パソコン、デジタルカメラ、撮影とレタッチ、スマートフォン等に詳しいテクニカルライター兼コンサルタント。AIとロボット情報のウェブサイト「ロボスタ」の責任者。

　インターネットの黎明期である1996年から3年間、アスキー特派員として米国シリコンバレーに住み、ベンチャー企業の取材を中心にパソコンとインターネット業界の最新情報をレポート。以降ジャーナリストとして日経BP社、アスキー、ITmediaなどで幅広く執筆。テレビや雑誌への出演も多数。ロボカップ2018名古屋世界大会の公式ページのライターや、経産省主催のWorld Robot Summitの決勝の審査員等もつとめる。

　著書は、AIやロボット関連の書籍『図解入門 最新 人工知能がよーくわかる本』（秀和システム）、『ロボット解体新書 ゼロからわかるAI時代のロボットのしくみと活用』『人工知能解体新書 ゼロからわかる人工知能のしくみと活用』（SBクリエイティブ）を執筆し、ロボット関連ITライターとして活躍中。また、最新ICT関連では『図解入門 最新 IoTがよーくわかる本』『図解入門 最新CASEがよくわかる本』（秀和システム）、『シンギュラリティ やさしく知りたい先端科学シリーズ』（創元社）など多数。

　書籍ではレタッチ関連の『Photoshop CS6 パーフェクトマスター』（秀和システム）やデジタルカメラのしくみを解説した『体系的に学ぶデジタルカメラのしくみ 第四版』（日経BP社）、『史上最強カラー図解　プロが教えるデジタル一眼カメラのすべてがわかる本』（ナツメ社）の監修でも知られる。電子ブック写真集の出版を手がけるほか、報道写真家としても活躍。ソフトバンクニュースでは撮影テクニックのコラムを多数執筆。年間8,000枚以上の写真や画像のレタッチをこなすクリエイターでもある。

● 著者の情報

有限会社トライセック 代表取締役

https://www.trisec.co.jp/

● AI＆ロボット、ICTの最新情報ウェブマガジン『ロボスタ』の責任者

https://robotstart.info/

● Amazon の 著者ページ

https://www.amazon.co.jp/stores/author/B004NNY18M

本書は「図解入門 最新 人工知能がよ〜くわかる本」を底本として、最新の内容を追加し
「図解入門 最新 AI技術がよ〜くわかる本」として改訂した書籍です。

図解入門
最新 AI技術がよ〜くわかる本

| 発行日 | 2025年 4月27日 | 第1版第1刷 |

著　者　神崎　洋治

発行者　斉藤　和邦
発行所　株式会社 秀和システム
　　　　〒135-0016
　　　　東京都江東区東陽2-4-2　新宮ビル2F
　　　　Tel 03-6264-3105（販売）Fax 03-6264-3094
印刷所　三松堂印刷株式会社　　　Printed in Japan

ISBN978-4-7980-7471-9 C0034

定価はカバーに表示してあります。
乱丁本・落丁本はお取りかえいたします。
本書に関するご質問については、ご質問の内容と住所、氏名、
電話番号を明記のうえ、当社編集部宛FAXまたは書面にてお送
りください。お電話によるご質問は受け付けておりませんので
あらかじめご了承ください。